古典文獻研究輯刊

二三編

潘美月・杜潔祥 主編

第 1 冊

《二三編》總目

編 輯 部 編

古今圖書集成館研究

項 旋 著

國家圖書館出版品預行編目資料

古今圖書集成館研究／項旋 著 -- 初版 -- 新北市：花木蘭文
化出版社，2016〔民 105〕
序 10+ 目 2+192 面；19×26 公分
（古典文獻研究輯刊 二三編；第 1 冊）
ISBN 978-986-404-840-3（精裝）
1. 古今圖書集成 2. 研究考訂
011.08   105015199

ISBN- 978-986-404-840-3

9 789864 048403

古典文獻研究輯刊
二三編　第一冊　　　　　　　ISBN：978-986-404-840-3

古今圖書集成館研究

作　　者　項旋
主　　編　潘美月　杜潔祥
總 編 輯　杜潔祥
副總編輯　楊嘉樂
編　　輯　許郁翎、王筑　美術編輯　陳逸婷
企劃出版　北京大學文化資源研究中心
出　　版　花木蘭文化出版社
社　　長　高小娟
聯絡地址　235 新北市中和區中安街七二號十三樓
　　　　　電話：02-2923-1455／傳真：02-2923-1452
網　　址　http://www.huamulan.tw 信箱 hml 810518@gmail.com
印　　刷　普羅文化出版廣告事業
初　　版　2016 年 9 月
全書字數　163597 字
定　　價　二三編 21 冊（精裝）新台幣 40,000 元　　版權所有・請勿翻印

《二三編》總目

編輯部　編

《古典文獻研究輯刊》二三編　書目

類書研究專輯

第 一 冊　項　旋　古今圖書集成館研究

校勘學研究專輯

第 二 冊　蕭　旭　《荀子》校補（上）

第 三 冊　蕭　旭　《荀子》校補（中）

第 四 冊　蕭　旭　《荀子》校補（下）

版本學研究專輯

第 五 冊　王永波　梨雲樓目錄版本論集

經學文獻研究專輯

第 六 冊　吳連堂　清代穀梁學（上）

第 七 冊　吳連堂　清代穀梁學（下）

史學文獻研究專輯

第 八 冊　蔡瑩瑩　敘事、論說與徵引──論《左傳》《國語》的典故運用

第 九 冊　洪觀智　《群書治要》史部研究──從貞觀史學的致用精神談起

諸子學文獻研究專輯

第 十 冊　傅亞庶　《孔叢子》研究

文學文獻研究專輯

第十一冊　王學奇　元曲釋詞（增訂版）（一）

第十二冊　王學奇　元曲釋詞（增訂版）（二）

第十三冊　王學奇　元曲釋詞（增訂版）（三）

第十四冊　王學奇　元曲釋詞（增訂版）（四）

第十五冊　王學奇　元曲釋詞（增訂版）（五）

第十六冊　王學奇　元曲釋詞（增訂版）（六）

第十七冊　王學奇　元曲釋詞（增訂版）（七）

第十八冊　王學奇　元曲釋詞（增訂版）（八）

醫學文獻研究專輯

第十九冊　彭達池　《黃帝內經》注釋研究

專題文獻研究專輯

第二十冊　韓建立　唐前語文教育文獻研究

古籍整理研究專輯

第二一冊　〔明〕劉陽 著／彭樹欣　整理編校　劉三五集

《二三編》各書作者簡介・提要・目次

第一冊　古今圖書集成館研究

作者簡介

項旋，福建連城人。中國人民大學清史研究所歷史學博士，美國普林斯頓大學東亞系聯合培養博士，師從新中國第一位歷史學女博士黃愛平教授。研究方向爲明清學術文化史，目前專研領域爲武英殿刻書、《古今圖書集成》及紅學版本。在《文史》、《近代史研究》、韓國《中國史研究》、《中國典籍與文化》、《歷史檔案》、《紅樓夢學刊》等刊物發表學術論文十餘篇。

提　要

《古今圖書集成》是我國現存古代最大的一部類書。近些年來，學界對《古今圖書集成》纂修情況的研究有了較大突破，但限於資料，對康熙朝是否開設古今圖書集成館及纂修的相關情況涉獵不多，語焉不詳。本文借助新發現的第一手檔案、文集、方志、家譜等資料，力圖對古今圖書集成館的相關情況，包括開館時間、開館地點、組織管理、纂修人員、銅活字刊刻等一直困惑學界的問題，一一予以考實，從而勾勒出古今圖書集成館的整體面貌，一定程度上彌補學界研究的薄弱環節。筆者認爲，古今圖書集成館對於《古今圖書集成》的纂修乃至最後的成稿、刻印都起了至關重要的作用，值得學界加以重視和研究。

文章分爲五個章節。第一章介紹了中國古代官修典籍及類書的傳統，陳述了清代的編書風氣，辨析了《彙編》相關問題，特別指出陳夢雷編撰《彙編》爲古今圖書集成館開館纂修提供了堅實的基礎；第二章重點論述古今圖書集成館從開館到復開的曲折過程，考證了古今圖書集成館的開館時間和地點，辯駁了學界研究的偏頗之處。第三章研究古今圖書集成館的組織架構和纂修人員，揭示出其組織管理的協調性和特殊性，首次考證出古今圖書集成館纂修人員的完整名單及分工情況；第四章勾勒了《古今圖書集成》的銅活字印刷情況，考證出銅活字的準確數量、製作方式和最後去處；第五章多重視野下的古今圖書集成館，從不同視角審視古今圖書集成館，從橫向與縱向的層面突出古今圖書集成館的歷史地位。最後，對全文進行總結，並就研究古今圖書集成館提出一些新的思考。

目　次

序一　黃愛平

序二　裴芹

緒　論 1

第一章　古今圖書集成館的開館背景與前期準備 13

　　一、古今圖書集成館的開館背景 13

　　二、前期工作：《彙編》的編纂與進呈 19

第二章　古今圖書集成館的開設與復開 29

　　一、康熙朝古今圖書集成館的開設 29

　　二、雍正朝古今圖書集成館的復開 42

第三章　古今圖書集成館的組織管理與纂修人員 51

　　一、集成館的日常運作與協調 51

　　二、纂修人員的選拔與分工 60

　　三、纂修人員的議敍 76

　　四、纂修人員的構成特點 80

第四章　銅字館與《古今圖書集成》的刊刻 87

　　一、集成館與銅字館 87

　　二、《古今圖書集成》銅活字的製作與刊刻 91

　　三、《古今圖書集成》銅活字的保存及最後去處 101

第五章　多重視野下的集成館與《古今圖書集成》 ……………………… 105

一、皇位繼承與集成館興廢 ……………………………………………… 105

二、從《古今圖書集成》到《四庫全書》——兼論清代官修類書與

叢書的興替 ……………………………………………………………… 111

三、流風餘韻：時代變遷中的《古今圖書集成》 …………………… 117

總結與思考 …………………………………………………………………… 147

一、總結 …………………………………………………………………… 147

二、思考 …………………………………………………………………… 149

附錄一　清宮康雍朝銅活字印本述論 ……………………………………… 151

附錄二　從美查版到縮印版：晚清民國時期的《集成》出版 ………… 161

附錄三　相關圖錄 …………………………………………………………… 171

參考文獻 ……………………………………………………………………… 185

後　記 ………………………………………………………………………… 191

第二、三、四冊　《荀子》校補

作者簡介

蕭旭，男，漢族，1965 年 10 月 14 日（農曆）出生，江蘇靖江市人。中國訓詁學會會員，中國敦煌吐魯番學會會員，江蘇省語言學會會員。現在靖江廣播電視臺工作。

無學歷，無職稱，無師承。竊慕高郵之學，校讀群書自娛。出版學術專著《古書虛詞旁釋》、《群書校補》、《群書校補（續）》、《淮南子校補》、《韓非子校補》、《呂氏春秋校補》；發表學術論文 90 餘篇，120 餘萬字。

提　要

《荀子》是儒家最重要的著作之一。自唐代楊倞注《荀子》始，歷代整理校注《荀子》者甚眾，成就斐然。然其為先秦古籍，疑義尚多，還有待匡補修正，此《荀子校補》之所由作也。

目　次

上　冊

前　言 ………………………………………………………………………… 1

卷第一 ·· 15

  《勸學篇》第一校補 ·· 15

  《修身篇》第二校補 ·· 41

卷第二 ·· 71

  《不苟篇》第三校補 ·· 71

  《榮辱篇》第四校補 ·· 86

卷第三 ·· 113

  《非相篇》第五校補 ·· 113

  《非十二子篇》第六校補 ·································· 137

  《仲尼篇》第七校補 ·· 168

卷第四 ·· 177

  《儒效篇》第八校補 ·· 177

卷第五 ·· 197

  《王制篇》第九校補 ·· 197

中　冊

卷第六 ·· 221

  《富國篇》第十校補 ·· 221

卷第七 ·· 245

  《王霸篇》第十一校補 ······································ 245

卷第八 ·· 265

  《君道篇》第十二校補 ······································ 265

卷第九 ·· 283

  《臣道篇》第十三校補 ······································ 283

  《致士篇》第十四校補 ······································ 292

卷第十 ·· 301

  《議兵篇》第十五校補 ······································ 301

卷第十一 ·· 347

  《彊國篇》第十六校補 ······································ 347

  《天論篇》第十七校補 ······································ 367

卷第十二 ·· 375

  《正論篇》第十八校補 ······································ 375

卷第十三 403
　《禮論篇》第十九校補 403

下　冊

卷第十四 431
　《樂論篇》第二十校補 431

卷第十五 441
　《解蔽篇》第二十一校補 441

卷第十六 459
　《正名篇》第二十二校補 459

卷第十七 479
　《性惡篇》第二十三校補 479
　《君子篇》第二十四校補 491

卷第十八 499
　《成相篇》第二十五校補 499
　《賦篇》第二十六校補 507

卷第十九 537
　《大略篇》第二十七校補 537

卷第二十 577
　《宥坐篇》第二十八校補 577
　《子道篇》第二十九校補 594
　《法行篇》第三十校補 600
　《哀公篇》第三十一校補 603
　《堯問篇》第三十二校補 626
　《荀子》佚文辨正 633

第五冊　梨雲樓目錄版本論集

作者簡介

　　王永波（1972～），男，湖北天門人。四川大學文學博士（2006）、南京師範大學博士後（2010）、佛羅里達大學訪問學者（2015），四川省社會科學院文學研究所副研究員。主要研究唐詩學、目錄版本學。主持國家社會科學

基金項目《唐代郎官與文學研究》（13BZW061）。曾在《文學評論》、《文藝研究》、《社會科學戰線》、《北京大學學報》、《安徽大學學報》、《山西大學學報》等刊物上發表學術論文五十餘篇，其中多篇文章被《中國社會科學文摘》、《中國古代、近代文學研究》全文轉載。著有《陳子昂集校注》、《晚唐皮陸詩派研究》等。

提　要

　　《梨雲樓目錄版本論集》是著者近年來研治中國古典文獻學的論文結集，內容主要以古典文學文獻爲主，包括版本源流考證、版本敘錄、文獻綜合研究等多方面。研究對象以歷代別集爲主，採取文獻著錄與實物對證相結合的方式，對由唐代至清代的十餘種著名別集進行了版本研究。通過對這些別集源流演變的考證，澄清了歷代公私書目著錄的混淆、雜亂甚至錯誤的記載，正本清源。全書文章主要對陳子昂、孟浩然、李白、杜甫、李德裕、柳宗元、蘇軾、陸游、楊愼、李調元等詩人的別集進行了版本考述，其中尤以李白、杜甫的詩文版本爲主，特別注重版本源流的辨析及版本比較，於差異中發現問題，再試圖解決，得出較爲合理結論。《李白詩在唐五代的編集與流傳》、《李白詩在宋代的編集與刊刻》、《李白詩在明代的編刻與流傳》三篇文章渾然一體，互爲補充，對李白詩在唐五代、宋代、明代的編集、刊刻與流傳進行了細緻入微的考論，梳理出李白詩在歷朝的傳播與接受狀況，從版本源流的視角探尋李白詩歌的藝術魅力。《杜詩在明代的評點與集解》、《明人對杜甫律詩的選編與批評》、《〈讀杜詩愚得〉的注杜特色及其得失》、《明代杜詩學研究失誤述評》四篇文章，從不同角度研究杜甫詩在明代的流傳與影響，論證明人對杜詩學研究是成績顯著的，糾正了前人對明代杜詩學的種種偏見，論述有力，觀點耳目一新。其它各篇也多有創見，相信讀者閱讀後自可進行判斷。

目　次

序　蔣寅

序　徐希平

附　圖

陳子昂集版本源流考……………………………………………………………1

宋蜀刻本《孟浩然詩集》考述…………………………………………………11

李白詩在唐五代的編集與流傳 21

李白詩在宋代的編集與刊刻 33

李白詩在明代的編刻與流傳 45

杜詩在明代的評點與集解 59

明人對杜甫律詩的選編與批評 75

明代杜詩學研究失誤述評 87

《讀杜詩愚得》的注杜特色及其得失 101

《柳河東集》在宋代的編集與刊刻 115

李德裕集版本源流考 129

《唐宋詞譜校正》的學術價值 139

蘇軾《東坡樂府》版本考述 147

蘇軾《和陶詩》版本考述 161

陸游著作三種版本考述 173

《安陽集》版本源流考 193

《升菴文集》版本源流考 203

李調元《函海》編修與版刻考論 217

白敦仁先生與《彊邨語業箋注》 235

清代蜀人別集經眼錄 245

後　記 277

第六、七冊　清代穀梁學

作者簡介

　　吳連堂（1957～　）台灣雲林人，高雄師範學院國文研究所碩士，曾任國小、高職教師，現任正修科技大學副教授。著有《〈春秋穀梁經傳補注〉研究》（碩士論文）、《清代穀梁學》。

提　要

　　本書為作者碩士論文《〈春秋穀梁經傳補注〉研究》之續作，旨在闡明清代《穀梁》著作之成就。全書分八章，第一章緒論，述研究動機、範圍、方法及撰述體例；二至七章依清代《穀梁》著作之性質，計分注疏之屬、論說之屬、考證之屬、校勘之屬、輯佚之屬、評選之屬六類，各立專章，同類之

作復依著作先後之次，分立各節，述其成就、評其得失，凡五十四種；第八章結論，乃就清代穀梁學之風貌，作一整體之歸納。

目　次

上　冊

序

再版序

第一章　緒　論 ………………………………………………………… 1
　　　二、方法 …………………………………………………………… 5
第二章　注疏之屬 ……………………………………………………… 7
　第一節　春秋穀梁經傳補注 ………………………………………… 7
　　一、作者傳略 ………………………………………………………… 7
　　二、概述 ……………………………………………………………… 7
　　三、成就 …………………………………………………………… 11
　　　甲、論經傳 ……………………………………………………… 11
　　　乙、對范注之證補 ……………………………………………… 19
　　　丙、對經傳之發明 ……………………………………………… 28
　　四、疏失 …………………………………………………………… 61
　　五、評價 …………………………………………………………… 70
　第二節　穀梁春秋經傳古義疏 …………………………………… 71
　　一、作者傳略 ……………………………………………………… 71
　　二、概述 …………………………………………………………… 71
　　三、成就 …………………………………………………………… 72
　　　甲、論經傳 ……………………………………………………… 72
　　　乙、對經傳之發明 ……………………………………………… 87
　　四、評價 ………………………………………………………… 110
第三章　論說之屬 ………………………………………………… 113
　第一節　穀梁折諸 ………………………………………………… 113
　　一、作者傳略 …………………………………………………… 113
　　二、概述 ………………………………………………………… 113
　　三、成就 ………………………………………………………… 114

四、疏失……………………………………………………………124

五、評價……………………………………………………………124

第二節　穀梁義疑……………………………………………………125

一、作者傳略………………………………………………………125

二、概述……………………………………………………………125

三、成就……………………………………………………………126

四、疏失……………………………………………………………132

五、評價……………………………………………………………132

第三節　穀梁古義……………………………………………………132

一、作者傳略………………………………………………………132

二、概述……………………………………………………………133

三、成就……………………………………………………………133

四、疏失……………………………………………………………138

五、評價……………………………………………………………138

第四節　春秋穀梁傳經解鉤沈………………………………………138

一、作者傳略………………………………………………………138

二、概述……………………………………………………………138

三、成就……………………………………………………………139

四、疏失……………………………………………………………141

五、評價……………………………………………………………142

第五節　春秋穀梁傳述聞……………………………………………142

一、作者傳略………………………………………………………142

二、概述……………………………………………………………143

三、成就……………………………………………………………143

四、疏失……………………………………………………………161

五、評價……………………………………………………………164

第六節　春秋穀梁傳時月日書法釋例………………………………165

一、作者傳略………………………………………………………165

二、概述……………………………………………………………165

三、成就……………………………………………………………165

四、評價……………………………………………………………173

第七節　穀梁大義述 ···································· 174
　　一、作者傳略 ···································· 174
　　二、概述 ·· 174
　　三、成就 ·· 178
　　四、評價 ·· 216
下　冊
第八節　春秋穀梁傳平議 ······························ 217
　　一、作者傳略 ···································· 217
　　二、概述 ·· 217
　　三、成就 ·· 217
　　四、疏失 ·· 227
　　五、評價 ·· 230
第九節　春秋穀梁傳經說 ······························ 230
　　一、作者傳略 ···································· 230
　　二、概述 ·· 230
　　三、成就 ·· 231
　　四、疏失 ·· 232
　　五、評價 ·· 234
第十節　穀梁申義 ···································· 234
　　一、作者傳略 ···································· 234
　　二、概述 ·· 234
　　三、成就 ·· 235
　　四、疏失 ·· 246
　　五、評價 ·· 248
第十一節　穀梁約解 ·································· 248
　　一、作者傳略 ···································· 248
　　二、概述 ·· 248
　　三、成就 ·· 248
　　四、評價 ·· 249
第十二節　穀梁起癈疾補箋 ···························· 249
　　一、作者傳略 ···································· 249

二、概述 249

三、成就 250

四、疏失 257

五、評價 261

第十三節　起起穀梁癈疾 262

一、作者傳略 262

二、概述 262

三、成就 262

四、評價 266

第十四節　釋范 266

一、作者傳略 266

二、概述 266

三、成就 266

四、疏失 271

五、評價 272

第十五節　穀梁大義述補闕 272

一、作者傳略 272

二、概述 272

三、成就 274

四、疏失 284

五、評價 287

第十六節　春秋穀梁傳條指 288

一、作者傳略 288

二、概述 288

三、成就 290

四、評價 306

第四章　考證之屬 309

第一節　春秋穀梁傳注疏考證 309

一、作者傳略 309

二、概述 310

三、成就 311

四、疏失 320

五、評價 321

第二節　春秋穀梁傳異文釋 321

一、作者傳略 321

二、概述 321

三、成就 322

四、評價 324

第三節　穀梁禮證 324

一、作者傳略 324

二、概述 325

三、成就 325

四、評價 342

第五章　校勘之屬 343

第一節　春秋穀梁傳注疏校勘記 343

一、作者傳略 343

二、概述 344

三、成就 346

四、疏失 351

五、評價 352

第二節　穀梁注疏校勘記識語 353

一、作者傳略 353

二、概述 353

三、成就 354

四、評價 357

第三節　春秋穀梁傳校刊記 357

一、作者傳略 357

二、概述 357

三、成就 357

四、評價 360

第四節　春秋穀梁傳考異 360

一、作者傳略 360

二、概述 361

三、成就 362

四、評價 365

第五節　穀梁疏校勘記 365

一、作者傳略 365

二、概述 366

三、成就 367

四、疏失 368

五、評價 368

第六章　輯佚之屬 369

第一節　起癈疾 370

一、輯者傳略 370

二、概述 371

三、成就 371

四、評價 379

第二節　春秋穀梁傳注 380

一、輯者傳略 380

二、概述 380

三、成就 381

四、評價 384

第三節　穀梁傳例 384

一、輯者傳略 384

二、概述 384

三、成就 385

四、評價 389

第四節　薄叔玄問穀梁義 389

一、輯者傳略 389

二、概述 389

三、成就 389

四、評價 391

第五節　春秋公羊穀梁傳解詁 391

一、輯者傳略 391

二、概述 392

三、成就 393

四、評價 395

第六節　春秋穀梁傳章句 395

一、輯者傳略 395

二、概述 396

三、成就 396

四、評價 397

第七節　春秋穀梁傳說 397

一、輯者傳略 397

二、概述 397

三、成就 398

四、評價 398

第八節　春秋穀梁傳注義 398

一、輯者傳略 398

二、概述 398

三、成就 399

四、評價 401

第九節　春秋穀梁傳注 401

一、輯者傳略 401

二、概述 402

三、成就 402

四、評價 402

第十節　春秋穀梁傳說 402

一、輯者傳略 402

二、概述 403

三、成就 403

四、評價 404

第十一節　春秋公羊穀梁二傳評 404

一、輯者傳略 404

　　　二、概述⋯⋯⋯⋯⋯⋯⋯⋯⋯⋯⋯⋯⋯⋯⋯⋯⋯⋯⋯⋯404

　　　三、成就⋯⋯⋯⋯⋯⋯⋯⋯⋯⋯⋯⋯⋯⋯⋯⋯⋯⋯⋯⋯404

　　　四、評價⋯⋯⋯⋯⋯⋯⋯⋯⋯⋯⋯⋯⋯⋯⋯⋯⋯⋯⋯⋯406

　　第十二節　穀梁劉更生義⋯⋯⋯⋯⋯⋯⋯⋯⋯⋯⋯⋯⋯⋯406

　　　一、輯者傳略⋯⋯⋯⋯⋯⋯⋯⋯⋯⋯⋯⋯⋯⋯⋯⋯⋯⋯406

　　　二、概述⋯⋯⋯⋯⋯⋯⋯⋯⋯⋯⋯⋯⋯⋯⋯⋯⋯⋯⋯⋯406

　　　三、成就⋯⋯⋯⋯⋯⋯⋯⋯⋯⋯⋯⋯⋯⋯⋯⋯⋯⋯⋯⋯406

　　　四、評價⋯⋯⋯⋯⋯⋯⋯⋯⋯⋯⋯⋯⋯⋯⋯⋯⋯⋯⋯⋯408

第七章　評選之屬⋯⋯⋯⋯⋯⋯⋯⋯⋯⋯⋯⋯⋯⋯⋯⋯⋯⋯⋯409

　　第一節　穀梁傳評⋯⋯⋯⋯⋯⋯⋯⋯⋯⋯⋯⋯⋯⋯⋯⋯⋯409

　　　一、作者傳略⋯⋯⋯⋯⋯⋯⋯⋯⋯⋯⋯⋯⋯⋯⋯⋯⋯⋯409

　　　二、概述⋯⋯⋯⋯⋯⋯⋯⋯⋯⋯⋯⋯⋯⋯⋯⋯⋯⋯⋯⋯409

　　　三、成就⋯⋯⋯⋯⋯⋯⋯⋯⋯⋯⋯⋯⋯⋯⋯⋯⋯⋯⋯⋯410

　　　四、評價⋯⋯⋯⋯⋯⋯⋯⋯⋯⋯⋯⋯⋯⋯⋯⋯⋯⋯⋯⋯417

　　第二節　穀梁傳評⋯⋯⋯⋯⋯⋯⋯⋯⋯⋯⋯⋯⋯⋯⋯⋯⋯418

　　　一、作者傳略⋯⋯⋯⋯⋯⋯⋯⋯⋯⋯⋯⋯⋯⋯⋯⋯⋯⋯418

　　　二、概述⋯⋯⋯⋯⋯⋯⋯⋯⋯⋯⋯⋯⋯⋯⋯⋯⋯⋯⋯⋯418

　　　三、成就⋯⋯⋯⋯⋯⋯⋯⋯⋯⋯⋯⋯⋯⋯⋯⋯⋯⋯⋯⋯418

　　　四、評價⋯⋯⋯⋯⋯⋯⋯⋯⋯⋯⋯⋯⋯⋯⋯⋯⋯⋯⋯⋯423

　　第三節　穀梁傳鈔⋯⋯⋯⋯⋯⋯⋯⋯⋯⋯⋯⋯⋯⋯⋯⋯⋯423

　　　一、作者傳略⋯⋯⋯⋯⋯⋯⋯⋯⋯⋯⋯⋯⋯⋯⋯⋯⋯⋯423

　　　二、概述⋯⋯⋯⋯⋯⋯⋯⋯⋯⋯⋯⋯⋯⋯⋯⋯⋯⋯⋯⋯423

　　　三、成就⋯⋯⋯⋯⋯⋯⋯⋯⋯⋯⋯⋯⋯⋯⋯⋯⋯⋯⋯⋯424

　　　四、疏失⋯⋯⋯⋯⋯⋯⋯⋯⋯⋯⋯⋯⋯⋯⋯⋯⋯⋯⋯⋯427

　　　五、評價⋯⋯⋯⋯⋯⋯⋯⋯⋯⋯⋯⋯⋯⋯⋯⋯⋯⋯⋯⋯428

第八章　結　論⋯⋯⋯⋯⋯⋯⋯⋯⋯⋯⋯⋯⋯⋯⋯⋯⋯⋯⋯⋯429

　　一、清代學術風貌深刻顯明⋯⋯⋯⋯⋯⋯⋯⋯⋯⋯⋯⋯⋯429

　　二、繼絕學之苦心孤詣⋯⋯⋯⋯⋯⋯⋯⋯⋯⋯⋯⋯⋯⋯⋯430

　　三、彙通補正前人成績⋯⋯⋯⋯⋯⋯⋯⋯⋯⋯⋯⋯⋯⋯⋯431

　　四、闡明創發新成就⋯⋯⋯⋯⋯⋯⋯⋯⋯⋯⋯⋯⋯⋯⋯⋯432

參考書目⋯⋯⋯⋯⋯⋯⋯⋯⋯⋯⋯⋯⋯⋯⋯⋯⋯⋯⋯⋯⋯⋯⋯433

第八冊　敘事、論說與徵引——論《左傳》《國語》的典故運用

作者簡介

　　蔡瑩瑩，1986 年生。國立臺灣大學中國文學研究所碩士畢業，現爲國立臺灣大學中國文學研究所博士生。研究領域：《左傳》、《國語》、先秦文史、敘事理論。發表學術論文：〈《左傳》「弑君敘事」舉隅——以趙盾、崔杼爲例〉、〈《左傳》《易》例重探——兼論先秦《易》說的特色與價值〉、〈西方漢學家葛瑞漢《墨子》研究述評：以墨子十論爲重心〉、〈顧隨與王國維之詞學關係蠡探——從「高致說」的幾個疑點談起〉等若干篇。

提　要

　　本文以先秦敘史文獻——《左傳》與《國語》——所載論說文辭中「徵引典故」的現象爲主要探討論題，針對各類「典故」於《左》、《國》所載春秋時人論說中的徵引、應用等相關議題進行討論。

　　本文之第一章〈緒論〉先說明春秋時期之用典現象、論說風氣與敘史文獻三者的互涉及其衍伸出的各種相關學術議題，並說明本文研究之立場，乃嘗試運用先秦敘史文獻敘事詳明的體裁特色，企圖針對下述議題做出分析與詮釋：一、徵引典故的具體語境；二、典故本身在言論中的意義與效用；三、言說者徵引典故的意圖與觀念；四、敘事者的書寫觀點或立場對論說與徵引典故的影響；五、在上述基礎上，吾人應該如何看待徵引典故及其延伸出的各類學術議題。

　　本文之第二、三章以「典籍」爲主，亦即論析《易》、《詩》、《書》在《左傳》、《國語》中徵引、運用的現象、特色與意義。指出春秋時人引用經典，並非墨守字句、講究訓詁，而是取合己意、應對時勢，而將自身話語與經典文句相互交融、辯證與闡發，以此達成明德、教化、尚友先賢之論述目的，並略論其對經典的態度與應用與戰國諸子可能的差異。第四、五章則討論各種「故事」、「史事」的徵引現象。分析各種徵引歷史事件的論說方式與應用情境，並比較《左傳》、《國語》二書載錄之異同，藉此釐清春秋時人對古史與近、當代史事的態度與詮釋傾向；同時也反思《左傳》、《國語》的敘事觀點、書籍性質對於史事剪裁取捨，乃至詮釋應用的異同。第六章〈結論〉則在上述對於「典」與「故」的論析基礎上，綜論其內涵與意義，並藉此進一

步思索春秋戰國時期，隨著時代變遷、政局動盪，時人對於過往之典範如何接受、辯證，又如何建立、尋求切合時勢所須的新典範與新價值。最後希望呈現出《左傳》與《國語》除了作爲春秋時期重要的歷史敘事文獻外，其所載錄的各種論說與語文現象，亦爲吾人研究先秦學術風氣演變與各種相關延伸之文化、學術議題的重要參照。

目　次

誌　謝
第一章　緒　論 ………………………………………………………………… 1
第二章　尚辭與尚占：《左傳》、《國語》引《易》論析 ……………… 29
　　第一節　《左傳》、《國語》引《易》之學術意義與概況 ………… 29
　　第二節　《左傳》論說引《易》事例論析 ………………………… 34
　　第三節　《左傳》、《國語》占筮引《易》及其卜預敘事策略論析 … 39
　　第四節　先秦子史文獻所見《易》說特色論略 …………………… 46
　　第五節　先秦《易》說之風尚與流變蠡測 ………………………… 53
第三章　徵史與明德：《左傳》、《國語》稱引《詩》、《書》論析 … 59
　　第一節　《左傳》、《國語》稱引《詩》、《書》之特質與研究概況 … 59
　　第二節　《左傳》、《國語》稱《詩》事例論析 …………………… 67
　　第三節　《左傳》、《國語》引《書》事例論析 …………………… 82
　　第四節　《易》、《詩》、《書》之文獻性質與論說意義論略 …… 93
　　第五節　先秦諸子稱引《詩》、《書》之風尚趨勢論略 ………… 98
第四章　《左傳》、《國語》徵引史事論析：古史篇 ………………… 103
　　第一節　徵引史事分類與研究概述 ………………………………… 103
　　第二節　史書或史料的辯證：古史辨研究方法的省思 ………… 106
　　第三節　《左傳》、《國語》徵引單一古史論析 ………………… 111
　　第四節　修辭與敘事之互涉：《左》、《國》鋪排歷代史事論析 … 122
　　第五節　《左傳》、《國語》徵引古史之意義 …………………… 134
第五章　《左傳》、《國語》徵引史事論析：近當代史事篇 ………… 141
　　第一節　《左傳》、《國語》徵引近當代史事之類型與特色 …… 141
　　第二節　《左傳》、《國語》徵引近代史事論析 ………………… 144
　　第三節　《左傳》、《國語》徵引當代史事論析 ………………… 154

　　第四節　特殊事例論析 ·· 167

　　第五節　徵引史事與論說風氣試論 ······················· 172

第六章　結　論 ·· 181

引用暨主要參考書目 ·· 189

附錄：《左傳》、《國語》引《易》事例 ···················· 199

第九冊　《群書治要》史部研究——從貞觀史學的致用精神談起

作者簡介

　　洪觀智，國立臺灣大學中國文學系學士、碩士，並獲教育部中等學校教師資格檢定考試通過。曾參加素書樓文教基金會所舉辦的齊魯文化國學夏令營「尋根──儒家文化探源」，到孔子的故鄉，儒家文化發祥地山東曲阜去文化尋根。喜愛中國傳統文化，仰慕古人高風亮節，期能在亂世之中，學習北宋橫渠先生之志：為往聖繼絕學，為萬世開太平。

提　要

　　「政治」與「歷史」二者密切相關，是貞觀思潮的重要內涵。貞觀史學素有鑒戒史學之稱，好以史為鑒，而目的則指向現實政治之用。此種思維型態，是貞觀君臣論政論學的主軸。編成於貞觀五年的《羣書治要》，正是此思潮之典型呈現。

　　以往學界對《治要》的研究，偏重在輯佚、校勘等文獻學價值的闡發，《治要》流傳中、日之間所涉及的文化交流議題，與《治要》所反映的政治思想等等；本文則試圖從貞觀的重「史」意識切入，指出《治要》的編纂背景、全書宗旨、呈現形式與內在意向，都與此重「史」精神密切相關，為《治要》的解讀提供一種新途徑。

　　《治要》是魏徵等大臣為唐太宗所編纂的一部治道精選集，內容為經、史、子六十餘部典籍的節鈔。此書的編成，背後是貞觀重「史」用「史」的思想主流，其「致用」宗旨十分明確，與類書截然不同。就學術傾向來看，期於為治的終極指向，使此書無愧於帝王學的高標；而書中對經史子諸部典籍的節選，又在在顯露出與「史」相仿的特質，印證了貞觀重「史」的思想

特色。

　　從《治要》史部的刪節去取，得以直接觀察《治要》展現的史學精神。比照典籍原本與《治要》的節鈔內容，編者的取捨過程於焉顯露；而取捨過程必然反映出某種價值觀，對此價值觀加以梳理，正能與貞觀史學的特質相互發明。約而言之，編者所重在於具體切近之人事，且力求有用，故多選錄具代表性的「言」與「事」，而不惜犧牲時間軸線的完整性，對史書體例、體裁等形式常規亦不甚措意；取捨之間所蘊藏的「致用」意向，則在教訓、修身勵德、現實施政、增篤情義等面向盡情彰顯。至於《治要》及貞觀「致用」史學的影響與侷限，本文於結論處亦有論及。

目　次

序　言
第一章　緒　論 1
第二章　貞觀初年史學興起的環境 11
　第一節　貞觀君臣的歷史意識 11
　第二節　貞觀年間的修史與用史 22
第三章　《治要》之纂集旨歸與學術傾向 33
　第一節　現實致用的精神歸趨 33
　第二節　以史學為基礎的帝王學 46
第四章　《治要》史部之形式內容 61
　第一節　選錄形式 61
　　一、史書體裁方面 61
　　二、史書體例方面 67
　第二節　選錄意趣 84
　　一、載有用之言 84
　　二、載有用之事 95
　　三、偶然出現的小說意趣 101
　　四、有別於史實簡述的取捨模式 107
第五章　《治要》史部之致用意向 115
　第一節　教訓之用 116
　第二節　修身勵德之用 128

第三節　現實施政之用……………………………………………… 144

第四節　增篤情義之用……………………………………………… 152

第六章　結論——兼論貞觀史學的影響與侷限………………… 167

參考文獻…………………………………………………………… 175

附錄　《羣書治要·晉書》摘引來源探討………………………… 181

第十冊　《孔叢子》研究

作者簡介

傅亞庶，1954 年生，黑龍江拜泉人。初中畢業到農村插隊三年，1973 年應徵入伍。1978 年考入東北師範大學中文系，1986 年畢業於東北師範大學中國古典文獻學專業，獲碩士學位。現爲東北師範大學文學院教授、博士生導師。求學上師從著名文史學家何善周教授，爲聞一多先生的學術再傳。多年從事於中國古代諸子文獻與上古文化的研討，代表性的成果：《劉子校釋》（新編諸子集成），中華書局，1998 年（後入選 2013 年國家新聞出版廣播電影電視總局、全國古籍整理出版規劃小組組織的「首屆向全國推薦建國以來的優秀古籍整理圖書」）。《孔叢子校釋》（新編諸子集成續編），中華書局，2011 年。《中國上古祭祀文化》第二版（初版遴選爲 2003 年教育部推薦全國研究生教學用書），高等教育出版社，2005 年。曾主持完成多項教育部人文社會科學規劃項目立項課題，發表學術論文幾十篇。

提　要

《孔叢子》是繼《論語》之後漢代儒學的一部重要文獻，由孔門後人相繼編撰而成。該書自宋代以來開始被懷疑爲僞書，因此其價值長期以來得不到學界重視。本書是進行專書文獻研究的著作，內容涉及到《孔叢子》的性質、《孔叢子》所載孔門家學考述、歷代《孔叢子》注解、清儒《小爾雅》研究、《孔叢子》版本源流考證等幾個方面。筆者從《孔叢子》的辨僞入手，繼而對書中所載孔子及其孔門後代的言行、《孔叢子》宋代以來的重要注釋、清儒《小爾雅》研究、《孔叢子》文獻傳承等作了系統的論述。關於《孔叢子》辨僞的研究，按相關文獻記載及古人成說的立論角度、立論根據、考證方法、古人撰述習慣、文獻流傳特點等方面展開，辯證出相對合理的結論。全書整體以微觀研究爲主，對孔子、子思、子高、子順言行採取靜態考述，《孔叢子》

歷代注釋、《小爾雅》研究、《孔叢子》版本等採取動態梳理的方法，在窮盡第一手材料的基礎上進行闡釋與分析，力爭反映出歷史上《孔叢子》研究的發展變化過程，具有較高的學術價值。

目　次

前　言 ………………………………………………………………… 1
第一章　《孔叢子》的編撰與成書 ………………………………… 9
　第一節　《孔叢子》作者考證 …………………………………… 10
　　一、宋代學者考證 …………………………………………… 10
　　二、明、清學者考證 ………………………………………… 12
　　三、近代學者考證 …………………………………………… 14
　第二節　《孔叢子》的成書年代 ………………………………… 14
　　一、東漢成書論 ……………………………………………… 14
　　二、東晉成書論 ……………………………………………… 15
　　三、《孔叢子》成書年代辨析 ……………………………… 18
　第三節　《孔叢子》記言記事的眞偽 …………………………… 22
　　一、宋人葉適《習學記言》的辨析 ………………………… 22
　　二、高似孫、王謨、羅根澤、錢穆諸家之「偽書」考 …… 24
　　三、《孔叢子》記事記言辨偽 ……………………………… 25
　第四節　《孔叢子》的文獻與思想價值 ………………………… 28
　　一、《孔叢子》的校勘學價值 ……………………………… 28
　　二、《孔叢子》的歷史文獻價值 …………………………… 31
　　三、《孔叢子》的思想文化價值 …………………………… 34
第二章　《孔叢子》中孔子言行研究 ……………………………… 37
　第一節　孔子言論考述 …………………………………………… 38
　　一、孔子言《詩》考述 ……………………………………… 38
　　二、孔子論《書》的記載形式 ……………………………… 45
　　三、孔子引《書》論政教 …………………………………… 50
　　四、孔子引《書》論刑罰 …………………………………… 55
　　五、孔子論《書》與《尚書》篇章的流傳 ………………… 60
　　六、孔子論禮 ………………………………………………… 62

七、孔子論政 ································· 65

八、孔子明志 ································· 66

第二節　孔子遊學考述 ························· 70

一、孔子適陳 ································· 70

二、孔子在衛 ································· 72

三、孔子適齊 ································· 76

四、孔子適周 ································· 77

第三章　《孔叢子》中孔門後學言行研究 ············· 79

第一節　子思言行考論 ························· 79

一、子思論學 ································· 80

二、子思論德 ································· 80

三、子思論禮 ································· 82

四、子思論政 ································· 89

五、子思明志 ································· 90

第二節　子高言行考論 ························· 91

一、子高辯「白馬」之論 ······················ 92

二、子高辯「楚人得弓」之說 ··················· 92

三、子高辯「藏三耳」之說 ···················· 93

第三節　子順言行考論 ························· 94

一、子順辯知人之論 ·························· 94

二、子順辯流言之偽 ·························· 95

三、子順辯爲政之理 ·························· 96

第四節　孔門後學辯墨家問難 ··················· 98

一、辯晏子與孔子交相毀事 ···················· 98

二、辯孔子品行諸事 ························· 101

三、辯孔子諸弟子品行事 ····················· 103

第四章　《孔叢子》注釋研究 ····················· 107

第一節　北宋宋咸《孔叢子注》 ·················· 107

一、《孔叢子注》的校勘體例 ··················· 109

二、《孔叢子注》的注釋體例 ··················· 110

三、《孔叢子注》的文獻解讀 ··················· 136

第二節　清錢熙祚《孔叢子注校》 ……………………………………… 140

一、錢熙祚的校勘體例 …………………………………………… 140

二、錢熙祚校勘的成績 …………………………………………… 147

三、錢熙祚校勘的失誤 …………………………………………… 152

第三節　日本漢學家冢田虎《冢注孔叢子》 …………………………… 158

一、標注音讀 ……………………………………………………… 158

二、標明文字異文、校正訛文 …………………………………… 160

三、注解文義 ……………………………………………………… 161

第五章　《小爾雅》研究 …………………………………………………… 175

第一節　《小爾雅》與《孔叢子》的聯繫 ……………………………… 176

一、清代學者考證 ………………………………………………… 176

二、《小爾雅》流傳考 …………………………………………… 176

第二節　清代諸家《小爾雅》名物訓詁研究 …………………………… 179

一、莫栻《小爾雅廣注》 ………………………………………… 179

二、葛其仁《小爾雅疏證》 ……………………………………… 182

三、胡承珙《小爾雅義證》 ……………………………………… 184

四、王煦《小爾雅疏》 …………………………………………… 187

五、宋翔鳳《小爾雅訓纂》 ……………………………………… 192

六、朱駿聲《小爾雅約注》 ……………………………………… 196

七、胡世琦《小爾雅義證》 ……………………………………… 197

第三節　清儒《小爾雅》名物訓詁之爭 ………………………………… 205

一、《小爾雅‧廣器》「鵠中者謂之正」 ……………………… 205

二、《小爾雅‧廣度》「四尺謂之仞」 ………………………… 207

三、《小爾雅‧廣量》「豆四謂之區，區四謂之釜」 ………… 209

四、《小爾雅‧廣衡》「兩有半曰捷，倍捷曰舉」 …………… 211

五、《小爾雅‧廣衡》「倍舉曰鋝，鋝謂之鍰」 ……………… 211

六、《廣雅》掇拾之病，與《小爾雅》同 ……………………… 212

七、《小爾雅》為後人採王肅、杜預之說為之也 ……………… 214

第四節　清儒治《小爾雅》之局限 ……………………………………… 215

一、失之於校勘文字，無善本可借鑒 …………………………… 215

二、失之於無完整保留有宋咸注文之宋刻本可作校勘、義疏之參考 … 216

第六章 《孔叢子》版本源流考論 …………………………………………………… 217

　第一節 《孔叢子》七卷刻本流傳 …………………………………………… 217

　　一、《孔叢子》七卷刻本文獻著錄 ……………………………………… 217

　　二、宋咸《孔叢子注》七卷刻本 ………………………………………… 219

　　三、宋咸《孔叢子注》七卷巾箱本 ……………………………………… 224

　　四、《孔叢子》七卷刻本 ………………………………………………… 236

　第二節 《孔叢子》三卷、十卷、四卷、二卷刻本流傳 ……………… 246

　　一、明清時期《孔叢子》三卷刻本文獻著錄 ………………………… 246

　　二、《孔叢子》三卷刻本 ………………………………………………… 247

　　三、《孔叢子》十卷、四卷刻本 ………………………………………… 255

　　四、《孔叢子》二卷刻本 ………………………………………………… 259

　第三節 《小爾雅》一卷刻本 ………………………………………………… 262

　　一、《小爾雅》一卷刻本文獻著錄 ……………………………………… 262

　　二、《小爾雅》一卷單刻本 ……………………………………………… 263

第十一、十二、十三、十四、十五、十六、十七、十八冊 元曲釋詞（增訂版）

作者簡介

　　王學奇，男，1920 年生於北京密雲縣，漢族。1946 年畢業於國立西北師院（北師大後身）。受業於著名語言學家黎錦熙先生。畢業後一直從事語文教學工作，先後在東北工學院、東北師范大學、中央音樂學院、河北師范大學等校，任講師、副教授、教授、研究生導師，講授過文學理論、外國文學及中國古典文學，以教學成績優異，國務院授予特殊津貼。同時還擔任過元曲研究所所長。在校外還被選爲河北省元曲研究會長、關漢卿研究會會長、北師大榮譽校友。

　　著述方面，早年好詩。自上世紀五十年代開始迄今近七十年轉攻戲曲曲詞研究，和王靜竹共同出版了《元曲釋詞》、《宋金元明清曲辭通釋》、臧氏《元曲選》校注、《關漢卿全集校注》和即將出版的《曲辭通釋》（《宋金元明清曲辭通釋》的增訂本）等書。此外還出版了《笠翁傳奇十種校注》。這些書都獲得大獎，受到國內外學術界好評。特別是《宋金元明清曲辭通釋》，更贏得學

術界贊許，2002 年出版，2003 年被評爲國家級辭書類一等獎，2004 年在石家莊召開學術研討會，全國著名專家、學者四十多人，公認爲此書代表了目前該領域研究的最高水平。作者不慕榮利，樂此不疲，不知老之已至，忘掉政治迫害的傷痕，現在仍伏案孜孜，爲不斷提高戲曲語言文化的研究而努力。

王靜竹，女，1926 年生於吉林洮南府（今改爲桃南鎮），在僞滿統治時期，度過她的幼年。東北解放後，由於時局動蕩，她沒有條件讀完四年制的大學教育，新政府即以需要幹部爲由，把她調離學校。但她敏而好學，性格堅毅，雖屈居下層，卻不甘落後。王學奇在長春與她相遇，喜其好學，而嘉其志，遂與之往來，終成美眷。王學奇問：「我提倡家庭學術化，你怎麼看」王靜竹答：「那還用說，正合我心願。」二人的結合，與其說是夫妻關係，倒不如說是寫作夥伴。

自上世紀五十年代起，迄今六十多年，王靜竹一直在天津第二十九中學、四十八中學任語文教員，除教學、帶孩子外，便把全部時間，用於研究曲辭工作，在一連串喫人運動中，冒險犯難，不遺餘力。最後與王學奇共同寫成《元曲釋詞》、《宋金元明清曲辭通釋》、《曲辭通釋》（《宋金元明清曲辭通釋》增訂本）以及《元曲選校注》、《關漢卿全集校注》。各書出版後，均取得好評。論者謂《元曲釋詞》是「集研究元曲之大成，爲目前比較理想的治曲工具書，而且對一般的文學、史學和語言學等的研究，也有較大的參考價值。」《光明日報》稱「該書有相當高的學術水平和參考價值。」《宋金元明清曲辭通釋》，受到河北省社會科學特別獎評委的贊賞：「王學奇、王靜竹先生畢生從事戲曲語言研究，所著《宋金元明清曲辭通釋》一書，在長達三百多萬字的篇幅中，收入曲辭 10000 餘條。該著作打通宋以後歷代曲學發展的時代界限，引例廣博，縱橫結合，在長時段的發展和比較中，既闡明曲辭意義，又揭示曲辭的演變規律，被學術界譽爲曲辭研究的集大成之作，在近代漢語研究和中國當代曲辭研究方面具有劃時代的意義。」然而遺憾的是：《元曲釋詞》被顧某人推薦到出版社以後，僞稱出版社也讓他掛名，縱而竊取了第一作者的位置，把王學奇排在其後，把作者王靜竹的名字排除在外。朗朗乾坤，天地雖大，限於人微言輕，申訴無由，耿耿於懷，迄今已達三十三年。幸遇黃衫客申張正義，冤案纔得昭雪，但作者王靜竹沒有能看到印上自己名字的新版《元曲釋詞》，抱著一肚子窩囊氣，已於 2015 年 9 月逝世了。即使如此，另一位被貶的合作者，也要替王靜竹向這位大俠表示謝意。

提　要

　　《元曲釋詞》全書共收詞目三千多條，連同附目約近六千條。所收詞目，以元雜劇為主、元散套和小令為輔、內容涉及歷史風尚、典章制度、鄉談方言，市井俚語、戲曲術語、曲調特用語、蒙古及女真等民族語，兼收並容，力求完備。

　　在解釋這些詞語時，作者不僅引用了與元曲時代相近和關係較密切的南戲、諸宮調、明清雜劇和傳奇以及話本小說為佐證，並旁參周秦、兩漢、魏晉南北朝、隋唐兩宋以來有關的經、史、子、集以及歷代筆記、雜著等史料。作者本著窮原竟委的精神，在顧及元曲用詞的時代普遍性的同時，又縱觀了所釋詞語古今沿用的不同歷程，旁徵博引，廣為訓釋，務期求得較為確切的解釋。在訓釋方法上，最值得一提的是，把訓詁學和聲韻學原理緊密結合起來，用之於元曲詞語的研究，終使紛亂複雜的語詞現象循律而解，解決了過去很多懸而未決，或解決錯了的問題。

　　《元曲釋詞》不僅是閱讀元曲的必備工具書，也是閱讀宋、金、元、明、清歷代戲曲、小說的良師益友。此書填補了不少古今習俗資料和方言土語，對民俗學和方言學的研究，也有貢獻。總之，此書搜羅宏富，方法嚴謹，詞條全面、詮釋精當，在元曲詞義的探討方面，是迄今最完備的一部訓詁學專著。

第十九冊　《黃帝內經》注釋研究

作者簡介

　　彭達池，男，湖南常德人。早年桃源師範學校畢業，從事基礎教育教學工作十餘年；2001 年入西南師範大學漢語言文獻研究所學習，獲中國古典文獻學碩士學位；2004 年入陝西師範大學文學院漢語言文字學專業學習，獲文學博士學位；2007 年至今於廈門大學中國語言文學系擔任講師，主要從事《古代漢語》、《訓詁學》、《詞彙學》方面的教學研究工作。出版《大家精要·周敦頤》，參編《十三經辭典·儀禮卷》、《古代漢語》，發表中醫類期刊論文十餘篇。熱愛中國傳統文化，崇尚自然簡樸。

提　要

　　中醫聖典《黃帝內經》依託注本才得以流傳下來，從唐朝至今，注釋者

代不乏人。歷代注文，資料豐富，蘊藏著多方面的創獲，也匯集了多方面的《內經》研討成果。該書名之「註釋研究」，從注釋對象、註釋者、註釋在辭書編纂上的應用、註釋方法與特點幾個方面闡述《內經》經注方面的有關實事：先從註釋的形式與作用兩方面探求《內經》正文自注的一般規律，揭示著者正文自注與後人解經他注之間的密切聯繫。次論《內經》他注，探討注者的思想和修養對注釋成果品質高低的重要影響，並對注釋成果的形式和內容進行分析。再將《內經》經注內容與《漢語大字典》、《漢語大詞典》的相關條目進行比較，考訂兩部大型辭書利用《內經》材料釋義分項之得失。然後從反面總結《內經》誤注、失注之教訓。再從文本用字與文意表達的關係入手，分析通假字、古今字、異體字、訛誤字的注釋情況。最後總結了多義詞注釋的規律，前人作注的方法經驗，以及這一古代醫學文獻注釋的特點。

目　次

第一章　緒　論 …………………………………………………………… 1
第二章　《內經》及其注釋 …………………………………………… 21
　　第一節　總論 ………………………………………………………… 21
　　第二節　《內經》的著錄及版本 ………………………………… 22
　　第三節　《內經》注釋相關理論 ………………………………… 27
　　第四節　《內經》注釋小史 ……………………………………… 34
第三章　《內經》自注研究 ………………………………………… 43
　　第一節　總論 ………………………………………………………… 43
　　第二節　自注的術語標誌及其它形式 ………………………… 45
　　第三節　正文自注的原因及作用 ………………………………… 53
　　第四節　自注對他注的指導性 …………………………………… 57
第四章　《內經》他注研究 ………………………………………… 61
　　第一節　總論 ………………………………………………………… 61
　　第二節　注釋與注釋思想 ………………………………………… 62
　　第三節　注釋與注釋修養 ………………………………………… 68
　　第四節　《內經》注釋形式 ……………………………………… 74
　　第五節　《內經》注釋內容 ……………………………………… 79
　　第六節　他注的作用 ……………………………………………… 85

第五章 《內經》注釋與《漢語大字典》……………………91

    第一節 總論……………………91

    第二節 以《內經》經注材料增補《大字典》義項……………………91

    第三節 糾正《大字典》的釋義錯誤……………………95

    第四節 歸項及義例不配錯誤……………………114

    第五節 書證有失原文校考而誤……………………122

    第六節 《大字典》義項分合問題……………………127

第六章 《內經》注釋與《漢語大詞典》……………………131

    第一節 總論……………………131

    第二節 失收義項的增補……………………132

    第三節 增列失收詞條……………………142

    第四節 訂正錯誤……………………157

第七章 歷代誤注失注敘例及原因探析……………………165

    第一節 總論……………………165

    第二節 誤注失注敘例……………………167

    第三節 注釋糾偏原則……………………174

第八章 注釋中突破字形解經義……………………183

    第一節 總論……………………183

    第二節 《內經》注釋應揭示的通假字……………………192

    第三節 異體字、古今字與正訛字的注釋……………………209

第九章 《內經》注釋的啟示……………………215

    第一節 總論……………………215

    第二節 多義詞的注釋問題……………………215

    第三節 注釋方法舉例……………………221

    第四節 中醫文獻注釋的特點……………………233

結 語……………………241

參考文獻……………………243

第二十冊 唐前語文教育文獻研究

作者簡介

    韓建立，吉林省吉林市人，吉林大學古籍所博士。目前執教於吉林大

學文學院，語文課程與教學論專業碩士生導師。講授中國語文教育史、唐宋詩詞欣賞等課程。主要研究方向爲中國古代文學與文獻、語文課程與教學。

提　要

　　本書是關於唐代以前語文教育文獻綜合研究的專著。這一時段語文教育具有文史哲交叉、融合的特點，語文教育文獻因而也較爲寬泛，既包括識字課本、文選讀本，也涉及筆記、家訓、文論著作。主要論及存世的唐代以前語文教育文獻七種，即《學記》《急就篇》《開蒙要訓》《文心雕龍》《千字文》《昭明文選》《顏氏家訓》，詳細闡述了每部語文教育文獻的編纂情況、教學功用、教學原則與方法、價值與影響等。還對唐代以前編纂、現在已經散佚的六種識字課本《史籀篇》《蒼頡篇》《八體六技》《凡將篇》《訓纂篇》《勸學》，進行了鈎沉、考辨。

目　次

第一章　《學記》的教學論思想 ……………………………………………… 1
　第一節　關於教育制度與學校管理 ……………………………………… 2
　　一、教育制度 ………………………………………………………… 2
　　二、學校管理 ………………………………………………………… 7
　第二節　教學原則論 ……………………………………………………… 11
　　一、教學相長 ………………………………………………………… 11
　　二、長善救失 ………………………………………………………… 13
　　三、藏息相輔 ………………………………………………………… 16
　　四、啓發誘導 ………………………………………………………… 18
　　五、豫時孫摩 ………………………………………………………… 20
　第三節　教學方法論 ……………………………………………………… 21
　　一、講解 ……………………………………………………………… 21
　　二、問答 ……………………………………………………………… 23
　　三、比較 ……………………………………………………………… 25
　附錄：《學記》原文及箋注 ……………………………………………… 26
第二章　《急就篇》與識字教學 …………………………………………… 35
　第一節　關於作者、書名來源及其含義 ………………………………… 35

一、作者 35

二、書名來源及其含義 37

第二節 關於結構和內容 39

一、結構 39

二、內容 40

第三節 作爲蒙學識字教材的特點 43

一、常用字彙，集中學習 43

二、內容豐富，知識面寬 44

三、整齊押韻，和諧易誦 45

第四節 顏師古注本 48

一、顏師古的生平與學術 49

二、《四庫》本末二章的眞僞 50

三、關於《急就篇注敘》 51

四、顏注的體例 53

五、顏注的價值 57

附錄：《急就篇》原文及箋注 58

第三章 雜字類蒙學教材《開蒙要訓》 79

第一節 編者及其時代 79

一、編者 79

二、編者所處的時代 80

第二節 從編寫體例看其教學內容 81

一、簡單類聚式的編寫體例 81

二、全書展現的教學內容 82

第三節 收字和用韻 87

一、收字 87

二、用韻 88

附錄：《開蒙要訓》原文及箋注 90

第四章 《文心雕龍》與讀寫教學 99

第一節 「六觀」說與閱讀方法 99

一、觀位體 100

二、觀置辭 102

三、觀通變 104

四、觀奇正 105

五、觀事義 106

六、觀宮商 108

第二節 「六義」說與作文指導 112

一、情深而不詭 113

二、風清而不雜 114

三、事信而不誕 115

四、義直而不回 116

五、體約而不蕪 116

六、文麗而不淫 118

第三節 「三準」說與作文構思 119

一、設情以位體 121

二、酌事以取類 122

三、撮辭以舉要 124

第五章 周興嗣編次的《千字文》 127

第一節 關於作者、集字和編纂時間、經過 127

一、關於作者的不同記載 127

二、關於集字的不同說法 132

三、周興嗣本的編纂時間與經過 133

第二節 內容和體例 135

一、內容 135

二、體例 139

第三節 用韻和用典 139

一、用韻 140

二、用典 141

第四節 倫理道德教育理念 151

一、忠孝教育 151

二、從政教育 153

三、道德教育 154

四、禮儀教育 155

　　五、惜時勸學教育 ……………………………………………………… 157

　附錄：《千字文》原文及箋注 ……………………………………………… 157

第六章　《昭明文選》編輯思想對現代閱讀教材編寫的影響 ……………… 169

　第一節　編輯宗旨對閱讀教材編製理念的影響 …………………………… 169

　　一、編輯宗旨 ……………………………………………………………… 169

　　二、對閱讀教材編製理念的影響 ………………………………………… 172

　第二節　編選標準對閱讀教材選文定篇的影響 …………………………… 177

　　一、編選標準 ……………………………………………………………… 177

　　二、對閱讀教材選文定篇的影響 ………………………………………… 181

　第三節　編輯體例對閱讀教材編排方式的影響 …………………………… 184

　　一、編輯體例 ……………………………………………………………… 184

　　二、對閱讀教材編排方式的影響 ………………………………………… 185

第七章　《顏氏家訓》的語文學習論 ………………………………………… 191

　第一節　顏之推與《顏氏家訓》 …………………………………………… 191

　　一、顏之推的生平 ………………………………………………………… 191

　　二、《顏氏家訓》的主要內容 …………………………………………… 193

　第二節　語文學習的目的 …………………………………………………… 195

　　一、修身利行 ……………………………………………………………… 195

　　二、成為國之用材 ………………………………………………………… 197

　第三節　語文學習的內容 …………………………………………………… 198

　　一、文字 …………………………………………………………………… 199

　　二、訓詁 …………………………………………………………………… 199

　　三、聲韻 …………………………………………………………………… 200

　　四、讀寫 …………………………………………………………………… 200

　第四節　語文學習的方法 …………………………………………………… 203

　　一、博專結合 ……………………………………………………………… 203

　　二、相互切磋 ……………………………………………………………… 204

　　三、聞見結合 ……………………………………………………………… 204

　　四、曉字、博聞、勵行 …………………………………………………… 205

第八章　唐前散佚識字課本考 ………………………………………………… 209

　第一節　《史籀篇》 ………………………………………………………… 209

一、作者 211

二、命名 215

三、成書時代 215

四、字數 218

五、輯本 219

第二節　《蒼頡篇》 219

一、成書年代 219

二、篇名的由來 220

三、作者 221

四、行文方式 222

五、字數與字體 222

六、版本、流傳與輯佚 223

第三節　《八體六技》 226

一、何謂「八體」 226

二、關於「六技」的質疑 227

三、關於《八體六技》名稱的初步看法 229

四、成書年代與亡佚時間 229

第四節　《凡將篇》 230

一、命名與性質 231

二、編寫形式 231

三、輯本 231

第五節　《訓纂篇》 232

一、編纂經過 232

二、結構與體例 233

三、輯佚 234

第六節　《勸學》 234

一、篇名與內容 234

二、體例 235

三、輯本 235

主要參考文獻 237

第二一冊　劉三五集

作者簡介

〔明〕劉陽（1496～1574），字一舒，初號三峰，後又號三五，人稱「三五先生」，江西安福縣福車人，王陽明弟子，江右王門代表性人物之一。嘉靖四年中舉。嘉靖二十年拜碭山縣令。嘉靖二十四年升任福建道監察御史。次年辭官歸隱，後未再出仕，以講學弘道、化民成俗爲志業。劉陽的思想以陽明良知學爲中心，並融合易學、宋代理學和道家思想，尤重實修實證，屬王門之修證派。

整理編校者簡介

彭樹欣（1968～），男，江西蓮花人，江西財經大學人文學院副教授，文學博士，哲學博士後，碩士生導師。出版專著《多維視野下的梁啓超研究》《古代人生哲學在晚清民國的生存狀態——以梁啓超爲中心》等，整理編校《劉元卿集》等，在《光明日報·國學版》《孔子研究》等刊物發表學術論文 40餘篇。

提　要

本書收錄民間孤本萬曆刻本《三五劉先生集》五卷本殘本、十五卷本殘本的全部內容，並全面鈎沉、輯佚散見於諸文獻中的劉陽單篇文獻、傳記資料及他人的相關詩文等，然後重新整理、編輯、標點、校勘。全書十卷，由兩大部分組成，第一部分爲正文《詩文集》，共七卷，包括卷一《山壑微蹤》（詩）、卷二《山壑微蹤》（文）、卷三《人倫外史》、卷四《四言詩》《五言絕句》《五言律詩》《五言古體》《六言詩》、卷五《七言絕句》、卷六《七言絕句》《七言律詩》《七言古體》《賦》、卷七《序》；第二部分爲《附錄》，共三卷，包括卷八《附錄一：逸文輯佚》、卷九《附錄二：傳記資料》、卷十《附錄三：師友、門人、後學之相關詩文等》。這是迄今收錄劉陽文獻及研究資料最新最全的文集。

古今圖書集成館研究

項旋 著

作者簡介

項旋，福建連城人。中國人民大學清史研究所歷史學博士，美國普林斯頓大學東亞系聯合培養博士，師從新中國第一位歷史學女博士黃愛平教授。研究方向爲明清學術文化史，目前專研領域爲武英殿刻書、《古今圖書集成》及紅學版本。在《文史》、《近代史研究》、韓國《中國史研究》、《中國典籍與文化》、《歷史檔案》、《紅樓夢學刊》等刊物發表學術論文十餘篇。

提　要

　　《古今圖書集成》是我國現存古代最大的一部類書。近些年來，學界對《古今圖書集成》纂修情況的研究有了較大突破，但限於資料，對康熙朝是否開設古今圖書集成館及纂修的相關情況涉獵不多，語焉不詳。本文借助新發現的第一手檔案、文集、方志、家譜等資料，力圖對古今圖書集成館的相關情況，包括開館時間、開館地點、組織管理、纂修人員、銅活字刊刻等一直困惑學界的問題，一一予以考實，從而勾勒出古今圖書集成館的整體面貌，一定程度上彌補學界研究的薄弱環節。筆者認爲，古今圖書集成館對於《古今圖書集成》的纂修乃至最後的成稿、刻印都起了至關重要的作用，值得學界加以重視和研究。

　　文章分爲五個章節。第一章介紹了中國古代官修典籍及類書的傳統，陳述了清代的編書風氣，辨析了《彙編》相關問題，特別指出陳夢雷編撰《彙編》爲古今圖書集成館開館纂修提供了堅實的基礎；第二章重點論述古今圖書集成館從開館到復開的曲折過程，考證了古今圖書集成館的開館時間和地點，辯駁了學界研究的偏頗之處。第三章研究古今圖書集成館的組織架構和纂修人員，揭示出其組織管理的協調性和特殊性，首次考證出古今圖書集成館纂修人員的完整名單及分工情況；第四章勾勒了《古今圖書集成》的銅活字印刷情況，考證出銅活字的準確數量、製作方式和最後去處；第五章多重視野下的古今圖書集成館，從不同視角審視古今圖書集成館，從橫向與縱向的層面突出古今圖書集成館的歷史地位。最後，對全文進行總結，並就研究古今圖書集成館提出一些新的思考。

序 一

　　《古今圖書集成》是清代康熙、雍正年間編纂的一部大型類書。自其成書以來，就以其嚴謹的體例、豐富的內容和精美絕倫的印製裝幀，受到學術界的重視和海內外的推崇，被譽爲「康熙百科全書」。對它的研究，也成爲學者關注的課題。然而，由於種種原因，特別是檔案資料的缺乏，有關是書的編纂過程、纂修人員、銅活字刻印及其流傳收藏等諸多具體問題，尚存不少未解之謎，有待進一步深入探討。

　　2010 年，項旋以優異的成績，從北京師範大學歷史學院保送至中國人民大學清史研究所，跟隨我攻讀碩士學位。此前在本科階段的學習中，項旋已表現出對書籍史的濃厚興趣，他在張升教授指導下完成的畢業論文《明清時期福建四堡的宗族發展與雕版印刷業》，就是一次對書籍史研究的初步探索。根據已有的基礎，入學後不久，他就提出學術設想，準備以《古今圖書集成》作爲碩士求學期間的研究課題。考慮到《古今圖書集成》已有研究成果頗多，我建議他進一步縮小範圍，或可以《古今圖書集成》編纂史作爲切入點展開研究，較易著手。之後，項旋廣泛收集史料，反覆思考斟酌，最終確定了《古今圖書集成館研究》的學位論文選題。由於視角新穎，資料扎實，考辨深入，多有創見，項旋的這篇碩士學位論文，不僅順利通過答辯，贏得答辯專家一致好評，而且獲得了中國人民大學優秀碩士學位論文的獎勵。這可以說是對他三年刻苦學習、艱辛付出的最好回報，作爲導師，我也深感欣慰。

　　碩士畢業以後，項旋又順利通過本校碩博連讀的選拔，繼續跟隨我攻讀博士學位。他在出色完成博士期間相關課程的同時，仍然持續關注《古今圖

書集成》的研究動態，補充修改書稿內容，並將其中的部分章節整理成文，相繼發表在《文史》《歷史檔案》《自然科學史研究》和《歷史文獻研究》等權威刊物，在學術界產生了較好的反響。2015 年，項旋獲得國家留學基金管理委員會（CSC）「國家建設高水平大學公派研究生項目」資助，以聯合培養博士生的身份，由中國人民大學選派至美國普林斯頓大學東亞系進行聯合培養，合作導師是國際著名漢學家本傑明・艾爾曼教受（Benjamin Elman）。利用這一難得的機會，項旋又對書稿作了進一步的修訂，補充新史料，融入新學識，使得書稿的整體水準又提高了一個層次。概而言之，本書具有如下特色。

其一，選題新穎，視角獨特。《古今圖書集成》作爲中國現存最大的一部古代類書，歷來受到國內外學界的重視，相關論著也爲數不少，但以「古今圖書集成館」爲題切入者尚不多見。這不僅因爲其開館時間和地點多存爭議，而且還在於其運作機制，纂修人員等專門問題尤難釐清。有鑒於此，項旋選擇前賢時哲較少涉獵的集成館這一研究課題，系統、全面地探討其中涉及的諸多問題，既體現了其可貴的學術勇氣，也反映了他獨到的學術眼光。其研究成果可謂在相當程度上彌補了學界研究的薄弱環節，頗具創新意義。

其二，結構合理，思路清晰。作者首先把《古今圖書集成》的纂修置於中國古代官修典籍傳統及清代的編書風氣這一歷史背景和社會環境之下，考述了其前身《彙編》編撰的具體情形。繼而重點論述古今圖書集成館從開館到復開的曲折過程，詳細考證了其開館時間和地點，探討了集成館的組織架構、纂修人員，並進而辨析了《古今圖書集成》使用銅活字刻印的情況。最後從政治、學術以及典籍流傳等更爲廣闊的視野予以考察，揭示出古今圖書集成館的歷史地位，並梳理了《古今圖書集成》的流傳脈絡以及收藏情形。全書結構合理，邏輯嚴密，達到了較高的學術水準，也體現了作者良好的學術積累和扎實的學術功底。

其三，考鏡源流，創見頗多。本書不僅是全面論述集成館的開創之作，在一些具體問題的考證上也頗見功力，多有創新。以《古今圖書集成》的刻印爲例。作爲中國銅活字印刷史上卷帙最爲浩繁的一部典籍，其所用銅活字的問題，歷來受到學者的重視。然而，有關銅活字的製作時間、製作機構、製作方法，乃至銅活字的數量和去向等，學界或衆說紛紜，或沿訛襲謬，或

語焉不詳。作者通過發掘爬梳檔案史料，參考借鑒海內外已有成果，較爲明確地釐清了這些問題。具體言之，銅活字的製作時間始於康熙五十五年（1716），前後約歷時三年；其製作機構是武英殿的「銅字館」，亦即集成館；其製作方法是先鑄出字釘，再刻出銅字，鑄造和鐫刻係製作銅活字的兩道工序；其準確數量爲：銅活字一百萬零一萬五千四百三十三個，未刻字的字釘十八萬八千四百零四個；銅活字的最終去向是於乾隆九年（1744）用以鑄佛，而非毀銅鑄錢。這些研究結論，都頗具說服力，爲進一步深入研究提供了很好的基礎和思路。

其四，資料發掘，頗多創獲。文獻資料是從事學術研究的基礎，尤其是新史料的發現，往往對學術研究起到至關重要的推動作用。學界對《古今圖書集成》的研究之所以有諸多具體問題懸而未決，甚至以訛傳訛，其重要原因之一就在於資料的闕略。爲釋疑解惑，項旋不辭辛苦，不憚繁難，多次前往中國第一歷史檔案館、國家圖書館等機構查閱檔案文獻，還利用赴臺灣參加學術會議的機會，到臺北中研院、故宮等處查閱內閣大庫等檔案。正是借助新發現的原始檔案以及文集、方志、家譜等資料，本書扎扎實實地解決了此前困擾學界的諸多問題，大大推進了有關《古今圖書集成》以及清代書籍史的研究。

其五，文風樸實，語言曉暢。作爲文獻學專業的研究生，項旋在尤爲重視文獻基礎的同時，也十分注意語言的表達，考辨史料，分析問題，闡發觀點，都力圖做到文字簡淨，表述清晰，反映了作者樸實的文風和優良的學風。

當然，學術研究是一項永無止境的工作，即便是某一具體問題的探討亦莫不如此。古今圖書集成館的研究是一個較爲棘手的課題，並非一部書稿就能一蹴而就，解決所有的疑難之處。諸如關於集成館內部組織的構成、書籍編纂的具體情形、銅活字的製作工藝流程等問題，都還需進一步細加考究。對項旋而言，本書也僅僅是他有關《古今圖書集成》乃至有清一代書籍史研究的開端，以其學識、毅力和韌性，我相信他會繼續在這一領域努力耕耘，也一定會取得更大的成績。

在項旋跟隨我攻讀碩士、博士學位的六年中，我看到了他一路走來的奮鬥和艱辛，見證了他的成長和進步，也分享了他的收穫和快樂。如今，項旋正在海外訪學，無論是文獻資料的發掘，研究範圍的拓展，抑或是理論方法

的借鑒，學術眼界的開闊，都獲益良多。其博士學位論文正在緊張地撰寫之中，其學業也進入到了一個重要的上升階段。在祝賀項旋第一部學術專著問世的同時，我也由衷地祝願他，希望他再接再勵，在新的學術發展道路上奮力前行，書寫好自己的學術人生。

黃愛平

2016 年 5 月於中國人民大學

序　二

　　我是《古今圖書集成研究》的作者，與項旋是忘年摯友，相差五十歲，結友緣於《古今圖書集成》。我內蒙古大學畢業分配到內蒙古民族師範專科學校（後發展為內蒙民族大學），先後從事古代文學教學、文秘工作，又多年在圖書館從事管理、文獻研究和文獻檢索與利用課教學，工作過程中查檢《古今圖書集成》，深深地感覺它編得好，無論從文獻編輯角度看還是從出版角度看，都可以稱為古代巔峰之作。但後世相當長時間對它的研究非常薄弱，於是產生作系統研究的欲望。1996 年初，得到全國高校古籍研究整理委員會的資助，正式立題，以我從前使用《集成》的感想心得為基礎，擴展加深，採用系列論文的框架，以好盡快展示階段成果。鑒於距退休僅一年多的時間，身單力薄，健康欠佳，資料不足，不得不忍痛割捨了原計劃的幾個部分，匆忙地結集為《古今圖書集成研究》。承蒙北京圖書館出版社垂青，2001 年 9 月交稿，12 月出書，總算完成了「填補《古今圖書集成》研究專著空白」的夙願。我在書的《後記》中說：「深覺有淺嘗輒止之弊，問題沒有充分展開，開掘不夠深刻，有的問題……沒有寫到。」這絕非謙虛之言，確確是心裏話。書出版後，還有些未寫到書裏的零散資料，棄之可惜，勉強編了一份《雍正銅版古今圖書集成流存簡表》，發在博客裏，意外得到一位博友的關注，提出了中肯的意見。經檢索得知這位博友是中國人民大學清史研究所碩士研究生項旋，他攻讀的課題是《古今圖書集成館研究》。我曾懷疑過「集成館」的存在，反覆閱讀雍正皇帝的序言和蔣廷錫的奏摺，可以確定確實有過「集成館」。但是要解決「集成館」的問題，對我簡直是老虎吞天。非常渴望有人消融胸中的這一塊壘。項旋以「集成館」為課題的消息，有如久旱見雲霓，便

頻頻聯繫，交流意見。從網上得知項旋高中畢業，以高分考入北京師範大學歷史學院，連續三年獲得專業獎學金，並獲得優秀畢業生、三好學生、白壽彝史學論著獎、學科課外科研競賽二等獎等獎項；本科畢業論文《明清時期福建四堡的宗族發展和雕版印刷業》，獲優秀獎。大學畢業，保送爲人民大學清史研究所讀碩士生。努力學習之餘，他還熱心公益事業，多次參加支教活動，擔任人民大學清風學社副社長，爲社友服務。看到這些情況，心中不禁沛然而生敬佩愛慕之情，垂暮之年能與此俊彥爲友，豈不是人生一大快事。2012 年春，我路過北京去看望他，在人民大學的一個咖啡館做了短暫的交談，更給我留下極爲良好的印象，文雅俊秀，善思謙和，知識面寬，對古代文化有十分濃厚的興趣。會面後，我們的聯繫更多了，「奇文共欣賞，異義相與析」，他將查到的資料，及時發給我，這些資料絕大多數是我沒有看到過，而且是我這地處偏僻蝸居斗室垂暮之人無法找到的。與項旋的聯繫，擴大了我的閱讀視野，激發了我思考熱情，閱讀他的郵件成爲我生活的一項重要內容，幫我愉快度過了許多老年寂寞時光。2013 年，他的畢業論文《古今圖書集成館研究》榮獲人民大學碩士論文優秀獎。我細讀之後，深覺它是近年來《古今圖書集成》研究中一篇極具創新性的學術論文。關於銅活字問題、集成館編纂人員問題，分別以《雍和宮三世佛與〈古今圖書集成〉銅活字板》、《清內府銅活字考論》，《古今圖書集成編纂人員考實》爲題公開發表（分別載於《北京印刷學院學報》2012 年第 5 期、《自然科學史研究》第 32 卷 2013 年第 2 期、《文史》2014 年第 4 期）。三種刊物的編輯們慧眼識珠，及時向社會傳佈一個青年學人的研究成果，獲得良好反響，表明項旋研究成果得到社會的關注。

　　《古今圖書集成館研究》出版稿，做了較大地加工。在維持原來框架結構的基礎上，擴大了論述範圍，內容更加豐富。對陳夢雷與《集成》關係的分析、對陳夢雷的貢獻和局限論述更加深入。部分觀點進行了完善和修正，行文更加精鍊流暢。加工稿還增加了正文和附錄的插圖，這樣更容易閱讀。書稿特別大量增加了新發現的史料，不僅加強了論點的說服力，也爲同仁提拱了更多思考問題的的寶貴資料。總之，出版稿內容更加豐富，結構更加完滿，學術性更加濃烈，儼然成爲一部觀點明確，論據充實，不可多得的學術專著。

　　筆者因爲撰寫《古今圖書集成研究》，注意閱讀與搜集我能讀到的有關文

獻，退休後仍關注相關研究動態，在我讀到的諸多《集成》的研究文章中，《古今圖書集成館研究》別開生面，新人耳目。考察「集成館」的組織形態和生態環境，有鮮明濃重的創新色彩：

其一，研究內容領域的創新

近幾十年，《古今圖書集成》受到學術界的重視，對它的研究有長足發展，參與者增多，研究領域擴大，分析問題加深加細，已經有人開始考證它的編纂人員問題，但大多是對編纂者個人的考述，而以「集成館」這個組織作研究對象的，項旋是第一人。他對「集成館」建館時間、地點、人員做出全面的考察和論證，第一次勾勒出「集成館」的大體組織形態。「集成館」的建館時間至今未見到官方文獻明確記載，多數論者籠統判斷爲康熙五十五年。項旋從皇子鬥爭形勢和康熙五十五年皇帝的活動蹤跡分析，判斷在五十五年三月，第一次給出了一個較爲具體的時間時段。

其二，首次揭示了「集成館」人員的來路、分工和去向

「集成館」問題的核心是清代參與編纂的人員。《集成》一反清代官編圖書書首刊載參編人員名單的通例，只標明「蔣廷錫奉敕恭校」。蔣廷錫給皇帝的奏摺中說，他接手「集成館」時原有八十人，開列了整頓清理的十六人姓名和存留人員的部分人員姓名。「集成館」究竟有多少人，是哪些人？他們如何進入「集成館」，又到哪裏去了？近時，有研究者從方志、文集中考察出幾位曾參加《集成》編纂的人員，但多數參編者仍隱晦不彰。項旋根據新發現的經筵講官吏部尚書兼兵部尚書孫柱《集成館留存人員的議敘摺》，參照從方志、文集、譜牒裏搜羅的資料，考查出曾參與《集成》編纂的人員達 90 多名，且考明「集成館」內部架構和人員的分工及入館門徑與去向。分析了「集成館」人員年紀輕、品級低、有一定流動性的特點。這些意見在《集成》研究中也都是前人之未發之論，十分新穎。

其三，首次考明銅活字確切數量，戳穿「銅活字鑄錢」說的謬誤

《集成》是我國歷史上最大的銅活字版圖書，銅活字問題很長時間沒有引起人們足夠的注意。銅活字的製作時間、工藝、數量說法眾說紛紜，莫衷一是。項旋依據雍正元年（1723）翰林院檢討何人龍給雍正帝的密摺、康熙五十九年（1720）翰林院爲查對武英殿等處所送生監人數的內閣檔案、乾隆十八年（1749）六月十四日《內務府慎刑司參奏將管理武英殿御書處官永忠等治罪》等檔案，考證出銅活字是由銅字館製造，共有有字銅活字一百一萬

五千四百三十三個，無字銅子（字釘）十八萬八千四百四個，於乾隆九年鑄佛用了。這個說法石破天驚，不僅解決了數量問題，統一了刻、鑄工藝分歧，特別否定了統治學壇近二百年的銅活字鑄錢說，戳穿了乾隆自欺欺人的謊言。銅活字確切數字之巨大，向我們提出許多需要進一步考究的問題：在銅材比較稀缺的情況下，耗費如此多的銅材、資金、人力製造銅活字，肯定得到皇帝的同意，皇帝如此重視，原因何在？如此多的活字是如何貯存、管理和使用的？從《集成》的版面看，銅活字的製作、刷印的技術已達到相當成熟的水平，它們是如何製造出來的？這些重要問題至今不見文獻記載，學術界有責任探討研究，做出合理解釋。

項旋關注清代出版文化的研究，他敏銳地認識到《集成》研究的瓶頸是檔案材料的不足，因此他在研究中不辭辛苦，花大力氣查檢發掘清代檔案文獻，奔波於圖書館、檔案館，埋頭於塵封的書籍、案卷之中，爬羅剔缺，沙裏淘金，發掘出許多前人未曾注意、不曾使用的檔案和資料，為論文寫作獲得堅實的基礎，形成該著作的鮮明特色。在碩士研究生階段，對學術界向有爭議或無人論及的問題，提出自己系統意見，在學術研究上嶄露頭角，譽之為學壇新秀毫不為過。

「山高人為峰」，是因為人是踏在高山上的。學術研究的任何創新也都是在既有成果基礎上產生的。項旋的優異成績，深深得益於這時代的哺育。他在書中明確地說，「近些年來，隨著上諭檔、內務府造辦處檔案等大量史料及集成館纂修人員文集等資料的整理、影印出版，特別是大型數據庫（如愛如生公司開發的方志庫、家譜庫）的開發和運用，關於集成館的資料越來越多，為研究者解決以前懸而未決的問題提供了充分的資料保障。」項旋還告訴我，特別得力於導師黃愛平教授的指導，學友的關懷幫助。導師黃愛平教授在關鍵時刻幫助確定了論文的題目和框架。師兄、師姐也都努力於清代圖書文化研究，營造了濃鬱的學術氛圍，從中得到薰陶和激勵。項旋的高明之處，是在明確的奮鬥目標指引下，自覺充分利用有利因素，虛心求教，獨立思考，尊重他人而不盲從他人，敬畏權威而不迷信權威。重視檢索資料，慎重選擇鑒別。項旋如何發現那些檔案資料的過程我不知道，可以想知是困難重重。他曾經向我介紹到國家圖書館查檢《集成》情況。到國家圖書館去查找文獻資料，容易被一般讀者視為探囊取物，可以一蹴而就，完事大吉。但是項旋遇到的並非坦途。他查閱了《北京圖書館古籍善本書目》，得知國圖所

藏有三種，心中生疑，又查了網上的古籍書目，發現國圖所藏銅版《古今圖書集成》不只這些。又去國圖古籍館核實，發現還有《古今圖書集成·方輿彙編·山川典》12 冊、《博物彙編·藝術典》（卷七百九十五至七百九十六），他調閱了兩種縮微的善本《集成》（《草木典》插圖一卷，《方輿彙編·山川典》四冊九卷，），深入到書內審視書籍的散佚、補配、挖改痕跡和收藏印章、著錄的舛誤。徹底弄清了國家圖書館銅活字本《古今圖書集成》的收藏情況。這種細緻入微，一絲不苟的作風正是認真做學問者的基本素質，也是項旋獲得優異成績的重要原因。

　　學術研究沒有終點，《集成》的研究也如此，《古今圖書集成館研究》大大推進了對《集成》研究的深度，但不是終結。書中一些論斷，引錄的資料的釋讀，有的尚需進一步斟酌、探討，但這也是它的學術性之所在。探討這些論斷，釋讀這些的資料，無疑將使《集成》研究深入一步。

　　學術史告訴我們，同一課題，常常會因為引入新的理論、方法和手段，產生新的突破。《古今圖書集成館研究》基本上運用我國傳統的考據法。據悉，項旋思考用大數據的理論，審視清代浩如煙海的文獻，預期將會獲得驚人的新成果。對清代總體研究的新成果，必將會促使對《集成》的研究，邁出新的步伐。項旋碩士畢業繼讀博士時，我曾寫過一首小詩表示祝賀和希望，綴在這裏以結束此文：「彥和慨歎知音難，幸因《集成》識項旋。項家小子志凌雲，攀登一步一重天。」

　　出於對友情的珍視，不避讟陋，談談我的感想，權充作序文。

內蒙古民族大學　裴芹

2016 年 3 月 10 日（時年八十歲）

目次

序一 黃愛平

序二 裴芹

緒 論 ………………………………………… 1

　一、選題意義 ………………………………… 1

　二、學術史回顧 ……………………………… 3

　三、研究方法與資料來源 …………………… 10

第一章　古今圖書集成館的開館背景與前期準備 13

　一、古今圖書集成館的開館背景 …………… 13

　二、前期工作：《彙編》的編纂與進呈 …… 19

第二章　古今圖書集成館的開設與復開 ……… 29

　一、康熙朝古今圖書集成館的開設 ………… 29

　二、雍正朝古今圖書集成館的復開 ………… 42

第三章　古今圖書集成館的組織管理與纂修人員 51

　一、集成館的日常運作與協調 ……………… 51

　二、纂修人員的選拔與分工 ………………… 60

　三、纂修人員的議敘 ………………………… 76

　四、纂修人員的構成特點 …………………… 80

第四章　銅字館與《古今圖書集成》的刊刻 ……… 87

　　一、集成館與銅字館 ………………………… 87

　　二、《古今圖書集成》銅活字的製作與刊刻 … 91

　　三、《古今圖書集成》銅活字的保存及最後

　　　　去處 ………………………………………… 101

第五章　多重視野下的集成館與《古今圖書集

　　　　成》 ………………………………………… 105

　　一、皇位繼承與集成館興廢 ……………… 105

　　二、從《古今圖書集成》到《四庫全書》

　　　　──兼論清代官修類書與叢書的興替 …111

　　三、流風餘韻：時代變遷中的《古今圖書

　　　　集成》 …………………………………… 117

總結與思考 ……………………………………… 147

　　一、總結 …………………………………… 147

　　二、思考 …………………………………… 149

附錄一　清宮康雍朝銅活字印本述論 ………… 151

附錄二　從美查版到縮印版：晚清民國時期的

　　　　《集成》出版 ……………………………… 161

附錄三　相關圖錄 ……………………………… 171

參考文獻 ………………………………………… 185

後　記 …………………………………………… 191

緒　論

一、選題意義

　　《古今圖書集成》（以下簡稱《集成》）是我國現存一部最大的古代類書，也是中國銅活字印刷史上卷帙最為浩繁的一部典籍，對傳統學術文化發展有著深遠影響。是書採集廣博，內容豐富，正文 10000 卷，目錄 40 卷，共分為 5020 冊，520 函，1 億 6 千萬字，內容分為 6 彙編、32 典、6117 部。全書按天、地、人、物、事次序展開，規模宏大、分類細密、縱橫交錯，成為查找清初以前資料文獻的一部重要百科全書。《集成》印成之後，時人就把它與《永樂大典》相提並論，甚至認為《集成》在分類體系、內容選取等方面超過了《永樂大典》。曾受賜得到兩部《集成》的雍正朝寵臣張廷玉認為：「自有書契以來，以一書貫穿古今，包羅萬有，未有我朝《古今圖書集成》者」，說《集成》是「冊府之巨觀，為群書之淵海」，「實為古今未有之奇書」，並認為該書在體例和剪裁釐正方面，比之於《永樂大典》「有霄壤之別矣」〔註 1〕。乾隆帝更是讚不絕口：「我皇祖《古今圖書集成》凡一萬卷，雖無《永樂大典》之多，而考覈精當，不似彼限韻割裂」，〔註 2〕「徵引之富，卷帙之多，考覈之精，皆從古所未有也」〔註 3〕。清代學者法式善認為：「《太平御覽》一千卷，《文苑英華》一千卷，《冊府元龜》一千卷，是三書者，極瑰偉之觀矣。若明之《永樂大典》二萬餘卷，則尤繁富。依韻排類，終傷雅

〔註 1〕　（清）張廷玉：《澄懷園語》卷一，清乾隆刻本，國家圖書館古籍館藏。
〔註 2〕　（清）弘曆：《御製詩四集》卷三十三「題文源閣」。
〔註 3〕　（清）弘曆：《御製詩四集》卷四十八。

道。然宋元以後之書，賴此而存。至於我朝之《古今圖書集成》《四庫全書》則薈萃古今載籍，或分或合，盡美盡善，發凡起例，綱舉目張，猗歟盛哉！」〔註4〕這一觀點今天也得到了不少海外學者的贊同，如美國夏威夷大學教授傑里·本特利在其頗具影響力的著作《新全球史：文明的傳承與交流》說：「康熙的《古今圖書集成》（Collection of Books）比《永樂大典》的規模要小一點，但是更具影響力，因為皇帝將其印製並分發，而永樂大典只有兩套手抄本。」〔註5〕

　　銅版《集成》當時只印就 60 餘部，印數極少，往往「求一見不可得」。為此，有的學者不辭辛勞，遠道訪求。道光年間江蘇常熟學者張金吾及其師黃廷鑒，趕赴浙江桐鄉鄔鎮，借讀鮑氏知不足齋所藏之《集成》，每天分讀數十冊，發現金代遺文數篇，收入《金文最》。康有為授業師朱次琦也曾到孔氏岳雪樓借讀《集成》長達三月〔註6〕。到了近現代，《集成》仍是學人常常利用的重要資料，竺可楨撰寫《中國五千年來的氣候變遷》時，大量使用《集成》曆象彙編中天象典和歲功典的資料。《集成》也受到了國外學者的重視，因其係康熙帝敕令編纂並御賜書名而被海外學者尊稱為「康熙百科全書」，世界著名的圖書館幾乎都收藏有不同版本的《集成》。為了使用方便，日本文部省編制了《古今圖書集成分類目錄》，英國則出版了翟斯理編製的《古今圖書集成索引》〔註7〕，劍橋大學著名學者李約瑟教授撰寫《中國科學技術史》時常常參考《集成》，並大量引用其中的資料和插圖，他在所列參考文獻的類書部分提到：「我們經常查閱的最大的百科全書是《古今圖書集成》……這是一件無上珍貴的禮物，我真不知道怎樣表示我的感謝。」〔註8〕

　　《集成》的最初雛形為陳夢雷的私纂作品〔註9〕——《彙編》，於康熙四

〔註4〕　（清）法式善：《陶廬雜識》卷四，中華書局，1959 年版，第 111 頁。
〔註5〕　〔美〕傑里·本特利：《新全球史：文明的傳承與交流》，北京大學出版社，2007 年版，第 781 頁。
〔註6〕　（清）康有為撰、姜義華，張榮華編校：《康有為全集》第十集，中國人民大學出版社，2007 年版，第 180 頁。
〔註7〕　據統計，《集成》篇幅為《大英百科全書》的 4 倍。轉引自張旭光：《文史工具書評介》，濟南：齊魯書社，1986 年版，第 469 頁。
〔註8〕　〔英〕李約瑟：《中國科學技術史》第一卷，科學出版社、上海古籍出版社，1990 年版，第 46 頁。
〔註9〕　《彙編》編纂過程中得到親王允祉的大力支持，也有半官方的性質，特此說明。

十年（1701）十月開始編纂，至四十五年（1706 年）四月初稿完成。康熙五
十五年（1716）呈進給康熙帝，賜名爲《欽定古今圖書集成》，下旨設立「古
今圖書集成館」（以下簡稱集成館），集成館纂修人員在《彙編》原有基礎上
繼續增修，專人分修各典，大量補充資料。清廷約在康熙五十九年（1720）
始以銅活字印刷《集成》，進展順利，康熙六十一年（1722）末已刷印九千六
百二十一卷。雍正帝即位後，清理原有集成館中陳夢雷等十餘名纂修人員，
其後任命蔣廷錫爲新的集成館總裁，率領 60 名纂修人員繼續完成《集成》的
纂修、校訂工作。雍正三年（1726）首部《集成》告成，裝潢進呈，集成館
也隨之閉館。可以說，《集成》的成功編纂、刷印，除了離不開陳夢雷以個人
之力私纂的功績外，跨越兩朝、費時近十年的集成館對《集成》的編撰、成
稿乃至最終的刻印都功不可沒。除了總裁陳夢雷外，尚有近百名集成館纂修
人員參與了編纂、校訂、分修、分纂、刷印等工作（如楊縉分纂《字學典》，
金門詔分纂《經籍典》等），這些纂修人員的貢獻不容抹殺。實際上，集成館
開館規模之大，投入力量之多，專業性之強，在中國歷代類書編纂史上都是
可圈可點的。此外，集成館開館期間，康熙、雍正二帝的態度明確而積極，
支持力度也很大，這一事實改變了以往認爲康熙不重視《集成》纂修的傳
統看法。而雍正朝集成館在康熙朝工作的基礎上繼續進行校訂和印刷工作，
並最終於雍正三年完成《集成》這部曠古未有的皇皇巨著，其貢獻也不能被
忽視。

　　80 年代以來，《集成》得到了學界較大關注，相關的研究論著也越來越豐
富，但限於資料，關於《集成》的纂修情況特別是集成館的研究仍然有許多
薄弱環節，諸如集成館的開館時間、開館地點、銅字刊刻等基本問題，學界
或有爭議或存在進一步拓展空間。筆者希望借助新發掘的文集、方志、家
譜、檔案等第一手資料力圖對集成館的纂修情況，包括開館時間、地點、纂
修人員、組織管理、銅活字刊刻等問題一一考實，從而勾勒出集成館的整體
面貌，彌補學界研究的薄弱環節。

二、學術史回顧

　　關於《集成》的研究綜述，已有臺灣詹惠媛的《〈古今圖書集成〉研究回
顧（1911～2006）》〔註10〕，對近百年來《集成》的研究情況做了作了全面的

〔註10〕詹惠媛：《〈古今圖書集成〉研究回顧（1911～2006）》，《漢學研究通訊》第 27

梳理和總結，用力甚深，茲不贅述。筆者主要梳理與集成館密切相關的《集成》纂修學術史。

近代以來，學術界關於《集成》的纂修情況〔註11〕研究開始很早。其發軔於民國時期，萬國鼎的《〈古今圖書集成〉考略》〔註12〕為研究之開端，後有袁同禮的《關於〈古今圖書集成〉之文獻》〔註13〕和張崟的《〈古今圖書集成〉再考》〔註14〕，對《集成》的纂修過程和可憑研究的文獻加以介紹和辨析，釐清了不少問題。建國以後，海內外學界再次將焦點集中在《集成》研究上，取得的成果十分豐碩。謝國楨、胡道靜、王鍾翰、楊玉良、裴芹、詹惠媛、苗日新〔註15〕等眾多學人大家先後著文，主要從《集成》與古代類書發展的關係、與清代編書之風的關係、編纂者、結構體例、按注、方志、版本等各方面探討了《集成》的相關問題。其中，關於《集成》的纂修問題成為學界共同關注的焦點，尤以胡道靜、楊玉良、裴芹三位先生的研究成果最為學界所矚目。胡道靜《〈古今圖書集成〉的情況、特點及其作用》、楊玉良《古今圖書集成考證拾零》和裴芹《古今圖書集成編纂考》三文，從陳夢雷所著《松鶴山房詩文集》、第一歷史檔案館所藏內務府檔案、《雍正朝漢文朱

卷，2008 年第 3 期，第 16～29 頁。

〔註11〕關於學界對《古今圖書集成》的研究論著可參考裴芹的《〈古今圖書集成〉研究論著目錄》（載《文教資料》1994 年第 1 期）以及臺灣詹惠媛的《〈古今圖書集成〉研究回顧（1911～2006）》（載《漢學研究通訊》第 27 卷，2008 年第 3 期，第 16～29 頁）。

〔註12〕萬國鼎：《〈古今圖書集成〉考略》，《圖書館學季刊》1928 年第 2 卷第 2 期，第 235～245 頁。

〔註13〕袁同禮：《關於〈古今圖書集成〉文獻》，《圖書館學季刊》1932 年第 6 卷第 3 期，第 403～406 頁。

〔註14〕張崟：《〈古今圖書集成〉再考》，《新中華》1936 年第 4 卷第 4 期，第 17～26 頁。

〔註15〕謝國楨：《陳則震事輯》，載《明清筆記談叢》，中華書局，1960 年版；胡道靜：《〈古今圖書集成〉的情況、特點及其作用》，《圖書館》1962 年第 1 期；王鍾翰：《陳夢雷與〈古今圖書集成〉及助編者》，《燕京學報》2000 年第 8 期，亦載入氏著《清史餘考》，遼寧大學出版社，2001 年版；楊玉良：《古今圖書集成考證拾零》，《故宮博物院院刊》1985 年第 1 期；裴芹：《〈古今圖公集成〉康熙敕命開局編纂說質辨》，《文獻情報學刊》1990 年第 4 期以及他的《古今圖書集成編纂考》，載《古今圖書集成研究》，北京圖書館出版社，2001 年版；詹惠媛：《〈古今圖書集成·經籍典〉體制研究》，載《古典文獻研究輯刊》第八編第 2 冊，花木蘭文化出版社 2009 年版；苗日新：《熙春園·清華園考——清華園三百年記憶》，清華大學出版社，2010 年版。

批奏摺》，耙梳文獻，考證史實，大大推進了以往的研究，使得學界對《集成》的纂修過程有較深入的瞭解。

關於《集成》的纂修問題，到目前為止，學界已取得研究成果可歸納為以下幾個方面：

（一）廓清迷霧，確定陳夢雷才是《集成》的真正編纂者。胡道靜認為：「《集成》實際上是陳夢雷一手完成的，但是這部書上並沒有他的名字，而是署上了雍正時經筵講官、戶部尚書蔣廷錫的名義，這是因為《集成》初稿完成後，在修訂的時期中，清朝封建統治階級內部發生了政治鬥爭，在衝突的過程裏，陳夢雷做了無辜的犧牲者，被再度流放到東北去，而《集成》的編纂名義也被刮得乾乾淨淨，既在書中不見隻字」〔註 16〕，楊玉良則認為：「縱觀全書形成的整個經過，不難看出《集成》是在誠親王胤祉的主持下，由陳夢雷一手經營而成的。蔣廷錫接管後並未通部重輯和改印，其『增刪』、『考訂』的三千多卷，實際上也只是對原作的整理。因此，說《集成》是『蔣廷錫編輯』或是『蔣廷錫重輯』是不合史實的。」〔註 17〕正如裴芹所總結的：「現在出版界、學術界公認陳夢雷是《古今圖書集成》的編者了」，「貶低乃至抹煞陳夢雷編纂《古今圖書集成》作用的首倡者是雍正皇帝」，「《古今圖書集成》從陳夢雷開始醞釀構思《彙編》，到蔣廷錫校印《古今圖書集成》完畢，雍正皇帝作序頒行，歷經二十七八個年頭，是許多人努力的結果。陳夢雷、允祉、康熙皇帝、雍正皇帝，缺少任何一人的力量都是不成的。其中直接與力最多的是陳夢雷，他幾乎參加了《集成》編印的全過程，只是在功虧一簣之時才被迫離開的，稱他為《古今圖書集成》的編者，當之無愧。」〔註 18〕

（二）根據有限資料初步認定康熙間曾經開館纂修《集成》。如胡道靜、楊玉良、裴芹和苗日新均持這一觀點。他們所依據的主要材料是《十朝詩乘》所稱的「設館於康熙丙申」，康熙丙申即康熙五十五年，以及徵引蕭一山《清代通史》、吳則虞《版本通論》卷九所謂「越十年進呈，賜名《古今圖書集成》」的說法。裴芹則借助考證《集成》所收錄的書最晚遲至康熙五十七年，

〔註 16〕　胡道靜：《〈古今圖書集成〉的情況、特點及其作用》，《圖書館》1962 年第 1
　　　　　期。
〔註 17〕　楊玉良：《古今圖書集成考證拾零》，《故宮博物院院刊》1985 年第 1 期。
〔註 18〕　裴芹：《古今圖書集成編纂考》，載《古今圖書集成研究》，北京圖書館出版
　　　　　社，2001 年版，第 27、41 頁。

間接證明此說法。

（三）集成館的開館時間、地點和《集成》刻印地。關於集成館開館於何時何地，《集成》刻印地等基本問題，如前所述，學界爭論較大。傳統觀點大都認爲集成館設在武英殿，其事實似乎是不言自明的，但有限資料卻不足以確證，留下了較大的研究空間。

（四）集成館纂修人員。在這個方面，學界研究相當薄弱。清人梁章鉅《歸田瑣記》卷四說：「吾鄉相傳國朝《圖書集成》一書成於陳省齋之手，實未核也……《圖書集成》之成帙非省齋所能專其功。」〔註 19〕但早期的研究者還是堅持認爲陳夢雷是唯一的編纂者，《集成》爲私修作品。近來，許多學者意識到單靠陳夢雷一人難以完成如此卷帙浩繁的《集成》，因此開始注意挖掘其它編纂者。如王鍾翰認爲：「絕不像有的人所說的那樣，上萬卷的《古今圖書集成》大部頭書出之陳夢雷一人之手，獨立完成的」，編纂者除了陳夢雷之外，可考的尚有楊文言、林佶、金門詔、汪漢倬。王先生斷言除了這些編者之外「必尚有其人，惜今未及一一考出耳」。〔註 20〕故宮博物院圖書館楊玉良證明了這一推測，她根據新發現的內務府檔案即蔣廷錫雍正元年正月《奏報辦理古今圖書集成情形並編校人員去留情形摺》、雍正三年十二月《奏請照修書各館之例議敘古今圖書集成編纂校對人員摺》，從奏摺中發掘出了部分纂修人員姓名及雍正重新開館後的分工情況〔註 21〕，大大推進了集成館纂修人員的研究。

（五）《集成》銅活字刊刻諸問題。清代內府銅活字是中國活字印刷史、出版史中的經典論題。學界關於清代內府銅活字的研究論著爲數眾多〔註 22〕，

〔註 19〕（清）梁章鉅：《歸田瑣記》卷四，道光二十五年刻本，國家圖書館藏。

〔註 20〕王鍾翰：《陳夢雷與〈古今圖書集成〉及助編者》，《燕京學報》2000 年第 8 期，亦載入氏著《清史餘考》，遼寧大學出版社，2001 年版。

〔註 21〕楊玉良：《古今圖書集成考證拾零》，《故宮博物院院刊》1985 年第 1 期。

〔註 22〕擇其重要者，主要有張秀民：《清代的銅活字》，原刊《文物》1962 年第 1 期，亦載《張秀民印刷史論文集》，印刷工業出版社，1988 年版，第 252 頁；張秀民、韓琦：《中國活字印刷史》，中國書籍出版社，1998 年版；盧秀菊：《清代盛世之皇室印刷事業》，《中國圖書文史論集》，現代出版社，1992 年版，第 33～74 頁；北京故宮博物院圖書館和遼寧省圖書館編：《清代內府刻書目錄解題》，紫禁城出版社 1995 年版；范景中：《銅活字套印本〈御製數理精蘊〉》，《故宮博物院院刊》1999 年第 2 期，亦載上海圖書館歷史文獻研究所編：《歷史文獻》第二輯；潘吉星：《中國金屬活字印刷技術史》，遼寧科學技術出版社，2001 年；翁連溪：《談清代內府的銅活字印書》，《故宮博物院院刊》2003

但由於官方檔案及實物資料的闕失，清代內府銅活字的製作目的、時間、地點、數量以及製作方法係鑄造還是鐫刻等問題的研究都極其薄弱，是學界重要的學術公案。裴芹先生就認為：「用銅活字印刷《集成》是一個很大的工程，少不了皇帝的諭旨、臣子的奏摺，可是康熙朝檔案隻字無載。因為文獻闕如，致使眾說紛紜。對此問題我在《〈圖書集成〉研究》說「銅活字的製作是由古今圖書集成館完成的，只從《四庫全書總目提要》『校正銅版』四個字推想的，自覺論據十分單薄。」〔註23〕

　　具體而言，學界圍繞以下問題進行探討：1、《集成》銅活字的製作目的、時間和地點。學界對此持有不同看法。許多版本學和印刷史著作大都認為雍正初年清廷為印刷《古今圖書集成》而製作銅活字，地點在武英殿。如潘吉星先生在《中國金屬活字印刷技術史》一書中說：「皇四子胤禛與胤祉等爭奪帝位取勝後即位，改元雍正（1723～1735），是為清世宗。他將胤祉詞臣陳夢雷逐出，命蔣廷錫（1669～1732）對陳夢雷書稿重編，雍正四年（1726）完成，六年（1728）由武英殿修書處以內府銅活字排印66部，名為《欽定古今圖書集成》。」〔註24〕李致忠認為：「陳夢雷為了使《古今圖書集成》最終能夠印行，就曾計劃鑄造銅活字，準備排印。這時康熙駕崩，雍正即位，到雍正三年（1725），便鑄造了這套銅活字開始擺印《古今圖書集成》。」〔註25〕張秀民先生的觀點是：「（雍正帝）把陳夢雷多年的苦心一筆抹煞，並改名為《欽定古今圖書集成》，分成一萬卷，目錄四十卷。於雍正四年用銅活字擺印了66部，每部5020冊。」〔註26〕這種說法影響較大，近年出版之《活字本》亦稱該書：「雍正三年（1725）完成初稿，次年初世宗御製序文，於雍正四年

　　　　年第3期；翁連溪：《清代內府刻書圖錄》，北京出版社，2004年版，附錄一，第43頁；宋淑潔：《清代武英殿刻書研究》，北京師範大學，2006年碩士論文，導師鄧瑞全；曹紅軍：《〈古今圖書集成〉版本研究》，《故宮博物院院刊》2007年第3期；裴芹：《陳夢雷「校正銅版」釋考》，《文獻》季刊2009年第4期。等等。

〔註23〕裴芹：《咨詢，請教──關於〈松鶴山房詩文集〉銅活字》，載國學網：
　　　　http://www.guoxue.com/lwtj/content/peiqin_gyshsfswjthz.htm。
〔註24〕潘吉星：《中國金屬活字印刷技術史》，遼寧科學技術出版社，2001年版，第94頁。
〔註25〕李致忠：《歷代刻書考述》，巴蜀書杜，1990年版，第302～303頁。
〔註26〕張秀民：《清代的銅活字》，載《張秀民印刷史論文集》，印刷工業出版社，1988年版，第251頁。

（1726）以銅活字排印成書。」〔註27〕關於銅活字製作地點，清人吳長元《宸垣識略》云：「武英殿活字版處在西華門外北長街路東，活字向係銅鑄。」〔註28〕認爲銅活字製作地點在武英殿。但近年來，對於內府銅活字的製作目的和地點，也有人提出不同觀點，認爲內府銅活字乃爲刷印《御製律曆淵源》而製作。關於銅活字製作地點，否認武英殿之說，認爲是在陳夢雷編校《彙編》的居所即熙春園完成的。

2、《集成》銅活字的數量。清代學者包世臣認爲有「數百十萬」個，〔註29〕也就是上百萬個；麥高文認爲是二十三萬個；法國儒連認爲是二十五萬個〔註30〕。

3、《集成》銅活字的製作方法。現有文獻中有兩種截然不同的說法。主「鑄造說」與主「鐫刻說」者彼此爭論不斷，莫衷一是。如張秀民先生和盧秀菊先生均主張內府銅活字是刻成的，而非鑄成的，李致忠先生則認爲是鑄成的〔註31〕。

4、《集成》銅活字的去處。根據檔案，在用銅活字刷印完《古今圖書集成》《律呂正義》《數理精蘊》等內府書籍後，允祿奏議「今若仍用銅字，所費工價較之刊刻木板所差無多，究不能垂諸永久」，建議將《御製律曆淵源》木板刷印。此後的銅活字本內府書籍日益減少，這批銅活字被收貯起來，由武英殿「銅字館」移交給「銅字庫」管理。根據《大清會典事例》，武英殿設「銅字庫」負責銅字、銅盤及擺列等事，設置庫掌一員，拜唐阿二名，專司銅字、銅盤及擺列等事。同時還雇擺字人，每月每人工食銀三兩五錢。刻銅字人，每字工銀二分五釐〔註32〕。一般認爲，乾隆初年，因京師錢貴，武英殿銅字庫所存之內府銅活字全部銷毀用於鑄錢。追本溯源，提出這一看法的始作俑者就是乾隆帝，《御製詩四集》卷二十二「題武英殿聚珍版十韻有序」

〔註27〕徐憶農：《活字本》，江蘇古籍出版社，2002年版，第139～140頁。

〔註28〕（清）吳長元：《宸垣識略》，北京古籍出版社，1981年版，第55頁。

〔註29〕（清）包世臣：《安吳論書》，咫進齋叢書第二集，光緒九年（1883）刻本。

〔註30〕麥高文、儒連的說法參見英國翟斯理：《欽定古今圖集成索引》導言，1911年倫敦出版。轉引自張秀民：《清代的銅活字》，《張秀民印刷史論文集》，印刷工業出版社，1988年版，第252頁。

〔註31〕張秀民：《清代的銅活字》，載《張秀民印刷史論文集》，印刷工業出版社，1988年版，第252頁；盧秀菊：《清代盛世之皇室印刷事業》，《中國圖書文史論集》，現代出版社，1992年版，第33～74頁。

〔註32〕《大清會典事例》卷一一九九，清光緒二十五年（1889）石印本。

有詩句「毀銅惜悔彼，刊木此慚予」在「毀銅」一詞下注：「康熙年間編纂《古今圖書集成》，刻銅字爲活版，排印藏工。貯之武英殿，歷年既久，銅字或被竊缺少，司事者懼干咎。適值乾隆初年京師錢貴，遂請毀銅字供鑄，從之。」〔註33〕這一觀點影響很大，連當時朝鮮使臣都記載下來〔註34〕。張秀民也在《中國活字印刷史》一書中加以強調稱「管理人員監守自盜，恰巧北京錢貴，他們怕受罰，就建議毀銅鑄錢。乾隆九年（1744）將他字庫所殘存的銅字、銅盤統統銷毀，改鑄銅錢，真是得不償失。」〔註35〕

　　我們知道，類書是一種資料的彙編，是對既有文獻的加工成果，以事物的內容爲單元，加以選擇、刪節、提煉，重新加以組織編排，形成一種新形式的文獻。〔註36〕類書的編纂不同於著述，單憑一己之力就可以完成，尤其是編纂卷帙浩繁的類書，需要大量人員的協同合作才能成書。一萬卷的《集成》編纂，也非陳夢雷一人所能爲。實際上，明代編纂《永樂大典》，纂修人員多達三千餘人，聚集了姚廣孝、解縉等大量文士編纂，也花費了數年時間。《集成》卷帙雖不如《永樂大典》之多，但在短時間內編纂完成這樣一部高質量的類書，必然需要動用大量的纂修力量，檔案也初步揭示康熙朝開了集成館，大約有80餘人的纂修人員參與其中。即便如此，我們仍存有很多疑惑未解：纂修人員的姓名、籍貫、年齡、入館時間，他們的選拔、職務、分工、議敘情況，以及學識素養等等。這些實際上都關乎《古今圖書集成》的編纂質量、學術導向等重要問題。

　　綜上所述，學界對《古今圖書集成》的纂修研究成果豐碩，但圍繞集成館的開館地點、開館時間、纂修人員，銅活字刻印等問題仍存在很大的拓展空間。誠如研究者所坦言，由於《集成》編纂過程之相關文獻、傳世檔案甚少，借助編纂者陳夢雷《進彙編啓》《告假疏》《水村十二景》等詩文著作可推測其早期的編纂過程，而康熙首次開館及雍正復開的修訂情況，目前所能依據的是楊玉良先生所找到的內務府檔案即蔣廷錫雍正元年正月《奏報辦理

〔註33〕（清）弘曆：《御製詩四集》卷二十二「題武英殿聚珍版十韻有序」。
〔註34〕如成海應《燕中雜錄‧書籍‧圖書集成》就全文轉引了乾隆的說法。載《研經齋全集‧外集》卷六十七，《韓國文集叢刊》，首爾：民族文化推進會，2001年版，第258頁。轉引自金鎬：《〈古今圖書集成〉在朝鮮的傳播與影響，載《東華漢學》2010年6月第11期。
〔註35〕張秀民、韓琦：《中國活字印刷史》，中國書籍出版社，1998年版，第88頁。
〔註36〕參見裴芹：《古今圖書集成研究》，北京圖書館出版社，2001年版，第2頁。

古今圖書集成情形並編校人員去留情形摺》、雍正三年十二月《奏請照修書各館之例議敘古今圖書集成編纂校對人員摺》及相關史料，但是僅僅根據這些的資料，我們難以復原康熙間開館的組織管理模式和纂修人員情況，諸多問題也未能得以澄清，仍處於一團迷霧。譬如，80 年代前學界撥亂反正，公認陳夢雷為《古今圖書集成》的編者，但這一觀點存在很大的問題，學界過分強調陳夢雷以個人之力纂修《集成》。而最近的研究偏向於確認除了陳夢雷個人貢獻之外，其它人也起了一定的作用。特別是，學界把《圖書集成》的纂修分為四個階段：草稿，進呈稿、修訂稿，定稿。除了草稿外，其它每一個階段的完成都需要借助他人的力量，但他人的貢獻有多大，做了什麼樣的工作，也只是一知半解。事實上，康熙間的開館參與人員之多，專業性之強，都是是超越之前草稿和雍正間修訂稿的。在整個纂修階段起了非常重要的作用。筆者從方志、文集、檔案中把梳出纂修人員近 100 人，彌補了這一缺憾，為研究「古今圖書集成」的纂修提供了微觀細緻的研究基礎。

三、研究方法與資料來源

（一）研究方法

1、論文兼採歷史學和文獻學等多種學科視角，在嚴謹的歷史敘述中，大量利用第一手的檔案資料，借鑒國內外前沿的關於「古今圖書集成」編纂的研究成果進行嚴密的歷史分析。同時力圖探討集成館背後的政治文化現象。

2、擬綜合運用歷史學和其它相關學科，以歷史學為基礎，貫穿文獻學等研究方法，開展文獻調查，力求創新，體現研究的科學價值。

3、人物研究與文獻研究的相互結合。

4、個案研究與整體分析的相互結合。

（二）資料來源

歷史研究有賴於資料的豐富程度，尤其是第一手的檔案資料，對推動相關研究至為重要。以往的《集成》研究主要是利用康雍朝硃批奏摺、陳夢雷《松鶴山房文集》，所得資料較為有限。實際上，弄清集成館的興廢原委，纂修人員的履歷等問題，需要擴大史料挖掘的深度和廣度，從看似零碎的史料中拼合出集成館的整體面貌。近些年來，上諭檔、內務府造辦處檔案等大量史料及集成館纂修人員文集等資料的整理、影印出版，特別是大型數據庫（如

愛如生公司開發的方志庫、家譜庫）的開發和運用，爲我們解決以前懸而未決的問題提供了充分的資料保障，爲探索集成館的整體面貌提供了寶貴的文獻資料。具體來說，從內務府檔案、軍機處檔案、朱批奏摺中可以發掘出集成館開設、運作以及銅活字刊刻的重要諭旨、奏摺，從方志等資料中可以梳理出集成館纂修人員的行歷和參與集成館工作的具體細節，從文集、家譜資料中可以管窺如金門詔等重要集成館纂修人員典型的個案材料。除此之外，筆者曾多次赴臺灣故宮博物院、臺灣中研院歷史語言研究所搜集了數量可觀的集成館資料（包括傅斯年圖書館所藏內閣大庫檔案），爲開展此項研究奠定了堅實的基礎。

第一章　古今圖書集成館的開館背景與前期準備

一、古今圖書集成館的開館背景

（一）前代官方開館修書及類書編纂

康熙朝設立古今圖書集成館（以下簡稱集成館）編纂《集成》，在中國歷代典籍編纂史有清晰的脈絡可尋，甚至可以說直接繼承了中國歷代官方開館修書的傳統。回溯歷史，官方修書在中國典籍編纂史上佔據絕對主導地位，而官方修書機構的設立則標誌著官方修書體制的成熟和完善。先秦到東漢初年，沒有專門的修書機構，當時的史官負責記錄時事、起草文書、編纂典冊等〔註1〕，他們是最早從事修書活動的群體，被認爲是「古代設館修史制度的發軔」〔註2〕。東漢明帝時期，蘭臺與東觀成爲國史著作之所，具有官方修書機構的雛形。劉知幾就說：「漢氏中興，明帝以班固爲蘭臺令史……斯則蘭臺之職，蓋當時著述之所也。」〔註3〕東漢桓帝延熹二年（159）「初置秘書監官」〔註4〕，「秘書監」既是職官之稱，也是修書機構，集藏書、著書於一身。東漢以後，統治者對修書愈加重視，官方編纂典籍不斷走向繁榮，也帶動了修書機構的進一步完善和發展，西晉時期的「秘書局」、南北朝時期的

〔註 1〕 關於先秦史官制度，具體可參見許兆昌：《周代史官文化——前軸心期核心文化形態研究》，吉林大學出版社，2001 年版。

〔註 2〕 陳其泰：《設館修史與中華文化的傳承》，《清史研究》2003 年第 1 期。

〔註 3〕 （唐）劉知幾：《史通・史官建置》，嶽麓書社，1993 年版，第 107 頁。

〔註 4〕 （漢）班固：《後漢書・孝桓帝紀》，中華書局，2007 年版，第 89 頁。

「秘書省」、「文林館」和「麟趾館」等大都具有官方修書機構的性質。唐武德年間，依然沿襲前代舊制，秘書省負責官方修書活動，「因舊制，史官隸秘書省著作局」〔註 5〕，「秘書監之職，掌邦國經籍圖書之事。有二局：一曰著作，二曰太史，皆率其屬而修其職。」直到貞觀三年（629），唐太宗始設史館于禁中，將史館獨立出來，專修國史，「貞觀三年閏十二月，始移史館于禁中，在門下省北，宰相監修國史，自是著作郎始罷史職。」〔註 6〕自此，史館由原來僅僅是對著作局的稱呼，一變而爲組織嚴密的實體修書機構。宋代，分置有史館、國史院、實錄院、起居院、時政記房、日曆所、玉牒所、會要所等常設性和臨時性修書機構。〔註 7〕元初，置國史院，後改爲翰林兼國史院，並定國史院官制。明代，因襲前元之制，史館隸屬翰林院，分爲十館。在官方修書機構的演變過程中，「唐以後，更形成了以國史館、實錄館這些常設修史機構爲基礎，以其它各種臨時性史館相配合的修史體制。」〔註 8〕總體而言，在歷代典籍編纂過程中，官方修書機構既有私人編纂者所無法比擬的優越性，能最大限度的動用人力、物力和財力等官方資源完成典籍編纂，又在把控典籍編纂的學術導向，體現官方政治意志方面發揮不可替代的作用。

在我國古代編纂的典籍中，作爲中國古代特有的資料彙編性工具書——類書，是其中不容忽視的文獻種類。類書源遠流長，種類繁多，就其特點和功用而言，兼有百科全書和資料彙編的性質，胡道靜先生就此有精到的歸納：「我國古代類書是『百科全書』和『資料彙編』的綜合體。」〔註 9〕關於歷代類書數量的統計，到現在爲止，尚未有比較精確的統計數字。僅以收錄和存目的《四庫全書總目》著錄情況看，所收各代類書共 282 種。張春暉的《類書的範圍與發展》對類書成書朝代及歸類統計爲 497 種〔註 10〕，張滌華在其《類書流別》一書中專門列類書「存佚」一章，統計爲 723 種〔註 11〕，趙含坤在《中國類書》中估計，清以前（包括清朝）各朝編纂的類書數量至少達

〔註 5〕 《冊府元龜》卷五百五十四《國史部·總序》。

〔註 6〕 （後晉）劉昫等：《舊唐書》卷四十三，職官志二，中華書局，1975 年版，第1855 頁。

〔註 7〕 參見王記錄：《清代史館與清代政治》，人民出版社，2009 年版，第 4 頁。

〔註 8〕 王記錄：《清代史館與清代政治》，人民出版社，2009 年版，第 5 頁。

〔註 9〕 胡道靜：《中國古代的類書》，中華書局，1982 年版，第 5 頁。

〔註 10〕 張春暉：《類書的範圍與發展》，《文獻》1987 年第 1 期。

〔註 11〕 張滌華：《類書流別》，商務印書館，1985 年版。

到 1400 餘種〔註 12〕，加上存疑、散佚的類書，實際的數字遠不止於此。從類書的編纂者看，既有官方編纂的類書，也有私人編纂的，官修大型類書雖然在總體數量上不及私纂類書，但由於其官方背景及其巨大的社會影響力，可以說在整個類書編纂史上獨具一格。歷朝統治者對類書的編纂都非常重視，往往一個新的王朝確立後，經濟、政治有了穩定的發展，出於「文治」的需要，統治者即組織相當的力量編纂類書，作爲王朝興旺發達的標誌。

　　我國古代的第一部類書《皇覽》就是官修的綜合性類書。《三國志・文帝紀》：「帝好文學，以著述爲務，自所勒成垂百篇。又使諸儒撰集經傳，隨類相從，凡千餘篇，號曰《皇覽》。」《皇覽》被視爲中國最早的類書，王應麟就說「類事之書，始於《皇覽》。」〔註 13〕《皇覽》之後，歷代王朝幾乎都編纂有大型類書，官修類書層出不窮，出現了三個最盛時期：齊梁、唐宋、明清。梁武帝蕭衍命諸學士編纂了《壽光書苑》《類苑》和《華林遍略》。北齊後主高緯傚仿魏文帝編纂了《修文殿御覽》。隋唐是類書編纂的發展時期，流傳至今的就有歐陽詢所編《藝文類聚》、徐堅等人所編的《初學記》等。此外，書目記載仍有《文思博要》《三教珠英》等多種類書，其時的類書已經從雜家中分離出來，名爲「類事家」。入宋，類書大盛，在《宋史・藝文六》所載的宋人所編類書超過了三百部，宋代帝王委派大臣，延攬當朝名人學士依據皇家藏書纂修類書，宋太宗、眞宗時期朝臣奉敕編了幾部大類書，如《冊府元龜》《太平御覽》〔註 14〕等，僅數量就多達千卷，可謂卷帙浩繁。明代的類書編纂無論從數量還是質量上都達到了高峰，《明史・藝文志》著錄類書 83 部 27186 卷，而據黃虞稷《千頃堂書目》著錄，明代類書共有 150 部左右〔註 15〕，其中的《永樂大典》，是中國歷史上最大的一部類書，卷帙規模空前。就編修情況看，宋以前類書多爲官修，《皇覽》《修文殿御覽》《編珠》《藝文類聚》《初學記》均爲奉敕編修，宋以後，官修類書無論從規模還是質量上都獨領風騷，形成了頗具特色的官方編纂類書的傳統，綿延至今。

〔註 12〕這一數字是根據趙含坤所列各朝數字累計的，具體爲：魏晉南北朝 57 種、隋唐五代 122 種，宋遼金元朝代 297 種，明朝 597 種，清朝 400 餘種。參見趙含坤：《中國類書》，河北人民出版社，2005 年版。

〔註 13〕（宋）王應麟：《玉海》卷五十四，第 1025 頁。

〔註 14〕學界一般有「宋代四大書」之稱，但對於《文苑英華》和《太平廣記》是否可視作類書，有不同的看法。

〔註 15〕《文淵閣四庫全書》史部，目錄類，第 676 冊，《千頃堂書目》。

歷代統治者熱衷編撰類書的原因，大致可以歸納爲幾種：一是，類書編纂的主要目的之一，就是「利尋檢，便省覽」和「供採摭、備徵引」，彙輯資料，爲資政之用。明成祖朱棣就說：「天下古今事物，散載諸書，篇帙浩穰，不易檢閱。朕欲悉採各書所載事物，類聚之而統之以韻，庶幾考索之便，如探囊取物。」〔註16〕這是類書的最原始功能。洪湛侯在《類書的文獻價值》即總結類書主要具有四方面的文獻價值：查找各類資料、查考事物源流、輯錄古書佚文、校勘古書文字〔註17〕。二是，應科舉之需要，備場屋之用。這與隋、唐以來科舉制度相關。正如宋寧宗慶元四年（1198）劉三傑在奏疏中所說：「主司命題欲求實學，率皆採取傳注，編摭故實，或搜求陳腐之類書，以備場屋之用。」〔註18〕「類書初興，本以資人君乙夜之覽，故於古制舊事，最爲詳悉。及其流既廣，文家漸用之以供遣用，於是採摭遂及於華藻。殆乎科舉學盛，士子又據以爲射策之資。」〔註19〕葛兆光先生《中國思想史》第二卷《七世紀至十九世紀中國的知識、思想與信仰》指出：「當一個朝代建立起來，不僅『四海承平，夷狄朝貢』，而且『萬民富庶，朝政清平』，一切看上去都那麼完美的時候，似乎思想的使命結束了，因爲思想似乎失去了批評的對象，於是，它會迅速地淪落爲一種依附於經典的知識，並在考試制度的挾迫下，被簡約化爲一些無意味的文本或公式，只是作爲記憶和背誦的內容存在。」〔註20〕隋唐類書的大興，與此有密切關係。三是，統治者藉以稽古右文，以好文之名，行興文治之實。歐陽修即說：「竊以右文興化，乃致治之所先；著錄藏書，須太平而大備。」〔註21〕除此之外，類書編纂也與統治者的政治意圖大有關係，具有收攬人心、消弭不平之氣的政治內涵。

（二）清初的文化政策與編書之風

縱觀歷代王朝興衰史，文治與武功並重，「成爲衡量王朝興衰、國家治亂的重要標誌」〔註22〕，統治者多標榜文治，特別是在王朝鼎盛時期，統治者

〔註16〕（清）法式善：《陶廬雜錄》卷五，中華書局，1959年版。

〔註17〕洪湛侯：《類書的文獻價值》，《文獻》第3輯，1980年。

〔註18〕徐松：《宋會要輯稿・選舉》，北京：中華書局，1957年版，第4322頁。

〔註19〕張滌華：《類書流別》，北京：商務印書館，1985年版，第21～22頁。

〔註20〕葛兆光：《中國思想史》第二卷，上海：復旦大學出版社，2000年版，第75頁。

〔註21〕（宋）歐陽修：《謝賜〈漢書〉表》，《歐陽修全集》下冊，北京：中國書店，1986年版，第728頁。

〔註22〕參見業師黃愛平：《中國古代的文化傳統與圖書編纂》，《理論學刊》2006年第

高標「稽古右文」政策，而其有效手段和常用方法就是大規模地整理、編纂典籍，盛世修書。清代是政治、經濟高度發展的鼎盛時期，在政治穩定、經濟發展、印刷發達的環境下，封建文化發展達到新高峰。清代的統治者特別是康熙帝大力提倡「稽古右文」，興儒尊賢，編纂典籍。康熙十九年四月初八日康熙帝在經筵中下旨議敘學士張英、高士奇等人，並特別提到其目的是「以副朕崇儒重道，稽古右文至意。」〔註23〕康熙二十五年四月康熙帝下詔廣搜圖書典籍，重申「稽古右文」政策：「諭禮部、翰林院：自古帝王致治隆文，典籍具備，猶必博採遺書，用充秘府。蓋以廣見聞而資掌故，甚盛事也。朕留心藝文，晨夕披覽。雖內府書籍，篇目粗陳，而裒集未備。因思通都大邑，應有藏編，野乘名山，豈無善本。今宜廣為訪輯，凡經史子集，除尋常刻本外，其有藏書秘錄，作何給值採集及借本抄寫事宜，爾部院會同詳議具奏。務令搜羅罔軼，以副朕稽古崇文之至意。」〔註24〕正是在清初統治者「稽古右文」政策的倡導下，掀起一股編書之風。

　　清代所編典籍數量，可從《清史稿・藝文志》及其《補編》，以及後來的王紹曾的《清史稿藝文志拾遺》統計，共計 74951 種，數量相當驚人。早在入關前，滿族統治者高度認同漢族歷史文化傳統，以承繼者的身份致力於漢文歷史文獻典籍的整理和編纂。努爾哈赤敕編有《明會典》《素書》《三略》，作為其施政用兵的參考。皇太極組織翻譯《資治通鑑》《六韜》《孟子》《三國志》《大乘經》《武經》等大量的漢文典籍，節譯遼、金、宋、元四史。順治十二年（1655）正月，順治帝諭令設立「大訓館」編纂《順治大訓》：「朕惟平治天下，莫大乎教化之廣宣；鼓動人心，莫先於觀摩之有象……茲欲將歷代經史所載，凡忠臣義士、孝子順孫、賢臣廉吏、貞婦烈女及奸貪鄙詐、愚不肖等，分別門類，勒成一書，以彰法戒，名之曰《順治大訓》。」〔註25〕該年四月，順治帝又下諭旨：「《實錄》業已告成，朕欲倣《貞觀政要》《洪武寶訓》等書，分別義類，詳加採輯，彙成一編，朕得朝夕儀型，子孫臣民，咸恪遵無，稱為《太祖聖訓》《太宗聖訓》。」〔註26〕康熙帝文治武功，下令編纂的典籍有《子史精華》《皇輿全覽圖》《律曆淵源》《全唐詩》《清文鑑》《康

　　　　10 期。
〔註23〕《清聖祖實錄》卷八十九，北京：中華書局，1985 年版，第 1129 頁。
〔註24〕《清聖祖實錄》卷一百二十五，北京：中華書局，1985 年版，第 331 頁。
〔註25〕《清世祖實錄》卷八十九，北京：中華書局，1985 年版。
〔註26〕《清世祖實錄》卷八十九，北京：中華書局，1985 年版。

熙字典》《古今圖書集成》《廣群芳譜》等文獻，數量達 60 餘種，2 萬餘卷。
這些官修典籍，有一個共同的突出特點，即無不在皇帝的授意下進行，大多
經過皇帝的審定和撰序，敕編之典籍從內容到形式都多少滲透著當朝統治者
的政治傾向和意志，在一定程度上反映了其政治需要和文化導向。

　　清代官方編纂典籍，大都有獨立的修書機構具體負責。清代的修書機構
進一步完善，修書各館名目繁多。對於清代修書各館的類型，楊玉良的《武
英殿修書處及內府修書各館》、喬治忠的《清朝官方史學研究》以及沈原的《清
代宮廷的修書機構》均有精深的研究。一般而言，內府修書各館可分為：常
開之館，如國史館、方略館、起居注館等。例開之館，如實錄館、聖訓館、
玉牒館、律例館、則例館等。特開之館，如明史館、會典館、三通館、三禮
館、一統志館、古今圖書集成館、明紀綱目館、四庫全書館等。閱時而開之
館，如會典館、功臣館等。〔註 27〕沈原則把修書各館分為內廷和外朝，內廷
常設修書機構有書房、文館、內三院、內翻書房、南書房、尙書房、方略館、
武英殿修書處等，外朝則有起居注館、國史館以及各種臨時性書館。〔註 28〕
康熙十九年（1860）以後，武英殿修書處成為內府重要的修書機構。北京故
宮博物院圖書館所藏咸豐二年（1852）內府抄本《欽定總管內務府現行則例》
武英殿修書條有：「康熙十九年十一月，奉旨設立修書處，由內務府王大臣總
其成，下設兼管司二人，以內務府官員兼任。下又設正監造員外郎一人，副
監造、副內管領一人，委署主事一人。掌庫三人，委署掌庫六人，設有書作、
刷印作。書作司界劃、托裱等職；刷印作管理寫樣、刊刻、刷印、折配、裝
訂等職。有拜唐阿十九名，委署領催四名。另設匠役若干，分別為書匠、界
劃匠、平書匠、刷印匠等，共八十四人，分辦各作之事。」〔註 29〕而康熙末
年開設的集成館就是臨時性的修書館，在組織架構和管理模式對清代修書各
館的體制有所繼承，因其開設較早，又有其獨特性。

　　《集成》的編纂，離不開清初編纂類書這一濃厚的文化氛圍。清代的類
書編撰數量並不遜於明代，尤其是官方所編類書，大都集中於雍正以前，清

〔註27〕楊玉良：《武英殿修書處及內府修書各館》，《故宮博物院院刊》。關於開館修
　　　　書的四種類型，可參見喬治忠：《清朝官方史學研究》，臺北：文津出版社，
　　　　1994 年版，第 5～6 頁。
〔註28〕沈原：《清代宮廷的修書機構》，載中國第一歷史檔案館編：《明清檔案與歷史
　　　　研究論文選》，國際文化出版公司，1995 年版。
〔註29〕咸豐二年（1852）內府抄本《欽定總管內務府現行則例》。

初出現了官修大型類書的盛況。康熙朝所編類書，按《四庫全書總目》所載，就有《淵鑒類函》450 卷、《佩文韻府》444 卷、《佩文韻府拾遺》112 卷、《駢字類編》240 卷、《分類字錦》64 卷以及《子史精華》160 卷等。康熙帝日理萬機之餘，尤其重視類書作為資政的工具、查找資料文獻。在《集成》之前，康熙帝即以「類書從無善本，惟《唐類函》略稱贍備，宣推其體例，漱潤增華」〔註30〕，敕令儒臣張英等人，以《唐類函》為藍本，參以《太平御覽》、二十一史、子集稗編等編成《淵鑒類函》450 卷。康熙帝為之序云：「然則類書之作，其亦不違於聖人立言之意與！……學者或未能盡讀天下之書，觀於此而得其大凡，因以求盡其始終條理精義之所存，其於格物致知之功，修辭立誠之事，為益匪淺鮮矣。」〔註31〕孔子沒有著書立說，而刪編眾書，康熙引聖人所為為例，以述而不作之典故，大力組織力量編纂大型類書，這也在某種程度上為《集成》開館編纂奠定了基礎。

二、前期工作：《彙編》的編纂與進呈

（一）《彙編》緣起及其編纂

　　根據裴芹、詹惠媛等人的研究，《集成》的編纂先後經過《彙編》初稿、《彙編》修訂稿、康熙初次開館定稿、雍正重行開館校訂稿〔註32〕等幾個稿本過程。其中，《彙編》的初稿和修訂稿是陳夢雷憑藉個人之力編纂而成，與康、雍二朝開館官方纂修的性質顯著不同。可以說，《彙編》是《集成》的最初雛形，為《集成》的最後成型奠定了基礎。釐清其中的淵源所自，就有必要探究從《彙編》到《集成》的歷史過程。

　　《彙編》的編纂緣起與陳夢雷的個人機遇、人生沉浮密不可分。陳夢雷（1650～？），字則震，一字省齋，福建閩縣人。康熙九年（1670）進士及第，十一年（1672）授翰林院編修，十二年（1673）回鄉省親，逢耿精忠叛亂，請陳夢雷共謀，陳夢雷佯病，與李光地共謀，設計送蠟丸給清廷。三藩之亂平復後，李光地因送蠟丸青雲直上，卻隱瞞了陳夢雷的功勞，陳夢雷最終以

〔註30〕（清）張英等：《淵鑒類函》，北京：中國書店，1985 年版，卷首，第 1～3 頁。

〔註31〕（清）張英等：《淵鑒類函》，北京：中國書店，1985 年版，卷首，第 1～3 頁。

〔註32〕詹惠媛：《〈古今圖書集成・經籍典〉體制研究》，臺北：花木蘭文化出版社，2009 年版，第 69 頁。

從逆治罪，後經康熙旨意減刑免死，於康熙二十一年（1682）流放瀋陽尚陽堡。康熙三十七年（1698），康熙帝東巡奉天，陳夢雷獻詩稱旨。康熙再次施恩，將陳夢雷召還京師。陳夢雷於十二月進京，給房給衣，暫住椒園教書。康熙三十八年（1699）夏入懋勤殿侍皇三子允祉讀書，康熙三十九年（1700）五月到允祉王府行走，成爲重要幕僚，康熙帝也曾三次賜御書給他，有「松高枝葉茂，鶴老羽毛新」〔註33〕之贊，陳夢雷受寵若驚，遂以「松鶴老人」自號，將其詩文集命名爲《松鶴山房詩文集》。允祉也賜衣賜園給他，在扈蹕時，還曾讓他隨從，可謂待遇優厚，異於常人。

康熙帝和允祉給了陳夢雷相當的禮遇和優裕的生活條件，陳夢雷深爲感激，在入允祉王府後漸漸萌生了編纂一部大類書以報答一二的打算。經過一番醞釀準備，陳夢雷於康熙四十年（1701）十月開始編纂《彙編》。《松鶴山房詩集》卷二載有陳夢雷的《進彙編啓》，詳細闡述了《彙編》開始抄寫和成書的時間、材料基礎、組織結構及卷帙規模、編纂的起因和目的等：

> 爲恭進彙編目錄、凡例，冒懇慈恩代奏，乞賜暇回鄉，省視父母墳墓，願得終身圖報事。雷以萬死餘生，蒙我皇上發遣奉天，又沐特恩召回京師侍我王爺殿下筆墨，恭遇我王爺殿下睿質天縱，篤學好古，禮士愛人，自慶爲不世遭逢，思捐頂踵圖報萬一，無奈賦命淺薄，氣質昏愚，讀書五十載，而技能無一可稱，涉獵萬餘卷而記述無一可舉。深恐上負慈恩，惟有掇拾簡編，以類相從，仰備顧問。而我王爺聰明睿智，於講論經史之餘，賜之教誨，謂《三通》《衍義》等書詳於政典，未及蟲魚草木之微；《類函》《御覽》諸家，但資詞藻，未及天德王道之大。必大小一貫，上下古今，類列部分，有綱有紀，勒成一書，庶足廣大聖朝文治。雷聞命踊躍，喜懼交並，自揣五十年來無他嗜好，惟有日抱遺編，今何幸大慰所懷。不揣蚊力負山，遂以一人獨肩斯任，謹於康熙四十年十月爲始，領銀雇人繕寫。蒙我王爺殿下，頒發協一堂所藏鴻編，合之雷家經、史、子、集，約計一萬五千餘卷。至此四十五年四月內書得告成。分爲彙編者六，爲志三十有二，爲部六千有零。凡在六合之內，鉅細畢舉，其在《十三經》《二十一史》者隻字不遺，其在稗史子集者，十亦只刪一二。以百篇爲一卷，可得三千六百餘卷，若以

〔註33〕　（清）陳夢雷：《松鶴山房詩集》卷八七，《續修四庫全書》第 1415 冊。

古人卷帙較之，可得萬餘卷。雷三載之內，目營手檢，無間晨夕，幸而綱舉目張，差有條理。謹先謄目錄、凡例爲一冊上呈。伏惟刪定贊修，上聖之事，雷何人斯，寧敢輕言著述？不過類聚部分，仰我王爺裁酌，或上請至尊聖訓、東宮殿下睿旨，何者宜刪，何者宜存，何者宜分，何者宜合，定其大綱，得以欽遵檢校。或賜發秘府之藏，廣其未備。然後擇於江南、浙江都會之地，廣聚別本書籍，合精力少年，分部校讎，使字畫不至舛訛，繕寫呈進，恭請御製序文，冠於書首，發付梓人刊刻。較之前代《太平御覽》《冊府元龜》廣大精詳何止十倍？從此頒發四方，文治昭垂萬世，王爺鴻名卓越，過於東平、河間。而蘋茅愚賤，效一日犬馬之勞，亦得分光不朽矣！

　　而更有冒昧上請者，雷自康熙十八年入京至今共二十八載……伏惟我王爺殿下天地父母之心推皇上以孝治天下德意，乞代爲奏請，使得暫假歸鄉一哭。〔註34〕

陳夢雷之《進彙編啓》涉及的幾個問題需要辨析。首先，關於《啓》文的撰寫時間。裴芹、楊玉良等先生已作過考證〔註35〕，但學界仍存在爭議，有康熙四十五年和康熙四十八年之歧說。筆者在前人基礎上加以總結考辨，認爲此《啓》應寫作於康熙四十五年四月。一則，根據《啓》文所提及的「至此四十五年四月內書得告成」，「至此」應指陳夢雷進獻《啓》文的時間，即康熙四十五年。二則，《啓》文中對允祉的稱謂，數次提及「王爺殿下」、「王爺」。清代宗室男子爵位共分十二級，前四種分別是和碩親王、多羅郡王、多羅貝勒、固山貝子。一般而言，和碩親王和多羅郡王都可稱作「王爺」，而允祉於康熙三十七年三月，封誠郡王。康熙三十八年九月，以在敏妃喪百日中剃頭，降貝勒。康熙四十八年三月，晉誠親王。按照常理，《啓》稱「王爺」當在康熙四十八年三月允祉晉誠親王之後，但文獻記載中，也有稱貝子爲王爺之先例。如《世宗憲皇帝上諭八旗》卷三：「（允䄶）從前詐取明珠家銀百萬餘兩，將應賠錢糧抗不還項，攜帶數萬金前往西寧，要買人心，所以地方人等俱有九王爺之稱。伊不過一貝子耳，何嘗一日得居王位？尚未及貝勒職

〔註34〕　（清）陳夢雷：《松鶴山房文集》卷二·啓四，《續修四庫全書》第1416冊，第38～39頁。
〔註35〕　裴芹認爲該《啓》寫於康熙四十八年。參見裴芹：《古今圖書集成研究》，北京圖書館出版社，2001年版，第33～34頁。

分，又安得漫稱爲王？無恥卑污之至，情甚可惡，洵屬不識臣子大義悖亂之人。允禟著革去貝子，撤其佐領屬下。並行文陝西督撫，嗣後仍有稱允禟爲九王爺者，定行提拏，從重治罪。特諭。」〔註36〕這雖是不許貝子稱「王爺」的例子，但也可證在私下場合，康熙時仍有稱貝子或者貝勒爲王爺的做法，更何況陳夢雷是允祉的重要幕僚，允祉也曾在康熙三十七年三月封誠郡王，雖然隨後被奪去郡王之爵，幕僚在私信中依照先前慣例繼續尊稱允祉爲「王爺」應該也是可能的。另外一個例證是，《松鶴山房文集》載有陳夢雷的一篇《告假疏》，未署日期，《疏》後有陳夢雷特意加寫的識語，云：「此疏修於丙戌（康熙四十五年）之秋。再三哀懇吾王，未蒙允賜，竟未得天聽。從此遂患心痛之疾。」〔註37〕《啓》也有告假的內容，對比兩疏，內容文詞相當一致，特別是《進彙編啓》文後說「雷自康熙十八年入京至今共二十八載」，《告假疏》言「臣今年五十有六，離家已二十八載」〔註38〕，所言離家（即入京）時間一致，都是二十八年，加算起來，正好是康熙四十五年。這一時間的準確判定，有助於我們更好的理解《彙編》的編纂進程。

其次，關於《彙編》的編纂緣起。《啓》說得很清楚，一則，爲了報恩，陳夢雷以負罪之人，屢受康熙及皇三子允祉厚待，因此想借編書以報答一二，即是《啓》所說的「深恐上負慈恩，惟有掇拾簡編，以類相從，仰備顧問。」二則，編纂《彙編》的直接動因是允祉在講論經史之餘，論及《三通》等書詳於政典，略於蟲魚草木之微，《太平御覽》等書有資詞藻，卻未及天德王道之大，不盡人意。因此主動提出編纂一部「大小一貫，上下古今，類列部分，有綱有紀」的大類書，應該說從一開始，允祉就是《彙編》的主要推動者，他給陳夢雷編書提供了協一堂的私人藏書、雇人抄寫所需錢糧等諸多便利，有力保證了編書活動的順利進行。三是，陳夢雷個人有這樣的夙願和抱負。《松鶴山房文集》卷十收有《重修鄭夾漈先生草堂序》：「莆中鄭夾漈先生當紹興偏安之日，謝仕遺榮，讀書山中，得以究極天人禮樂之全，下及山川草木蟲魚之細，貫串百家，成《通志》一書，使論次者得以搜求故實，志

〔註36〕（清）胤禛：《世宗憲皇帝上諭八旗》卷三，雍正三年七月二十九日上諭，文淵閣《四庫全書》本。

〔註37〕（清）陳夢雷：《松鶴山房文集》卷一‧疏二十九，《續修四庫全書》第1416冊，第32～33頁。

〔註38〕（清）陳夢雷：《松鶴山房文集》卷一‧疏二十九，《續修四庫全書》第1416冊，第32～33頁。

學者得以考究前聞，遂與杜氏《通典》、馬氏《通考》三書並時宇宙。蓋其為功於世道人心偉矣！余幼年不自揣量，謬思合三書之長，更為之標綱區目，繪圖立表，以擴其未備而續其餘。乃涉經多難，欲求入夾漈先生之閉戶深山，百城坐擁，以進退千古，雖一日不可得，忽忽無成而身亦將老矣。」對陳夢雷的深意，得一道人看得真切，評論道：「借題以發胸中所欲言。未幾，大願得售，遂使宇宙間成大不朽事業。真快事也。」〔註 39〕此「宇宙間成大不朽事業」正是後來成書的《彙編》（其時尚未命名為《集成》）。此序的寫作時間，大概是在康熙四十年之前，也就是說，陳夢雷想要編纂一部大類書的想法，早已有之，並非始自康熙四十年其著手編纂《彙編》之時，也並非始自康熙三十八年由遼東返回京師之時。可見，陳夢雷本人早年就有傚仿鄉賢鄭樵，編寫出一部像《通志》一樣「究極天人禮樂之全，下及山川草木蟲魚之細，貫串百家」的大書。中國社會科學院的楊珍認為，在陳夢雷身上，鮮明地體現了儒家的入世精神，他的人生態度是積極的，也是功利的。他赦還京師後二十多年中，沒有官職名分，在政治舞臺上是一位邊緣人，但依然追求修齊治平理想，「素以天下為己任」，對朝政時事極為關心。他不甘心在與李光地的較量中始終處於劣勢，從事修纂等文事，企圖借助儲位之爭，實現人生報負。〔註 40〕

再次，關於《彙編》的體例、編纂時間、資料來源。陳夢雷的康熙四十五年《告假疏》有進一步的闡述：

> 臣今年五十有六，離家已二十八載……臥病經旬，誠恐雖讀書五十餘年，閱歷不止萬卷而不能舉一二，深恐上負皇子貝勒令，是用竭力於數年之內，皆自黎明，以至三鼓，手目不停，將家中書籍萬餘卷，自上古至元、明，皆按代編次，共分類六千餘，約可計三千六百卷。臣獨立檢點，所抄寫之人，字畫粗率，未及校正，舛誤之字尚多。然此書規模大略已定。先將凡例、目錄謄寫呈皇子貝勒，其中或存或刪，或分或合，俟貝勒裁定之後，聚集多人，細加校讎謄清，進呈御覽，得蒙我皇上指示，方可成書。而臣數載之中，亦已精力俱竭，耳目俱昏，非休息則元氣不能自支是用，瀝皇上弘慈，

〔註 39〕　（清）陳夢雷：《松鶴山房文集》卷十，《重修鄭夾漈先生草堂序》，《續修四庫全書》第 1416 冊，第 139 頁。

〔註 40〕　楊珍：《陳夢雷二次被流放及相關問題研究》，《故宮博物院院刊》2011 年第 6 期。

乞暫賜回鄉，往返不過七八月。……

　　此疏修於丙戌（康熙四十五年）之秋。再三哀懇吾王，未蒙允
賜，竟未得天聽。從此遂患心痛之疾。夢雷謹識。〔註41〕

如前所證，《進彙編啓》寫於康熙四十五年四月，《告假疏》寫於康熙四十五
年之秋，時間相差數月，二者結合起來考慮，考析《彙編》的相關情況或許
可以更加明晰。首先是《彙編》的體例，《啓》言「分爲彙編者六，爲志三十
有二，爲部六千有零」，這裏清楚的說明，陳夢雷《彙編》所做的工作包括，
擬定凡例、目錄，制定體例即彙編——志——部的三級類目等。《啓》文提到
的凡例、目錄可能在編纂之前已經編製完成，要完成《彙編》這樣的一部
大類書，沒有提前設計好的體例是不合實際的。其次是材料來源，《啓》說：
「蒙我王爺殿下，頒發協一堂所藏鴻編，合之雷家經、史、子、集，約計一
萬五千餘卷……《十三經》《二十一史》者隻字不遺，其在稗史子集者，十亦
只刪一二。」《疏》則說：「將家中書籍萬餘卷，自上古至元、明」，這表明陳
夢雷先是以自己藏書和允祉的藏書共一萬五千餘卷爲基礎開編的，擇取的材
料包括《十三經》《二十一史》等經史子集，收錄的範圍較廣。需要注意的是，
《彙編》收錄資料的下限是明代，不包括清代，亦即有古無今，這與後來開
館編纂的《集成》包羅古今的資料收錄範圍有所不同，可見從《彙編》到《集
成》的編纂方針仍有較大的改變。另外，《啓》和《疏》都提出了對進一步修
訂的設想與要求。《疏》：「俟貝勒裁定之後，聚集多人，細加校讎謄清，進
呈御覽。」《啓》說：「或上請至尊聖訓、東宮殿下睿旨，……賜發秘府之藏，
廣其未備。然後擇於江南、浙江都會之地，廣聚別本書籍，合精力少年，分
部校讎，……繕寫呈進，恭請御製序文，……發付梓人刊刻。」二者都表明，
陳夢雷對《彙編》的編纂、修訂和刻印事先即有嚴密之計劃，最終目的是由
允祉上呈給康熙帝，恭請御製序文，刊刻印行。從後來的情況看，設立集成
館基本上也是按照陳夢雷這一設想進行的，可以說爲集成館的設立和運作已
經提前作了很好的鋪墊。

　　最後，關於陳夢雷編纂《彙編》的具體卷數，康熙詔開集成館最後定稿
的是一萬卷，《啓》言「以百篇爲一卷，可得三千六百餘卷，若以古人卷帙較
之，可得萬餘卷。」似乎給人一種印象，《彙編》稿根據「頒發協一堂所藏鴻

〔註41〕（清）陳夢雷：《松鶴山房文集》卷一‧疏二十九，《續修四庫全書》第 1416
　　　冊，第 32～33 頁。

編，合之雷家經、史、子、集，約計一萬五千餘卷」加以編纂，即達到了萬餘卷，換而言之，《集成》開館編纂從數量而言，並未突破《彙編》，只是做了了小幅度的增刪。筆者認爲，陳夢雷的《彙編》稿應該只是他在《進彙編啓》所說的「以百篇爲一卷，可得三千六百餘卷」，事實上，見過《彙編》原稿的陳夢雷友人都只稱「三千餘卷」或者「三千六百餘卷」，也反映出《彙編》在時人看來就是這樣一個規模而非萬卷，從一萬五千餘卷中摘出一萬卷的條目來，恐怕也有選錄過多過濫之嫌。如奉天李煒所寫康熙四十八年序言：「凡有關於道統治化，象緯典制者悉考訂爲彙編，爲卷三千六百有奇。」〔註42〕康熙五十二年十月朔，錢塘喬逸人序《松鶴山房詩文集》云：「（陳夢雷）詩文在閩中作者，多余所鑒定。其在留都及京邸之作與夫《彙編》之纂，余亦嘗寓目焉。」〔註43〕王掞的序說：「同年陳省齋先生間關塞外十有餘年，蒙恩賜還，召入禁，近侍誠親王殿下輔導，先後以文章爲職業。先生於是研精覃思，撰集類書三千餘卷，牢籠三才，囊括萬有，此書成，於以藏之名山，傳之其人，洵不朽之盛業矣。」〔註44〕長白能吉圖之序則說：「聞蒙恩賜還，召入內廷侍皇三子殿下輔導，先後以文章爲職業。先生學博而精，事簡而當，善體人情，曲盡物理，覃詳研思，撰集彙編三千餘卷，剖裂三才，囊括萬有，自漢唐以來未曾有，而復以忠孝節義之懷散而見之於篇什。」〔註45〕從《集成》收錄資料之廣博繁複和集成館纂修人員的具體分工來看，萬卷《集成》絕不可能是對《彙編》簡單的刪改，卷帙規模也非《彙編》所能比。從收錄內容看，《集成》大量補充了清代的文獻材料，尤其是方志、則例、諭旨等官編書籍居多。補充的材料有些是康熙五十五年以後才產生的，可以證明它們是開館後修訂時加進去的，補充的內容幾乎涉及到所有的典、部及項目。平心而論，萬卷規模《集成》的編就，有陳夢雷發凡起例、編纂「三千六百餘卷」的貢獻，也離不開其它纂修人員的功勞。

（二）《彙編》修訂與進呈

　　陳夢雷入獄、流放、返京，其間父母去逝，已多年不曾回老家了。所以非常想回去省視父母墳墓，故在《彙編》初稿完成後，多次請假。在《松鶴

〔註42〕　（清）陳夢雷：《松鶴山房詩集序》，《續修四庫全書》第 1416 冊，第 535 頁。
〔註43〕　（清）陳夢雷：《松鶴山房詩集序》，《續修四庫全書》第 1416 冊，第 529 頁。
〔註44〕　（清）陳夢雷：《松鶴山房詩集序》，《續修四庫全書》第 1416 冊，第 530 頁。
〔註45〕　（清）陳夢雷：《松鶴山房詩集序》，《續修四庫全書》第 1416 冊，第 533 頁。

山房文集》還保存了他康熙四十八年（1709）、四十九年（1710）兩篇《請假疏》，但皆未允准。在此期間，陳夢雷仍在對《彙編》進行校訂，他的《水村十二景有引》提到：「村在城西北……王殿下購得，命余居之，兼賜河西田二頃，俾得遂農圃之願也。續建斗閣三盈，晨夕祝聖，命余典其事……其下書室三楹，貯所著《彙編》三千餘卷，校閱之暇，泛舟渡河，與田夫野老，量晴較雨乃歸。」〔註46〕水村在京西，是允祉賜給陳夢雷的別墅。《水村十二景》詩自署：「此題擬於壬辰（康熙五十一年）之春，詩成於癸巳（康熙五十二年）之秋。古人十年一賦，吾常詩之乃經年一詩，江淹才盡一至此耶？抑鬱極思窮所筆舌所能寫耶？不紀其年，後人得無駭其哀樂之無端耶？松鶴老人（陳夢雷號）識。」《水村十二景小序》寫他在那裏的悠閒生活和恬淡心境，每天練氣功、撫琴、鈎魚、泛舟，與農夫聊天。《彙編》的校閱已不再是「手目不停」那樣緊張繁忙了。校閱工作似乎主要是糾正抄寫舛誤，準備伺機向皇帝呈進。康熙五十二年（1713）十月十五日，錢塘喬逸人序《松鶴山房詩文集》：「（陳夢雷）詩文在閩中作者，多余所鑒定。其在留都及京邸之作與夫《彙編》之纂，余亦嘗寓目焉，大抵字字根於子臣弟友血誠，非獨揚鑣藝苑、樹職騷壇而已。」〔註47〕可知至少在康熙五十二年十月，《彙編》尚在松鶴山房，未經呈進。

為什麼《彙編》成書後遲遲不按《進彙編啓》的設想「進呈御覽，得蒙我皇上指示，方可成書」〔註48〕，進呈給康熙帝呢？比較合理的解釋是，《彙編》的進呈時間是經過精心選擇的，這與康熙末年的諸皇子爭奪皇位繼承權密切相關。據楊珍《陳夢雷二次被流放及相關問題》研究，陳夢雷捲入了允祉爭奪儲位的鬥爭中〔註49〕。康熙四十七年九月、五十一年十月相繼發生二廢太子事件，允禔、允礽相繼被軟禁，允祉自然居於眾皇子之首，佔據了繼承皇位的有力地位〔註50〕。康熙四十八年，允祉曾對允祿說「東宮一位，非

〔註46〕（清）陳夢雷：《松鶴山房詩集》卷五十七・言律八十八，《續修四庫全書》第 1415 冊，第 651～653 頁。

〔註47〕（清）陳夢雷：《松鶴山房詩集序》，《續修四庫全書》，第 1416 冊，第 529 頁。

〔註48〕（清）陳夢雷：《松鶴山房文集》卷一・疏二十九，《續修四庫全書》第 1416 冊，第 32～33 頁。

〔註49〕楊珍：《陳夢雷二次被流放及相關問題研究》，《故宮博物院院刊》2011 年第 6 期。

〔註50〕楊珍：《陳夢雷二次被流放及相關問題研究》，《故宮博物院院刊》2011 年第 6 期。

我即爾。」〔註51〕在華傳教士畢天祥（Ludovicus-Antonius Appiani）於康熙五十二年十一月五日寫給友人的信中稱：「皇帝第三子，亦可稱爲第一子，因其它二子均已下獄。」〔註52〕康熙五十二年設立蒙養齋算學館，由允祉實際負責，而蒙養齋算學館正是日後數年允祉集團用以謀取儲位的大本營，之後的幾種書籍的編纂、擺印以及《彙編》的進呈，無不與之相關。康熙帝在其生前的最後十年中，九次壽辰有八次是在允祉的熙春園中慶賀的。在這種情況下，允祉將陳夢雷負責編纂的《彙編》進呈，展現自己特長，無疑可使一貫重視文化的康熙帝龍顏大悅，爲繼承皇位做極好鋪墊。

　　《彙編》何時進呈給康熙帝？《十朝詩乘》稱「《古今圖書集成》設館於康熙丙申。」〔註53〕丙申即康熙五十五年。一般而言，立館時間與進呈時間相差無幾，《彙編》進呈也應在這一年。從康熙五十五年《清實錄》所載康熙帝之行止看，從四月初五日「上奉皇太后避暑塞外，命皇三子和碩誠親王允祉、皇七子多羅淳郡王允祐、皇十五子允禑、皇十六子允祿隨駕」〔註54〕至九月二十八日「上自暢春園回宮。」〔註55〕康熙巡幸避暑山莊，行程緊湊，事務繁忙，期間並非進呈的合適時間。筆者認爲，允祉將《彙編》進呈給康熙帝的最佳時機有二：一是，三月萬壽節前後。《清實錄》載，三月十三日「皇三子和碩誠親王允祉恭請上幸王園進宴」〔註56〕，三月十八日則爲萬壽節，康熙帝生日。皇父臨幸府邸和皇父生日，對允祉而言，都是絕佳時機，此時進獻《彙編》，最能博得康熙的歡心；二是，當年九月康熙帝從熱河巡幸回來之後。結合集成館纂修人員的入館時間考量，黃子云是最早一批入館的，蕭翀序其《長吟閣詩集》：「丙申（即康熙五十五年）間陳省齋先生爲古今圖書集成館總裁，聞野鴻名，招共纂修，因入都，渡揚子江，得句云：一江波浪裏，百代是非間。省齋賢之，矍然曰：是當與襄陽洞庭湖、杜陵岳陽樓並有千古。語同館，名益著。」〔註57〕黃子雲入館之時寫有《京師秋夜閩

〔註51〕《清世宗實錄》卷三，卷九四。

〔註52〕參見方豪：《中國天主教史人物傳》中冊，中華書局，1988年版，第352、353頁。

〔註53〕（清）郭則澐：《十朝詩乘》卷七，卞孝萱、姚松點校，福建人民出版社，2000年版，第242頁。

〔註54〕《清聖祖實錄》卷二六九，中華書局，1985年版，第637頁。

〔註55〕《清聖祖實錄》卷二六九，中華書局，1985年版，第644頁。

〔註56〕《清聖祖實錄》卷二六九，中華書局，1985年版，第624頁。

〔註57〕（清）黃子雲：《長吟閣詩集》蕭翀序，國家圖書館藏乾隆刻本。

中陳館卿夢雷宴館中僚友因呈是詩》〔註58〕一詩，可證明他是秋天入都進集成館的，從江蘇應徵（集成館肯定已經開館）走水路到北京所費時間不少，因此集成館開館時間也當在秋天前數月。集成館纂修人員檔案揭示，劉國傑、王穎梁在館時間爲九年六個月，集成館閉館於雍正三年（1723）十二月，依此倒推，即集成館至少應開館於康熙五十五年六月之前，纂修人員於此時開始入館。而《彙編》的進呈時間應早於開館時間，需要籌備和開館試士，準備錢糧等，其中有個時間差，從時間可能性和時機選擇兩方面考慮，《彙編》進呈的時間應早於或者就是在康熙五十五年（1716）的三月中下旬，應大致不誤。

〔註58〕 （清）黃子雲：《長吟閣詩集》卷一丙申《京師秋夜閣中陳館卿夢雷宴館中僚友因呈是詩》，國家圖書館藏乾隆刻本。

第二章　古今圖書集成館的開設與復開

一、康熙朝古今圖書集成館的開設

（一）集成館開館時間考訂

　　長期以來，學界對集成館是否開館存在很大的疑問，隨著有關集成館宮中檔案的發掘和公佈，集成館開館這一事實逐漸被學者所接受，但仍然有許多問題需要進一步探析。

　　關於集成館的開館時間，《十朝詩乘》稱「《古今圖書集成》設館於康熙丙申，歷廿載告成。書分六大部，爲典凡三十六。備員纂修者如其數，人專一典，時謂之集成館。」〔註1〕康熙丙申即康熙五十五年（1716），這則資料往往被學界引用，以此證明集成館開館於康熙五十五年（1716）。實際上《十朝詩乘》的作者郭則澐爲清末民初人，書中所摘錄的資料來源不明，無法下此定論。筆者認爲，探討集成館的開館時間，最可靠的資料就是莫過於當時人、當事者的說法。

　　集成館纂修人員詩文集中留下了不少記載，前文所引黃子雲《長吟閣詩集》蕭狪序：「丙申間，陳省齋先生爲古今圖書集成館總裁，聞野鴻名，招共纂修，因入都。」〔註2〕丙申即康熙五十五年，當時陳夢雷已被任命爲集成館總裁，並選拔纂修人員參與編纂。關於黃子雲入都爲集成館纂修情況，沈藻

〔註1〕　（清）郭則澐：《十朝詩乘》卷七，卞孝萱、姚松點校，福建人民出版社，2000年版，第242頁。

〔註2〕　（清）黃子雲：《長吟閣詩集》蕭狪序，乾隆刻本，國家圖書館藏。

采所撰《元和唯亭志》可作爲旁證：「康熙五十五年，開圖書集成館，總裁陳夢雷聞子雲名，招共纂修。因渡江得句云：『一江風浪裏，百代是非間。』爲夢雷稱賞。」〔註3〕

其它纂修人員如徐日模、劉克一、楊縉等人皆於康熙五十五年入館，方志記載爲探究這一問題留下了彌足珍貴的資料。乾隆《博野縣志》卷六：「徐日模，字範茲，……二十九歲登康熙甲午科賢書，次年赴春闈。適同號程生持經藝就質號役，告之當事，因下吏，誠邸聞之立傳訊得白，遂留邸教習。當是時王總裁集成館，書局延攬名流，遊其門者通顯可立致，而日模守株且十載確乎不拔自處泊如也，王以此益重其爲人。」〔註4〕乾隆《博野縣志》卷六：「劉克一，……康熙辛卯登賢書，……入古今圖書集成館。克一以孝廉纂修集成館十有餘載。」〔註5〕乾隆《遂安縣志》：「黃雲鴻，字儀雲，十八都人，性嗜古，弱冠輒稱淹博，品慨磊落英奇，康熙己卯遊京師，考內廷教習，欽賜第二，陳少譜試中州，聘入衡文，丙申歲效力集成館，獻《萬壽無疆賦八律》，授生徒於京師。」〔註6〕光緒《嘉興府志》卷六十一：「楊縉，字自昆，號栗齋，康熙五十五年以國子生充《圖書集成》分纂。」〔註7〕此外，檔案爲探討集成館開館時間提供了最眞實可靠的記載。《清代官員履歷檔案全編》收錄了不少集成館纂修人員的重要資料。《檔案全編》所記，在館時間最長且明確可考者是劉國傑和王穎梁。《清代官員履歷檔案全編·雍正朝》第15冊載：「劉國傑，河南衛輝府滑縣人，年四十三歲，由康熙五十年副榜貢生於雍正元年恩科中式第二百七名舉人，在古今圖書集成館效力九年六個月，告成議敘，以知縣即用。」《清代官員履歷檔案全編·雍正朝》第11冊又載：「王穎梁，江南松江府華亭縣人，年五十七歲，由監生考職州同，在古今圖書集成館修書效力行走九年六個月，議敘以知縣用。」〔註8〕集成館閉館於雍正三年十二月二十七日，以此逆推，集成館開館時間不應晚於康熙五十五年六月。從當時參與集成館纂修人員的相關自述及記載，結合《彙編》的進呈時間，

〔註3〕　（清）沈藻采編：《元和唯亭志》，徐維新點校，方志出版社，2001年版。

〔註4〕　（清）吳鰲：乾隆《博野縣志》卷六，清乾隆三十一年刻本。

〔註5〕　（清）吳鰲：乾隆《博野縣志》卷六，清乾隆三十一年刻本。

〔註6〕　羅柏麓修，姚桓等纂：乾隆《遂安縣志》，臺北成文出版社，1975年版。

〔註7〕　（清）許瑤光：光緒《嘉興府志》卷六十一，清光緒五年刊本。

〔註8〕　《清代官員履歷檔案全編·雍正朝》第11冊，華東師範大學出版社，1997年版，第462頁。

可以確定集成館設立於康熙五十五年三月間。

　　弄清集成館開館時間，還有一個問題需要解決，即集成館開館前，陳夢雷所編類書原名《彙編》，後來爲什麼改稱《古今圖書集成》？又改自何人呢？如前所述，陳夢雷《進彙編啓》提及，允祉希望編纂一部「大小一貫，上下古今」的類書，但限於資料，後來成書的《彙編》資料只收錄到明代。對於這一遺憾，陳夢雷當時就提出將來進呈《彙編》，「賜發秘府之藏，廣其未備」，利用內府藏書，突破資料限制，彌補《彙編》「有古無今」的缺陷。雍正帝評價乃父所編《集成》：「《古今圖書集成》一書，皆皇考指示訓誨，欽定條例，費數十年聖心。故能貫穿今古，匯合經史，天文地理皆有圖記，下至山川草木百工製造、海西秘法靡不備具，洵爲典籍之大觀。」〔註9〕著重強調了《集成》「貫穿今古，匯合經史」之成效，這也可能是《古今圖書集成》得名的初衷。雍正帝所稱《集成》乃是康熙帝「欽定條例」，是否有誇大之嫌呢？實際上，康熙帝正是《集成》的命名者。集成館纂修人員金門詔，被允祉委以重任，在集成館中任領袖纂修，金氏有《古今圖書集成館吟》，紀實性的記述了集成館的一些情況，其中就有「集成部類劃，分列古今塗，欽定嘉名錫，親裁聖意愉」〔註10〕。可見，康熙帝的「欽定」之功，看來是存在的，《集成》完整的名稱應當是「欽定古今圖書集成」，也表明《集成》是康熙帝親自命名，下令開館纂修的。如《集成》卷首就有蔣廷錫的《奉敕恭校聖祖仁皇帝欽定古今圖書集成告竣》表文，康熙五十九年內閣大庫檔案中也有「欽定古今圖書集成館」之稱。此外，《彙編》原是「彙編者六，爲志三十有二，爲部六千有零〔註11〕，這樣一種彙編——志——部的三級類目體系，從最後成書的《集成》看，基本沒有改變，只是將《彙編》之「志」改爲「典」，這一變化，筆者認爲也是集成館開館之時所定體例中修改的，《古今圖書集成館吟》所謂「典分三十六，類別千萬殊。」〔註12〕也就是說，《集成》體例在集成館開館之時已經確定下來，這樣也便利於《集成》纂修的順利進行。而從陳夢雷三千六百餘卷的《彙編》到開館纂修的萬卷《集成》，萬卷的規模與「集成」之稱若合符節，極度體現大清帝國的氣魄和雄心，符合帝王標榜

〔註 9〕《清世宗實錄》卷二，康熙六十一年癸亥條。
〔註10〕（清）金門詔：《全韻詩》，乾隆七年（1744）刻本，國家圖書館藏。
〔註11〕（清）陳夢雷：《松鶴山房文集》卷二·啓四，《續修四庫全書》第 1416 冊，第 38～39 頁。
〔註12〕（清）金門詔：《全韻詩》，乾隆七年（1744）刻本，國家圖書館藏。

文治的心理，雖暫無明確史料印證，但筆者推測《集成》的一萬卷這一卷帙
規模也很可能是康熙欽定的。

（二）集成館開館地點再考

關於集成館的開館地點，傳統的觀點一直都認爲是武英殿，但缺乏資料
確證，語焉不詳，留下了許多可探索的空間。

清人黃任有《題集成館纂修圖》，收入氏著《香草齋詩》，詩云：「藏珠府
接大羅天，握槧懷鉛各並肩。不比蘭亭修禊事，群賢畢集永和年。雅雅魚魚
儼受經，五雲深處子雲亭。縹緗亦有麒麟閣。一一丹青是汗青。文章誰不羨
西崑，一代開平禮樂尊。遺老白頭愛漁獵，得司獺祭是君恩。清夜西園譙集
圖，圖中人盡食天廚。他年收入宣和譜，可有蕭梁跋尾無。（顧長康《清夜遊
西園圖》，梁朝諸王跋尾云：圖中若干人，盡食天廚。）」〔註13〕

黃任（1683～1768），字莘田，號十硯老人，以字行，福建省永福（今福
建永泰縣）人，著有《秋江集》《香草箋》。康熙四十一年（1702）舉於鄉，
後屢試進士不第，曾任廣東四會縣令兼署高要縣事。雖是詩文，但應該是集
成館纂修情景的再現。黃任應該不是集成館的纂修人員，但他與陳夢雷屬於
同時代人，也是同鄉，他與集成館纂修人員林佶有詩文往來，應該十分熟稔
集成館的典故。

清人陳應魁注有《香草齋詩注》，對黃任《題集成館纂修圖》有另外一種
解讀，值得重視。陳應奎（1643～1720），字夔先，號璧東，福建省德化縣人。
清康熙三十五年（1696）舉人，曾任直隸南樂知縣。陳應魁距離黃任的時代
不遠，他對黃任詩文的理解很值得我們注意。《香草齋詩注》卷五《題集成館
纂修圖》：

（陳應魁注：康熙年詔儒臣欽定古今圖書集成，總萬卷，分三
十二典門）藏珠府接大羅天（陳應魁注：集成館近武英殿，李商隱
詩「通內藏珠府」。雲笈七籤最上一天曰大羅天）握槧懷鉛各並肩。
不比蘭亭修禊事，群賢畢集永和年。雅雅魚魚儼受經，五雲深處子
雲亭。縹緗亦有麒麟閣。一一丹青是汗青。（陳應魁注：纂修例得議
敘）文章誰不羨西崑，一代開平禮樂尊。（陳應魁注：和碩親王等間

〔註13〕 （清）黃任：《香草齋詩注》卷五，清嘉慶十九年（1814）刻本，亦載黃任《秋
江集》卷五，《四庫全書存目叢書》集部，齊魯書社，1997年版，第262～821
頁。

平，詳上恭紀貝子功績詩）遺老白頭愛漁獵，得司獺祭是君恩。（陳
應魁注：時陳夢雷以白衣領史局）清夜西園讌集圖，圖中人盡食天
廚。他年收入宣和譜，可有蕭梁跋尾無。（顧長康《清夜遊西園圖》，
梁朝諸王跋尾云：圖中若干人，盡食天廚。）〔註14〕

陳應魁所認爲的集成館是在武英殿周邊的，「集成館近武英殿」。在陳氏看
來，「藏珠府」即指代武英殿，筆者認爲是符合史實的，武英殿在康熙時期既
是修書館所在地，也是內府藏書、刻板的重要場所，稱之爲「藏珠府」十分
貼切，用「藏珠府」指代集成館，也直接說明了集成館的所在地就在武英
殿。「藏珠府」語出唐人李商隱《韓翃舍人即事》，是李向隱的一首政治諷刺
詩，以漢代宮廷生活來諷刺唐代王公貴戚的。詩以長安宮苑省寺爲背景，雖
然是政治諷刺，但反映的就是宮廷奢靡的生活。「藏珠府」乃指宮廷之地，
「通內」即長安宮內，也側面反映出了「藏珠府」在皇宮中的武英殿而非親
王居所。

關於「大羅天」學界有不同的解釋，有學者認爲是誠親王府邸，故宮博
物院姜舜源則認爲是武英殿的「浴德堂浴室」〔註15〕，值得考辨。

「大羅天」是道教所稱三十六天中的最高一重天，是「道境極地」。道教
經典《雲笈七籤》卷二十一：「《元始經》云：大羅之境，無復眞宰，惟大梵
之氣，包羅諸天下空之上。……故頌曰：三界之上，眇眇大羅，上無色根，
雲層峩峩。」〔註16〕可見大羅天具有至高無上的地位，王世貞《西城宮詞》
也有一首寫到嘉靖時梨園在宮內的演出，詩云：「梨園弟子鬢如霜，十部龜茲
九部荒。妒殺女冠諸侍長，大羅天上奏霓裳。」〔註17〕

筆者認爲，根據現有資料，這裏的大羅天有兩種可能。其一，在皇權高
度集中的清代，稱謂用詞有極其嚴格的規定，不可僭越，現實世界中能稱得
上「大羅天」只能是皇帝的居所或者皇帝的辦公處所，絕非王子貝勒居所所
能妄稱。而武英殿爲三大殿的偏殿，是屬於帝王日常行事的朵殿，結合武英

〔註14〕（清）黃任：《香草齋詩注》卷五，清嘉慶十九年（1814）刻本，亦載黃任《秋
江集》卷五，《四庫全書存目叢書》集部，濟南：齊魯書社，1997 年版，第
262～821 頁。

〔註15〕姜舜源：《清朝紀事詩與清宮史》，載《清前歷史文化：清前期國際學術研討
會文集》，遼寧大學出版社，1998 年版，第 161 頁。

〔註16〕《雲笈七籤》卷二十一。

〔註17〕王世貞：《西苑宮詞十二首》其八，收入朱權：《明宮詞》，北京古籍出版社，
1987 年版，第 14 頁。

殿的地理位置連接著象徵皇權至高無上的前朝太和殿等三大殿，三大殿應該即是「大羅天」，「藏珠府接大羅天」所述即指武英殿連接著前朝三大殿，地位顯耀。

其二，武英殿西朵殿浴德堂後有「羅大天」的彎窿形建築，可能是詩中所指「大羅天」所在。根據中國第一歷史檔案館所藏《武英殿各殿宇房間月臺丹陛牆垣海墁甬路做法清冊》及《武英殿各座殿宇房間應需琉璃數目清冊》，有「浴德堂北，偏東，羅大天曲尺券洞一座」，而從中國第一歷史檔案館所藏《紫禁城內武英殿各座殿宇房間牆垣月臺丹陛等工地盤式樣圖》中可以看到武英殿院內各殿座分佈位置，特別是浴德堂、羅大天、井亭。〔註18〕故宮博物院古建部專家認爲，「羅大天」（穹窿頂建築），康熙時已經有此名）。單士元先生有《故宮武英殿浴德堂考》，考證認爲「武英殿浴德堂所在地則應是元大內宮城西南角樓外地帶」，「各種資料和理論判斷，可暫定武英殿浴德堂浴室是元代宮殿僅存之一。」關於康熙時期「羅大天」的功用，學界有不同看法，有的認爲是浴室〔註19〕。古建築專家傅連仲先生認爲，武英殿西北之浴德堂，即康熙十九年奉旨設立之修書處。而浴德堂後連屬之彎窿頂建築實爲修書處裝演過程中熟紙、染紙、染帛等工序所需而建之積水池。浴德堂以浴爲首，非爲洗浴身體，實爲校刊書籍之儒浴於道德而正己。因此，浴德堂曾爲武英殿修書處所在。「羅大天」是供印刷書籍蒸薰紙張之用。清代從康熙朝以來，武英殿，包括浴德堂在內，一直是編書印書場所。當然，這裏的羅大天是否爲詩中所指的大羅天，尚待進一步考證。

詩中「縹緗亦有麒麟閣」，縹緗指書卷，古時常用淡青、淺黃色的絲帛作書囊書衣，因以指代書卷。陳夢雷有《贈枲憲於公》詩：「縹緗雄麗藻，韋布富經綸。鵬奮摶豐翮，螭蟠起巨鱗。」麒麟閣是漢代閣名，在未央宮中。漢宣帝時曾將霍光等十一功臣像於閣上，以表揚其功績。既是藏書之所，也多以畫像於「麒麟閣」表示卓越功勳和最高的榮譽。《三輔黃圖·閣》：「麒麟閣，蕭何造，以藏秘書，處賢才也。」唐杜甫《前出塞》詩之三：「功名圖麒麟，

〔註18〕 中國第一歷史檔案館方裕瑾《武英殿各殿座晚清修繕諸作述略》，載單士元、于倬雲主編《中國紫禁城學會論文集》第 1 輯，紫禁城出版社，1997 年版，第 234、235 頁。

〔註19〕 參見王子林：《紫禁城中浴德堂功用的六種可能》，載《紫禁城》2006 年第 1～4 期。

戰骨當速朽。」苗日新將「麒麟閣」解釋爲松鶴書房，與藏書處所之本意似爲不合，而與一直作爲藏書之地的武英殿若合符節。

詩中「清夜西園譙集圖，圖中人盡食天廚。他年收入宣和譜，可有蕭梁跋尾無。」描述的是顧長康作《清夜遊西園圖》，梁朝諸王跋尾云：圖中若干人，盡食天廚。這裏的天廚本爲釋道所云天庭的庖廚，後引申爲皇帝的庖廚。明人屠隆《彩毫記・拜官供奉》：「可勑中書省，即拜翰林供奉。仍賜天廚御食，朕當親爲調羹，以示隆眷。」黃任的《題集成館纂修圖》「圖中人盡食天廚」說的是集成館纂修人員自有皇帝內府供應佳肴。作爲纂修人員的金門詔《全韻詩・懷三館吟》回憶當時的纂修待遇「都宣瑤笈，圖書出內廚。……天庾月頒祿，大官日給餔，上方供紙筆，內相發金帑，賜綺皆文繡，分肴盡脯臑。」〔註20〕與《題集成館纂修圖》所描述的一致。

一般來說，集成館的開館地點和刊刻《集成》的地點應該是一致的，否則所費太鉅，不合情理。清人吳長元《宸垣識略》云：「武英殿活字版處在西華門外北長街路東，活字向係銅鑄。」也認爲銅活字製作地點在武英殿周邊，與陳應魁的觀點互相呼應。金門詔《全韻詩・懷三館吟》「聖祖朝詔修古今圖書集成，頒內府藏書數百萬卷，開館試士……齋軒盈百舍，槾桰疊千櫨，出入羅貔虎，森嚴列鏤戣」，《全韻詩》中的描述，都是在描述皇宮重地的經歷，數百萬卷的書籍頒發和採錄自然最合適選擇在藏書最重要處所的內府進行，集成館的場地「盈百舍」，武英殿管理森嚴，出入森嚴，都是內府的真實寫照。

乾隆十一年（1746）金門詔在其纂修的《安徽休寧金氏族譜・重修族譜序》的完整頭銜是「賜進士第翰林院庶吉士充內閣明史館纂修官兼三禮館纂修官記錄三次前武英殿古今圖書集成館纂修官保舉博學鴻儒詞六十六世裔孫門詔」〔註21〕，歷數其生平履歷，著重強調了其曾充「前武英殿古今圖書集成館纂修官」的經歷。事實上，集成館修書人員也提到其在武英殿纂修《集成》。如程式式，康熙五十五年入集成館，沈青崖爲同爲集成館纂修人員的程可式所著《來山堂書鈔》作序：「吾友香河程松邨先生以儒家蚤入藝林，甫冠登賢書，連不得志於有司，與余同纂《古今圖書集成》，編摩十年，切磋道義，不啻同懷論文其餘者也。散館後，余改官西清，越二年，先生亦得特擢

〔註20〕　（清）金門詔：《全韻詩・懷三館吟》。
〔註21〕　（清）金門詔：《安徽休寧金氏族譜・重修族譜序》，乾隆十三年刻本。

舍人，奉使西蜀，事竣，授河南縣令。」〔註22〕序中可見，沈青崒與程可式均於康熙五十五年入集成館修書，時間長達近十年，直到集成館散館。程可式寫於乾隆二年（1747）《來山堂書鈔》自序中回憶「康熙辛卯謬膺鄉薦，校書武英殿，集曰瀛海曰石渠。雍正丁未授中書舍人，奉使西蜀。」這裏明確說明，校對《集成》地點設在武英殿。他與沈青崒詩中又說「憶昔升石渠，東陽最交契。十載共編摩，奇疑共賞晰。」自敘詩「看花來上苑，獻賦涉瀛洲，藩邸曾揮灑。金門忝校讎。」《癸丑感事》詩言：「挾策遊石渠，得以飽經史。」石渠和瀛洲都指代內廷，描述的也都是程可式在武英殿校對《集成》的經歷。另外，方志、家譜資料中也有修書人員在武英殿集成館纂修《集成》的記載，如嘉慶《松江府志》卷五十九「金應元，字霖舒，上海人，弱冠工文詞，以歲貢薦入武英殿纂修《圖書集成》。」〔註23〕《尤溪縣志》卷七「王尊，字符端，號瞻崖，青印坊人，康熙間由太學生考充武英殿集成館纂修。」〔註24〕《續修張氏族譜》：「肯堂，燿次子，字明庭，號蓬客，一號恕齋。康熙戊戌以國學生充武英殿《古今圖書集成》校對。」〔註25〕金門詔的族侄金筠，《安徽休寧金氏族譜》卷八載「考授內閣中書，揀選知縣取入內館，恭校《欽定古今圖書集成》。」〔註26〕結合金門詔同在一部族譜中自稱「前武英殿欽定古今圖書集成館纂修官」，這裏的內館也應指武英殿。

康熙帝曾任命允祉在皇宮之外的暢春園蒙養齋修《律曆淵源》，集成館是否也可能設在宮外呢？事實證明，康熙朝《律曆淵源》的銅活字刻印也是在武英殿完成的。文獻檔案中，有將《集成》「交武英殿收存」，「陳夢雷處所存古今圖書集成」，一可以解釋為武英殿部門眾多，可以從刊刻地移到收存地，如銅活字後來收存於武英殿銅字庫。二可以解釋為陳夢雷為集成館總裁，文中只是用陳夢雷處指代集成館，突出強調而已，並非指其家。實際上陳夢雷家不可能貯存集成，集成尚未編纂完成。筆者考證，《集成》與《數理精蘊》等書皆用同一套銅活字印刷，《數理精蘊》等書雖在暢春園蒙養齋修書，但印刷所在地是在武英殿，而非蒙養齋。雍正三年（1725）莊親王允祿、何國宗

〔註22〕（清）程可式：《來山堂書鈔》，沈青崒乾隆十三年戊辰暮春序，國家圖書館藏乾隆刻本。

〔註23〕（清）宋如林：嘉慶《松江府志》卷五十九，嘉慶松江府學刻本。

〔註24〕（民國）盧興邦：民國《尤溪縣志》，卷七，民國十六年刊本。

〔註25〕（民國）張家騏《續修張氏族譜》，民國二十二年石印本。

〔註26〕（清）金門詔：《安徽休寧休寧金氏族譜》卷八，清乾隆十三年刻本。

等人上摺奏陳頒行《御製律曆淵源》《曆象考成》事宜，提了十條建議，其中
提到：

> 《御製律曆淵源》一百卷，卓越古今……《律曆淵源》內分《曆象
> 考成》《律呂正義》《數理精蘊》三種。……恭查《曆象考成》係木
> 板刷印，《律呂正義》《數理精蘊》俱係銅字刷印。今若仍用銅字，
> 所費工價較之刊刻木板所差無多，究不能垂諸永久。請交與武英殿
> 將《律呂正義》《數理精蘊》一例刊刻木板刷印。〔註27〕

《集成》與《數理精蘊》等書皆用同一套銅活字印刷，《數理精蘊》等書雖在
暢春園蒙養齋修書，但印刷所在地是在武英殿，而非蒙養齋。

綜上所述，筆者認爲集成館的設立地點在武英殿。

（三）康熙朝集成館纂修進度及其成效

集成館於康熙五十五年開館於武英殿後，並不是一直順利運作，其跨越
康、雍兩朝，期間有短暫的中斷〔註28〕。康熙六十一年十二月十二日雍正諭
旨有「應將陳夢雷並伊子遠發邊外」〔註29〕，可見其時已將集成館總裁陳夢
雷下獄了，集成館一時群龍無首，纂修工作被迫中斷。而至雍正元年正月初
五日雍正又下諭旨「特派爾（蔣廷錫）爲總裁，陳邦彥爲副總裁」〔註30〕，
蔣廷錫奏摺也提到「自雍正元年正月開館以來」〔註31〕，中斷後的集成館此
時重新開館，纂修工作恢復常態。筆者認爲，以雍正即位後懲治原總裁陳夢
雷等人，重新任命新總裁開館纂修爲界，可以將集成館纂修《集成》分爲兩
個階段：第一個階段爲康熙朝集成館時期（康熙五十五年至康熙六十一年十
二月），第二個階段爲雍正朝集成館時期（雍正元年正月初五日至雍正三年十
二月）。

〔註27〕 中國第一歷史檔案館編：《雍正朝漢文朱批奏摺》第31冊，第490頁。原摺
　　　　並無年月，根據此條奏摺中雍正帝在允祿奏「戴進賢應如何改授職銜」處朱
　　　　批「戴進賢改授監正，署加禮部侍郎銜」，而雍正三年三月二十日上諭：戴進
　　　　賢治理曆法，著補授監正，加禮部侍郎銜。（見《正教奉褒》雍正三年條。轉
　　　　引自李儼、錢寶琮：《科學史全集》第7卷，遼寧教育出版社，1998年12月
　　　　第1版，第71頁。）
〔註28〕 關於集成館中斷情況，下文有詳細考證。
〔註29〕 《清世宗實錄》卷二，康熙六十一年癸亥條，中華書局出版社，1985年版，
　　　　第55頁。
〔註30〕 中國第一歷史檔案館編：《雍正朝漢文硃批奏摺彙編》第33冊，第585頁。
〔註31〕 中國第一歷史檔案館編：《雍正朝漢文硃批奏摺彙編》第33冊，第592頁。

就《集成》纂修工作完成的進度上看，相比於雍正朝集成館，康熙朝集成館的工作進度最快，纂修《集成》的力度也最大。曾御賜得到兩部銅版《集成》的張廷玉和鄂爾泰描述了康熙朝集成館開館時的盛況，鄂爾泰說：「聖祖詔修《古今圖書集成》，一時名士，食大官廚者數千指。」〔註32〕張廷玉則說：「今《圖書集成》者……康熙年間聖祖仁皇帝廣命儒臣宏開書局，搜羅經史諸子百家，別類分門，自天象、地輿、明倫、博物、理學、經濟以致昆蟲草木之微，無不備具，誠冊府之巨觀，為群書之淵海，歷十有餘年而未就。」〔註33〕

金門詔是集成館中重要的纂修人員，被監修允祉委以重任。金氏著有《全韻詩》，其中載有《懷三館吟·古今圖書集成館吟》，對當時的纂修場景有細緻的描述：

> 開館名英集，連鹿皇路驅。賢王司管鑰，耆宿掌鎔爐。六種彙編析，百家妙意俱。帙載一萬卷，軸列五千轤。乾象苞天道，坤輿驪地樞。博宗先兩大，妙竅貫三無。端紀明倫重，程才博物需。寰區羅肺腑，胞與任均輸。理學端心術，邪淫辟廟郭。胥匡求秘奧，經濟整棱栿。（注書凡萬卷，五千本，五函，分六種彙編。一曰乾象，二曰坤輿，三曰明倫，四曰博物，五曰理學，六曰經濟）囊括大綱立，規條細目區。一編分七部，眾手藉群舽。彙考首王曆，群言序齒齬。開緘知弁冕，握要識頭顱。總論參精密，源流判細麤。藝文珠彩炫，紀事錦文鋪。雜錄兼馴駁，外編載鬼狐。（每典分七部，一曰編年彙考，以考帝王事跡。二曰群書彙考，以考群言次序。三曰總論，論其本末源流異同是非。四曰藝文，凡詩賦文詞有關於此書者。五曰雜錄，錄其雜說。……七曰外編，編鬼神之事。以上七部，皆各就其說之有關於此類書者，皆分析載之。）詳該如設鵠，約舉望張弧。大匠立繩準，群賢編牒蒲。分修成躍躍，任纂各於於。選俊專騰繕，命工並繪圖。齋軒盈百舍，棜桷疊千爐。出入羅貔虎，森嚴列鏤戟。崇巍淩鵲觀，迤邐如蓬壺。天庾月頒祿，大官日給餔。上方供紙筆，內相發金帑。賜綺皆文繡，分肴盡脯臇。典分三十六，類別千萬殊。蝱背肩經籍，駑函珍璧瑜。〔註34〕

〔註32〕 （清）鄂爾泰：《休寧金氏族譜序》乾隆元年。
〔註33〕 （清）張廷玉：《澄懷園語》卷三。
〔註34〕 （清）金門詔：《全韻詩·懷三館吟》。

金門詔是陳夢雷的門生，又被監修允祉「優拔爲纂修領袖，凡朝賀接駕等事皆隨總裁一同行走」，〔註35〕論其在集成館的貢獻，「總裁而下，董其成者數人，門詔推首」〔註36〕。友人管一清序其《全韻詩》「書成而先生以名高罣誤」，實爲尊者諱。實際上，雍正即位後下令懲治的集成館人員名單中，金門詔位列其中，所謂「總裁出關，遂放歸」〔註37〕，並未繼續參與雍正朝集成館的纂修工作，金門詔所述當爲康熙朝當時事。因此，金門詔之《古今圖書集成館吟》可謂是康熙朝集成館纂修情形的文字實錄，史料價值極高。

1、再次驗證集成館設在內府。《古今圖書集成館吟》「開館名英集，連鹿皇路驅」，集成館人員經過的「皇路」之地只能在內廷，不可能在皇宮之外，而「出入羅貔虎，森嚴列鏤戟」，戒備森嚴，儼然就是內廷的眞實寫照。這再次驗證了前文已經論證集成館所在地即武英殿。

2、揭示出了康熙朝集成館的職能分配，所謂「賢王司管鑰，耆宿掌鎔爐」，這裏的賢王應是誠親王允祉，「司管鑰」指的是其任集成館監修之事。而耆宿即指集成館總裁陳夢雷，他作爲集成館總裁不僅統轄集成館纂修，而且實際負責了銅活字的製作和刻印。《四庫全書總目‧經部‧易類》收有陳夢雷所著《周易淺述》八卷，書目下有陳氏傳記一則，「夢雷字省齋，閩縣人。……官翰林院編修，緣事謫戍，後蒙恩召還，校正銅板。復緣事謫戍，卒於戍所。」顯然，所謂「校正銅板」，即是何人龍所密告的陳夢雷在「銅字館」負責監造、校看銅活字，用以刷印《古今圖書集成》。四庫館臣距陳夢雷的時代不遠，陳夢雷在「銅字館」監造銅活字，用銅活字擺印《古今圖書集成》，已是時人所熟知的一個史實。

3、補充《古今圖書集成‧凡例》之不足。《集成》有《凡例》冠於書前，可謂提綱挈領，綱舉目張，「說明設立編、典、部及彙考諸項的根據、材料的取捨原則，及部分典之間的指引、參見關係和變通原則」〔註38〕。《古今圖書集成館吟》中也有對《集成》類目體系的詳細闡述，其中所述，多有《凡例》言之不詳或缺漏之處，恰好可與《凡例》互爲補充。例如，對於爲什麼要設立六大彙編，其次序有何講究？《凡例》的解釋是「法象莫大乎天地，故彙

〔註35〕　（清）金門詔：《全韻詩‧懷三館吟》。
〔註36〕　（清）金門詔修：《休寧金氏族譜》卷首，乾隆十三年（1748）刻本，國家圖書館藏。
〔註37〕　（清）金門詔：《全韻詩‧懷三館吟》。
〔註38〕　裴芹：《古今圖書集成研究》，北京圖書館出版社，2001年版，第168頁。

編首曆象而繼方輿。乾坤定而成其間者人也，故明倫次之。三才既立，庶類繁生，故次博物。裁成參贊，則聖功王道以出。次理學、經濟，而是書備位物焉。」《凡例》側重於闡述六大彙編的次序原因，而《古今圖書集成館吟》「乾象苞天道，坤輿隱地樞。博宗先兩大，妙竅貫三無。端紀明倫重，程才博物需。寰區羅肺腑，胞與任均輸。理學端心術，邪淫辟廟邪。胥匡求秘奧，經濟整棱枑。」側重於解釋六大彙編命名的原因和重要性，諸如明倫彙編重「端紀」，博物彙編利「程才」、理學彙編正「心術」等等，也就是雍正帝在《古今圖書集成序》所稱的「格物、致知、誠意、正心、治國、平天下」，這都為《凡例》所不言。對於《集成》32 典下的 10 個緯目設計，《凡例》也只強調其中內容，對於設計初衷語焉不詳。而《古今圖書集成館吟》有十分清晰的闡釋：「每典分七部，一曰編年彙考，以考帝王事跡。二曰群書彙考，以考群言次序。三曰總論，論其本末源流異同是非。四曰藝文，凡詩賦文詞有關於此書者。五曰雜錄，錄其雜說。七曰外編，編鬼神之事。以上七部，皆各就其說之有關於此類書者，皆分析載之。」對於編——典——部的三級類目體系，所要達到的最終目的是「詳該如設罟，約舉望張弧」，期於裁取自如，詳略得當，可謂頗具苦心。

4、說明了康熙朝集成館有充足的後勤保障。可以說內府給予集成館的待遇十分優厚，「齋軒盈百舍，槃桷疊千櫨」，集成館設在武英殿，供纂修人員工作的房屋近百間（應該包括臨時搭蓋的涼棚等）。「天庾月頒祿，大官日給餼，上方供紙筆，內相發金帛。賜綺皆文繡，分肴盡脯臑」，內府體諒集成館修書的辛苦，提供的紙筆和食宿、衣物等酬勞都十分優渥，也足見康熙帝對集成館的支持力度。

關於纂修人員日常纂修的情況，金門詔《全韻詩‧懷三館吟》述其四季辛勞，極為詳盡：

> 監泰藉淳母，佳境甘如蔗，潛心苦似茶，分明坐絳帳，宛若遊花蕪，
> 枝葉何繁縟，龍蛇共躍跔，研章勞採摘，琢句費雕鏤，絢爛疑堆錦，
> 辛勤過紡繢，紉絲學補袞，乞巧欲成襦，纂組師心造，剪裁妙手爽，
> 絹縑一字價，杼柚幾多篋，更集狐狸毳，織為文繡甂，效顰羞陋女，
> 誇締恥鄰媒，開拓心田豁，磋磨肝紙剴，終朝唯攄搋，雙瞬肆睢盱，
> 飯至思丹汞，倦來想鶪鴶，庖丁批理膝，毛穎欲穿髗，古籍充櫃牘，
> 文房遍廁牏，十行懷應奉，五夜學離婁，識辨專車骨，技經

肯綮軔，採山多碧玉，陟嶺盡瓊瓐，攻錯勤磨站，窮揍勝緝逋，膝
穿管木榻，甌碎番觝觟，每惜春將晚，還愁日已晡，花前參夅誤，
月下慮模糊，迎旭揚飛翰，詠風罷舞雩，夏炎池燥竭，筆禿汗汪
洿，蜂入窗摺案，蠅銜墨點褕，芸編潛蟄蠍，梅雨畫蟖蝓，秋爽晴
瑩澈，涼深脊局屆，未遑飡白菊，豈暇看看萸，龜手呵冰兔，烏銀
烘凍味，夜寒寧就寢，客至鮮提酤，勞勞庸士哂，矻矻惰夫瑜。（以
上敘四時修書之勞）〔註39〕

　　關於康熙朝集成館的纂修進度。康熙五十五年（1716），經陳夢雷奏請，
康熙帝詔開集成館。在康熙帝的支持下，誠親王允祉和陳夢雷陸續物色人員
進館編纂《集成》，一邊購買大量銅材、選聘技師、督促刻工抓緊製作銅活字
用以刷印《古今圖書集成》。雍正元年（1723）正月二十七日蔣廷錫所上奏摺
稱「查康熙五十九年（1720）奉先帝諭旨，《古今圖書集成》刷印六十部。今
查得六十部之外館中多刷六部，亦應歸入官書之內。」〔註40〕，此時康熙朝
集成館已經開始刷印六十餘部《集成》了。雍正三年（1725）十二月蔣廷錫
奏摺又說「查康熙五十八年四月，誠親王摺奏《古今圖書集成》館纂校人
員，經署包衣昂邦事海張等議奏，有書完之日比尋常修書之人加等分議。等
語。」〔註41〕不難看出，到康熙五十八年，《集成》的編纂幾近完成，故才有
誠親王摺奏請賞事。康熙五十九年（1720），康熙帝既已指示印刷的數量，足
見其時印刷準備工作已經差不多，只待印刷了。《集成》引錄的材料，最晚的
是康熙五十八年，可說明《集成》的定稿不早於五十八年，由此可以判定
《集成》的正式印刷時間應是康熙五十九年（1720）初。從康熙五十五年
（1716）設立集成館到康熙五十九年（1720 年）初準備印刷，在約計三年時
間內，內府已經基本完成了銅活字的製作。自康熙五十九年（1720）至六十
一年（1722）三年時間內，集成館人員的主要工作就是排版刷印《集成》。康
熙六十一年正月編纂的《御定千叟宴詩》卷一中有以「編修臣陳夢雷」爲名

〔註39〕　（清）金門詔：《全韻詩・懷三館吟》。
〔註40〕　「內閣學士蔣廷錫等奏陳辦理古今圖書集成情形並編校人員去留摺」，見中國
　　　　　第一歷史檔案館編：《雍正朝漢文硃批奏摺彙編》第33冊，江蘇古籍出版社，
　　　　　1989年版，第585頁。
〔註41〕　「戶部左侍郎蔣廷錫等奏昭各館之例議敘古今圖書集成編纂校對人員摺」，見
　　　　　中國第一歷史檔案館編：《雍正朝漢文硃批奏摺彙編》第33冊，江蘇古籍出
　　　　　版社，1989年版，第592頁。

的賀壽詩：「承恩五十有三年，曠典虞庠近御筵。萬卷書成傳盛世，嵩呼聖壽永同天。」〔註42〕這則詩文值得我們特別注意，這裏的「萬卷書」即指《集成》，說明康熙六十一年已經完稿，而題名中「編修臣陳夢雷」與「原任戶部尚書臣王鴻緒」、「原任侍讀學士臣薄有德」並列，說明陳夢雷其時已經恢復了編修身份，與總理《集成》編纂關係甚大。

康熙六十一年（1722）底康熙逝世，雍正即位，陳夢雷再次被貶，接替陳夢雷的蔣廷錫在雍正元年（1723）正月初八日到館後，對陳夢雷的印刷成品通部按卷一一作了清點，其正月二十七日奏摺稱「查得《古今圖書集成》共一萬卷，已刷過九千六百二十一卷，未刷者三百七十九卷」。也就是說，再給陳夢雷一個月多一點的時間，全書的排版印刷工作就可全部結束。

二、雍正朝古今圖書集成館的復開

（一）雍正帝對集成館的清洗與復開

康熙帝文治武功，欲傚仿孔子「述而不作」，熱衷大型類書的編纂，可以說，集成館的順利運轉與康熙帝的支持力度有莫大關係。然而，就在費「數十年之聖心，令將古今圖書彙集成編」〔註43〕的萬卷《集成》即將完書之時，康熙駕崩了。雍正帝即位後，不久即下諭懲辦集成館總裁陳夢雷等人，並提出另選人員經辦未完之《集成》：

> 諭內閣九卿等：陳夢雷原係從耿逆之人，皇考寬仁免戮，發往關東。皇考東巡，念其平日稍知學問，帶回京師，交誠親王處行走。累年以來，不思改過，招搖無忌，不法甚多。朕以皇考恩免之人，不忍加誅。然京師斷不可留，皇考遺命以敦睦為囑，陳夢雷若在誠親王處，將來必致有累。九卿等知陳夢雷者頗多，或其罪有可原，不妨直言，朕即赦免。如朕言允當，應將陳夢雷並伊子遠發邊外，或有陳夢雷之門生，平日在外生事者，亦即指名陳奏。……陳夢雷處所存《古今圖書集成》一書，皆皇考指示訓誨，欽定條例，費數十年聖心。故能貫穿今古，匯合經史，天文地理皆有圖記，下至山川草木百工製造、海西秘法靡不備具，洵為典籍之大觀。此書工猶未竣，

〔註42〕《欽定四庫全書·御定千叟宴詩》卷一。
〔註43〕中國第一歷史檔案館編：《雍正朝漢文硃批奏摺彙編》第 33 冊，江蘇古籍出版社，1989 年版，第 591 頁。

著九卿公舉一二學問淵通之人，令其編輯竣事。原稿內有訛錯未當
者，即加潤色增刪，仰副皇考稽古博覽至意。〔註44〕

雍正帝即位不過一月，即下此詔諭，應該說是對此事相當重視。陳夢雷在康
熙時期雖有「從耿逆」的前科，但得到了康熙的赦免，並被任命為集成館總
裁，待遇優厚。此時忽而生變，獲罪遭遣，罪名是「不思改過，招搖無忌，
不法甚多」，甚至連其子侄也受牽連，令人感到十分蹊蹺。其實，這與康熙
末年的皇位繼承有關。關於皇位繼承與集成館的關係，筆者將在第五章中
詳細論述。大致而言，陳夢雷作為誠親王的重要幕僚，直接參與了諸皇子
的皇位爭奪戰，集成館中多有陳夢雷的親戚子侄和門生故吏，也都多少牽
連其中。雍正即位，對允祉集團反攻倒算，陳夢雷不可避免的成為重點打擊
對象。

對於康熙朝集成館人員的處置，雍正元年正月二十七日內閣學士蔣廷錫
等奏陳辦理古今圖書集成情形並編校人員去留摺中有所透露：

> 其修書人員陳夢雷所取八十人，今除陳聖恩、陳聖眷已經發遣；
> 周昌言現在緝拿；汪漢倬、金門詔已經黜革；其陳夢雷之弟陳夢鵬，
> 侄陳聖瑞、陳聖策，應驅逐回籍。林鐏、方僑、鄭寬、許本植四人
> 皆福建人，係陳夢雷之親，林在衡、林在峨二人係已革中書林佶之
> 子，亦應驅逐。李萊已經告假，王之拭從未到館，亦應除去外，存
> 六十四人。〔註45〕

雍正特意在奏摺「皆福建人」行間朱批：此輩交部立刻遞解還鄉，行於督撫
嚴加看守本地，不許在外遊蕩生事。先逐告假者，亦皆行文去。〔註46〕關於
懲辦集成館部分纂修人員之事，雍正元年一月二十七日內閣大庫檔案有所補
充，說明刑部執行了雍正的諭旨：

> 刑部福建司為遞解事。刑部福建司為十六阿哥、蔣廷錫、陳邦彥啟
> 奏古今圖書集成館事宜。奉旨：陳夢雷之弟陳夢鵬、侄陳聖瑞等交
> 部立刻遞解還鄉，行於督撫嚴加看守本地，不許在外遊蕩生事，先

〔註44〕《清世宗實錄》卷二，康熙六十一年癸亥條，中華書局，1985 年版，第 55
頁。

〔註45〕中國第一歷史檔案館編：《雍正朝漢文硃批奏摺彙編》第 33 冊，江蘇古籍出
版社，1989 年版，第 585 頁。

〔註46〕中國第一歷史檔案館編：《雍正朝漢文硃批奏摺彙編》第 33 冊，江蘇古籍出
版社，1989 年版，第 585 頁。

告假之李菜亦行文去。〔註47〕

可見，雍正即位後，對康熙朝原集成館進行了局部清洗，懲治的對象主要是集成館總裁陳夢雷、領袖纂修金門詔以及陳夢雷的親戚子姪、門生故吏共十六人，分別予以發遣、緝拿、黜革、驅逐回籍等。而這些人應該是集成館纂修《集成》的主力，集成館總裁遭到流放，其它十五人離館，勢必會影響到了集成館的正常運行，纂修工作暫時陷入停頓。

即便雍正帝對主持集成館工作的允祉和陳夢雷恨之入骨，集成館如何「藏污納垢」，但作為繼承大清帝國家業的君主，雍正很清楚乃父下詔所編「典籍之大觀」——《集成》的分量。鑒於《集成》尚未完工，因此提出「著九卿公舉一二學問淵通之人，令其編輯竣事。原稿內有訛錯未當者，即加潤色增刪」，〔註48〕也就是讓九卿推薦人選，組織集成館重新開館纂修。

雍正元年正月初五日，雍正帝已經物色好合適的人選，並下旨給內閣學士蔣廷錫「《古今圖書集成》，皇考費數十年心力方成是書，今刷印校對之工尚有未完，特派爾為總裁，陳邦彥為副總裁。爾等務期竭心盡力，將通部重行校看，凡訛錯字句及有應刪應添之處，必逐一改正，以成皇考之書。欽此。」〔註49〕集成館總裁、副總裁的重新任命，也標誌著停頓多日的集成館重新開館，是為雍正朝集成館時期。這一時期集成館的主要纂修人員（五十餘人）仍然是康熙朝原有纂修人員的班底，所以與康熙朝集成館並非截然不同，這是值得我們特別注意的。

（二）雍正朝集成館成效及其評價

蔣廷錫接到集成館總裁的任命，不敢怠慢，三天後的正月初八日抵集成館，正式開展《集成》的纂修刷印工作。雍正元年正月二十七日內閣學士蔣廷錫等奏陳辦理古今圖書集成情形並編校人員去留摺中，提出了集成館重新開館的人事安排和工作進度設想：

> 臣等雖學識淺陋，既承皇上恩命，敢不竭盡駑駘，以圖報稱。隨於
> 初八日到館，同在館人員先將通部卷數查明。查得《古今圖書集成》

〔註47〕內閣大庫檔案，刑部送來上諭事件檔，檔案號：290994-004。

〔註48〕《清世宗實錄》卷二，康熙六十一年癸亥條，中華書局，1985 年版，第 55頁。

〔註49〕中國第一歷史檔案館編：《雍正朝漢文硃批奏摺彙編》第 33 冊，江蘇古籍出版社，1989 年版，第 585 頁。

共一萬卷，已刷過九千六百二十一卷，未刷者三百七十九卷。臣廷錫、臣邦彥將已刷過之書，每人先各分校十卷。一卷之中，必有十餘頁錯誤應改印者。是雖名為將完之書，其未完之工實有十分之四也。臣等一面將未刷之書，令在館人員詳細校對、刷印，一面將已刷之書，令在館人員分卷重校，臣廷錫、臣邦彥再加總閱，務期改正無誤，仰副皇上命臣等至意。……存六十四人，臣等就所分校之書察其勘對勤惰、學問優劣。若果校對用心、行走勤謹，書完之日臣等列名具奏請旨；倘有怠忽懶惰者，即時驅逐，或有生事作非者，臣等指名題參黜革。庶勤謹者益加勉勵，怠忽者亦知儆懼矣。將來去者或多，人數不敷，若再取貢監人員，臣等實無深知之人。此輩功名甚微，未必自重身家，恐致生事，請於翰林院咨取編檢數員分領校對。為此具奏請旨。〔註50〕

蔣廷錫和和陳邦彥接手集成館後，做了以下幾個工作：1、將《集成》「通部卷數查明」，也就是審查康熙朝原集成館所做工作，集成館人員每人先各分校十卷，蔣廷錫到館清查之後報告：「查得《古今圖書集成》共一萬卷，已刷印九千六百二十一卷，未刷印者三百七十九卷。」就印刷工作而言，康熙朝集成館所刷印之《集成》已經大體完成了。2、針對康熙朝集成館所纂修《集成》「一卷之中，必有十餘頁錯誤應改印者」之不足，蔣廷錫提出整改意見和工作進度設想，一方面將沒有印刷的三百七十九卷，令在館人員詳細校對、刷印，另一方面，將已刷印的部分，令在館人員分卷重校，最後由總裁和副總裁總閱，保證無誤。雍正帝對蔣廷錫的「改印」方案十分慎重，批示「改印者不必，恐有後論。將已成好之書改壞，大有所關，如必有不可處，亦當聲聞於眾而行。」〔註51〕最後的折中辦法是，蔣廷錫率領集成館員對《集成》文字進行審查，對已刷印的部分進行校正，作一些技術性的處理，完成未刷印部分的刷印，折頁裝訂。銅版《古今圖書集成》中有一些挖補的痕跡，應該是雍正朝集成館所為。3、提出新的人事安排。康熙朝集成館經裁撤後，剩餘六十四人，但大多是貢、監人員，功名低微，蔣廷錫恐其如原集成館一樣滋生事端，遂請旨從翰林院選拔人員入館負責校對，對留用人員重新分工。從後來的實際纂修情形看，雍正朝集成館除總裁、副總裁外，加上翰林院調

〔註50〕中國第一歷史檔案館編：《雍正朝漢文硃批奏摺彙編》第33冊，第585頁。
〔註51〕中國第一歷史檔案館編：《雍正朝漢文硃批奏摺彙編》第33冊，第585頁。

撥人員，共有六十名纂修人員留存在館。

關於雍正朝集成館所做的具體工作和纂修《集成》分工，雍正三年十二月蔣廷錫等奏昭各館之例議敘古今圖書集成編纂校對人員摺有具體體現：

首先，關於纂修刷印工作進度。蔣廷錫議敘摺說，「每人二日限定校書一卷，及校看、刷印、排版、收發書籍，從無遲誤。」雍正朝集成館中負責校閱的人員共三十二人，若按每人二日限定校書一卷計算，則一萬卷的《集成》需要六百二十五天，約近兩年時間完成。這樣的速度不算快，說明雍正朝集成館態度比較認真，一定程度上保證了校閱質量。

其次，關於集成館的閉館時間，蔣廷錫議敘摺有交代：「今雍正三年十二月纂校已竣，除進呈本已裝潢外，尚有六十三部現在折配，俟完日交與武英殿收管，其纂校人員皆令其出館。」〔註 52〕雍正三年十二月蔣廷錫請御製序文摺說得更為明白，「（集成館）開館於雍正元年正月，至今三年十二月告竣」。〔註 53〕光緒朝《欽定大清會典事例》「修書」條：「雍正三年奏准，修書處行走翰林生、監共二十七人，所修書籍，俱已告成。於翰林生、監中，擬留六員，以備查對繕寫之用。其餘二十一人，撥回翰林院。內有生監，照例辦理。如再有纂修查對需用翰林之時，於翰林院行取，纂畢後仍回該院。」〔註 54〕反映的也應該是集成館閉館的人員安排。也就是說集成館閉館於雍正三年十二月，從雍正元年正月初五日重新開館到閉館，雍正朝集成館持續了整整三年時間。需要注意的是，集成館雖然閉館，但只是裝潢了第一部《集成》，其餘六十三部尚在折配，印刷工作尚未停頓，遲至雍正六年才完成全部的折配工作。換言之，負責磨對、刷印的金筠等十四人，閉館時尚未出館，繼續完成印刷、裝潢工作。

對於雍正朝集成館的纂修成效，雍正三年十二月蔣廷錫等奏報古今圖書集成纂成告竣裝潢一部呈覽並請御製序文摺，向雍正彙報如下：

> 戶部左侍郎在內閣學士裏行走臣蔣廷錫等謹奏，為圖書校閱已竣，
> 恭請御製序文並進呈表文凡例，伏候睿鑒事。欽惟聖祖仁皇帝德含
> 萬象，學會三才，肇千古未有之製作，煥萬年未有之文章，條貫

〔註52〕 中國第一歷史檔案館編：《雍正朝漢文硃批奏摺彙編》第 33 冊，江蘇古籍出版社，1989 年版，第 592 頁。

〔註53〕 中國第一歷史檔案館編：《雍正朝漢文硃批奏摺彙編》第 33 冊，江蘇古籍出版社，1989 年版，第 591 頁。

〔註54〕 光緒朝《欽定大清會典事例》卷 1199，第 931 頁。

典墳，旁通藝道，搜羅宇內百千種之秘冊，殫勞几暇，數十年之聖
心，令將古今圖書彙集成編。時纂輯諸員不能詳細精勤，致卷帙闕
遺，汗青未竟。我皇上至孝至仁，善繼善述，御極之初，特命臣廷
錫等董竣厥事。臣等稟承諭旨，遵奉前規，督率在館纂校人員詳
悉考訂，補未纂三千餘卷，改舊編十六萬餘篇。正其訛謬，刪其
重複。凡爲編有六，爲典三十二……共書一萬卷、目錄二十卷。
〔註55〕

雍正四年九月二十七日《御製古今圖書集成序》雍正帝也有總結：

（康熙）又以爲未攬其全，乃命廣羅群籍，分門別類，統爲一書，
成冊府之巨觀，極圖書之大備，而卷帙浩富，任事之臣弗克祇承，
既多訛謬，每有闕遺，經歷歲時久而未就。朕紹登大寶，思繼先志，
特命尚書蔣廷錫等董司其事，督率在館諸臣重加編校，窮朝夕之力，
閱三載之勤。凡釐定三千餘卷，增刪數千萬言，繪圖精審，考定詳
悉。書成進呈，朕覽其大凡，列爲六編，析爲三十二典，其部六千
有餘，其卷一萬……。〔註56〕

蔣廷錫所稱的「補未纂三千餘卷，改舊編十六萬餘篇」，與雍正帝御製序文
所稱「釐定三千餘卷，增刪數十萬言」，二者說法頗爲一致。但「補未纂三千
餘卷」之說顯然與蔣廷錫的「已刷印九千六百二十一卷，未刷印者三百七
十九卷」之說矛盾。前文已經提及蔣廷錫率領的集成館主要是完成《集成》
補印和校閱工作，所以御製序文所稱「釐定三千餘卷」的說法較爲合理，
但蔣廷錫對《集成》的校改和審查受雍正諭旨中「改印不必」的限制，其
力度也有限。例如楊文言被雍正帝視作「耿逆僞相、一時漏網」，可是他的
《曆象圖說》依然保留在《集成》裏。從《集成》的避諱情況看，也盡可能
少改。

　　綜上，筆者認爲，康熙朝集成館在在《集成》的纂修過程中所起作用相
當大。《集成》的纂修與康熙帝支持，誠親王協調，陳夢雷總裁及諸纂修校閱
人員都關係極大。康熙朝集成館設立後，陸續補入當時官編圖書如《大清會
典》《朱子全書》《萬壽盛典》《康熙字典》及大量方志、皇帝論文，以及大量

〔註55〕 中國第一歷史檔案館編：《雍正朝漢文硃批奏摺彙編》第 33 冊，江蘇古籍出
　　　　版社，1989 年版，第 591 頁。
〔註56〕 《古今圖書集成》卷首。

的私家撰著。據蔣廷錫雍正元年正月二十七日的奏摺中可知，《集成》館有八十餘人，有陳夢雷的親戚子侄、門生故吏，且多為年輕後生，功名不顯。但是這些纂修人員的工作效率非常高，集成館開館後的三年時間內已經將《集成》大致完稿，只待印刷。可以說，允祉和陳夢雷不拘一格選拔人才入集成館，纂修人員的年輕化、輕品第，專門化、專業化的分工合作都保證了纂修《集成》的速度和質量。

所謂「釐定三千餘卷，增刪數十萬言」雖略有誇張，但也反映了雍正朝集成館對《集成》的最後定稿和刷印起到了重要作用。蔣廷錫於雍正三年十二月奏請「恭擬進書表文一道，凡例四十七條，另錄呈覽。仰候皇上改定發出列於總目之前。為此謹奏請旨」。朱批：知道了。序文著南書房請旨。〔註57〕蔣廷錫的提議得到了雍正的首肯，今天我們所見《集成》卷首有《御製序文》《進書表》和《凡例》四十七條，其中《御製序文》的落款時間為雍正四年九月二十七日，這說明六十四部《集成》其時已經全部印刷出來了。客觀評價，蔣廷錫等人的工作還是有許多疏漏之處。龍繼棟光緒年間曾考證《集成》存在的問題，撰成《古今圖書集成考證》一書，光緒二十年（1894）收入到上海同文書局石印本《集成》附錄中，達二十四冊，相當於《集成》的5%。可見雍正朝集成館校定後的《集成》存在問題甚多，蔣廷錫等人沒有能夠發現並及時校正之。

表一：《古今圖書集成》成稿過程示意表

成稿階段	時　　間	要事分年	要　　事	資料來源
陳夢雷原稿	初稿 （1701～1706） 《彙編》	康熙四十年 （1701）	原名《彙編》，康熙四十年十月領銀雇人繕寫。	陳夢雷《進彙編啓》
		康熙四十五年 （1706）	康熙四十五年四月書成，將凡例、目錄進呈允祉，俟其裁定	陳夢雷《進彙編啓》《告假疏》
	修訂稿 （1706～1716） 《彙編》		繼續補充增訂	陳夢雷四十八年二月、四十九年《告假疏》《水村十二景有引》

〔註57〕 中國第一歷史檔案館編：《雍正朝漢文硃批奏摺彙編》第 33 冊，江蘇古籍出版社，1989 年版，第 591 頁。

康熙集成館開館校訂稿	奏進稿（1716～1722）賜名《古今圖書集成》	康熙五十五年（1716）	奏進，康熙賜名《古今圖書集成》，以陳夢雷為總裁在武英殿立館加工，八十餘名館員負責分纂分校；設銅字館準備刷印工作	龍顧山人《十朝詩乘》、雍正三年十二月蔣廷錫奏摺、黃子雲《長吟閣詩集》卷一
		康熙五十八年（1719）	康熙五十八年四月允祉奏請書成之日加倍賞賜，《集成》大體完稿	雍正三年十二月蔣廷錫奏摺
		康熙五十九年（1720）	康熙帝下旨刷印《集成》六十部，實際多印六部	雍正元年蔣廷錫奏摺
		康熙六十一年（1722）	康熙六十一年十一月雍正繼位，將陳夢雷等十餘人流放、黜革，集成館工作暫停	《雍正實錄》卷二、蕭奭《永憲錄》卷二、金門詔《全韻詩》
雍正復行開館修訂稿	校訂稿（1723～1728）	雍正元年（1723）	重行開館，以蔣廷錫為總裁，裁撤館員，增補翰林院人員，六十人負責校訂、續纂	雍正元年蔣廷錫奏摺
		雍正三年（1725）	雍正三年十二月告竣，蔣廷錫進表，將《集成》裝潢一部呈覽，令館員出館，繼續印刷折配書籍	雍正三年十二月蔣廷錫奏摺、蔣廷錫進表
		雍正四年（1726）	雍正四年六月初一日就館員行走年分分別議敘；雍正四年九月頒定御製序文	雍正四年孫柱奏摺、雍正御製序文
		雍正六年（1728）	折配工作告竣，印刷六十四部；賞賜親王大臣，存貯宮中各處	乾隆四十一年四月永瑢奏摺

第三章 古今圖書集成館的組織管理與纂修人員

一、集成館的日常運作與協調

（一）集成館與武英殿修書處的協調關係

筆者在第二章中考證，集成館設立的地點就在武英殿。而武英殿修書處作為內府常設的修書機構，負責具體的修書事宜，它與集成館之間有何關係呢？許多學者認為，武英殿修書處設置於雍正七年，而集成館開館於康熙五十五年，至雍正三年十二月閉館。因此可以說，從時間上看，二者應該毫無關涉。又有人認為，武英殿修書處所設置的職官如監造、庫掌等人，職銜較低，對集成館不可能有領屬管理的權力和職能。事實是否如此呢？這就有必要考訂武英殿修書處的設置時間與運作機制。

關於武英殿修書處設立的時間，學界有較大的分歧。孫毓修的《中國雕板源流考》較早提出這一問題，他說：「按武英殿刻書，未知始於何時？今考《御定全唐詩》及《歷代詩餘》皆刊於康熙四十五、六年，而何義門在康熙四十二年（1703）已兼武英殿纂修，則由來已久。」〔註1〕謝國楨則認為是康熙十二年：「到了康熙十二年，在武英殿內設立修書處，後來又改名為造辦處，選拔詞林翰苑名臣，招集工匠，在那裏校刻殿本書籍。」〔註2〕張德澤的《清

〔註 1〕 孫毓修：《中國雕板源流考》，見印刷印鈔分會編：《雕版印刷源流》（《中國印刷史料選輯》之一），印刷工業出版社，1990 年版，第 25 頁。
〔註 2〕 謝國楨：《從清武英殿版談到揚州詩局的刻書》，《故宮博物院院刊》1981 年第 1 期。

代國家機關考略》則認爲：「武英殿修書處初爲武英殿造辦處，康熙十九年（1680）設。雍正七年（1729）改爲武英殿修書處。」〔註3〕各家眾說紛紜，究其緣由，主要是文獻記載的差異，而考究者習焉不察。

《光緒朝大清會典事例》「武英殿修書處」條有：「康熙十九年奉旨，武英殿設造辦處，設監造六人，派侍郎及司員經營，無定員。二十四年設筆貼式一人，四十一年增設筆貼式一人。四十三年奉旨，監造六人俱行裁汰，又復設監造六人。四十四年，增設監造六人。又奏准武英殿硯作歸養心殿造辦處。裁給監造二人。又奉旨增設筆帖式一人。四十八年，裁監造二人。又奉旨增設筆帖式一人。四十八年，裁監造四人。五十三年，增設監造二人。五十五年奉旨增設監造一人。五十七年奏准，琺瑯作改歸養心殿造辦處，裁給監造一人。六十一年，露房歸武英殿，增設監造一人，筆帖式二人。雍正二年，裁監造，設庫掌三人，四年復設監造二人。六年，增設庫掌一人。七年，鑄給武英殿修書處圖記，設委署主事一人。」〔註4〕學者大都根據此記載，斷定康熙十九年設武英殿造辦處，雍正七年才改名爲武英殿修書處，換言之，雍正七年以前，只有武英殿造辦處，並不存在武英殿修書處之稱。筆者認爲，此記載只是說「七年，鑄給武英殿修書處圖記，設委署主事一人」，即在雍正七年給武英殿修書處給發圖記（即印章），並設置委署主事管理，並未說武英殿修書處設置於該年。事實上，按照清代官印製度，鑄造印章並不一定表明該機構或者職官剛剛設立，給內府機構給發印章往往晚於該機構設置的時間，鑄給圖記（據故宮圖書館楊玉良的說法，該圖記爲滿漢合璧的方形陽文印鈐〔註5〕。到了晚清時期，仍有內府管理武英殿修書處圖記的記載），並不意味著這個機構剛剛成立，如中正殿，康熙三十六年奉旨供奉佛像，遲至雍正七年才鑄給圖記，顯然是機構體製成熟時才給予鑄造印章。

北京故宮博物院圖書館所藏咸豐二年（1852）內府抄本《欽定總管內務府現行則例》武英殿修書條有：「康熙十九年（1860）十一月，奉旨設立修書處，由內務府王大臣總其成，下設兼管司二人，以內務府官員兼任。下又設正監造員外郎一人，副監造、副內管領一人，委署主事一人。掌庫三人，委

〔註3〕 張德澤：《清代國家機關考略》，學苑出版社，2001年版，第188頁。

〔註4〕 （清）昆岡等纂：《光緒朝大清會典事例》卷一一七三，光緒二十五年石印本，第175頁。

〔註5〕 楊玉良：《武英殿修書處及內府修書各館》，《故宮博物院院刊》1990年第1期。

署掌庫六人。」〔註6〕《欽定總管內務府現行則例》明確記載武英殿修書處設置於康熙十九年十一月，與《光緒朝大清會典事例》的記載似乎是矛盾的。那麼，《則例》是否錯訛了呢？其實不然。

《雍正八旗通志》卷四十五《職官志》：「武英殿修書處，管理事務王大臣二人，監造一人正五品，副監造一人正六品，委署主事一人。庫掌一人正六品，庫掌三人正七品，筆帖式四人，委署庫掌六人，拜唐阿十九人。員額康熙十九年定。」〔註7〕這裏特別強調武英殿修書處「員額康熙十九年定」，也就是說武英殿修書處康熙十九年就已經存在。《雍正八旗通志》開始纂修於雍正年間，所言相當可信。

對比《事例》《則例》和《雍正八旗通志》三者所載職官設置，《雍正八旗通志》與《則例》所載職官一致，而與《事例》所載職官出入較大。如武英殿修書處則由內務府王大臣總其成，下設兼管司二人，以內務府官員兼任。下又設正監造員外郎一人，副監造、副內管領一人；武英殿造辦處則設監造六人，派侍郎及司員經營，無定員。武英殿造辦處和武英殿修書處成立於同一年，但職官設置卻有很大差異，說明二者並不是同一機構而是隸屬關係。

值得注意的是，康熙朝文獻檔案中就屢次出現「武英殿修書處」，說明其在雍正七年鑄給圖記之前就已經存在了，也證明《則例》所說的「康熙十九年十一月，奉旨設立修書處」符合史實。如康熙五十一年六月初九日「潘秉鈞於康熙四十四年考取入京，十月調四朝詩修書處，書告成後，調子史精華修書處，四十八年四月又調武英殿修書處，本年六月給發錢糧，五十年四月告假回籍，前後效力五年七個月。」康熙五十九年十月十八日翰林院為查對武英殿等處所送生監人數檔案：「武英殿修書處咨送監生王宸儁等伍人」〔註8〕。關於武英殿修書處的所在地，《欽定日下舊聞考》卷十三根據《國朝宮史》「武英殿規制如文華門，前御河環繞石橋，三殿前後二重，皆貯書籍，凡欽定命刊諸書俱於殿左右直房校刻裝潢，西北有浴德堂，為詞臣校書直，次設總裁統之。」並補充記載道：「（武英殿）西北為浴德堂，即舊所稱修書

〔註6〕 北京故宮博物院圖書館藏咸豐二年（1852）內府抄本《欽定總管內務府現行則例》。

〔註7〕 《雍正八旗通志》卷四十五，職官志四。

〔註8〕 內閣大庫檔案，康熙五十九年年十月十八日，臺灣中央研究院歷史語言研究所藏，檔案號164047-001。

處也，浴堂在其後，西爲井亭。」〔註9〕根據此記載，康熙時修書處所在地可能在武英殿浴德堂，而非武英殿大殿。

綜上所述，筆者認爲，武英殿修書處始設於康熙十九年十一月，隸屬於武英殿造辦處，與其後陸續裁撤的武英殿硯作、琺瑯作、露房是平行部門，裁撤後剩下武英殿修書處等少數幾個隸屬部門，隨著武英殿修書處修書職能的加強，給予鑄造印章，升格爲直屬總管內務府下的專門刊書機構。武英殿造辦處設置早於養心殿造辦處，因此包括了修書、造辦等各項職能，及至養心殿造辦處成立，逐將部分職能移交出來，逐漸只保留下修書的主要職能。因此，開館於康熙五十五年的集成館，與開設於康熙十九年的武英殿修書處有協調互動關係，從時間上說是合乎情理的。

關於武英殿修書處的職掌，《雍正八旗通志》卷四十五：「御書處、武英殿修書處、養心殿造辦處均掌內廷書籍、典冊、修造之事。」〔註10〕乾隆三十九年奉敕撰的《欽定日下舊聞考》卷七十一載：「（增）康熙十九年始以武英殿內左右廊房共六十三楹爲修書處，掌刊印及裝潢書籍之事，欽命皇子及大臣總理之，提調、校對以翰詹官充。」〔註11〕該條根據《內務府冊》檔案所增，所言當可靠。《日下舊聞考》是在朱彝尊《日下舊聞》的基礎上補修成書的。文前加「增」字，表明非朱氏原書所有，乃後來所增。是否是康熙時的記載雖不能定，至少是反映康熙時武英殿修書處職掌的難得史料。

至於康熙時武英殿修書處具體部門的權責設置，咸豐二年（1852）內府抄本《欽定總管內務府現行則例》有進一步的闡釋，康熙時期「（武英殿修書處）設有書作、刷印作。書作司界劃、托裱等職；刷印作管理寫樣、刊刻、刷印、折配、裝訂等職。有拜唐阿十九名，委署領催四名。另設匠役若干，分別爲書匠、界劃匠、平書匠、刷印匠等，共八十四人，分辦各作之事。」〔註12〕而據《光緒朝大清會典事例》載：「原定，銅字庫·庫掌一員，拜唐阿二名，專司銅字、銅盤及擺列等事。雇擺字人，每月每人工食銀三兩五錢。

〔註9〕 （清）于敏中等編：《欽定日下舊聞考》卷十三，北京古籍出版社，1981年版。

〔註10〕 《雍正八旗通志》卷四十五，職官志四。

〔註11〕 （清）于敏中等編：《欽定日下舊聞考》卷七十一，北京古籍出版社，1981年版。

〔註12〕 北京故宮博物院圖書館藏咸豐二年（1852）內府抄本《欽定總管內務府現行則例》。

刻銅字人，每字工銀二分五釐。」〔註13〕《集成》為銅字印刷，乾隆以後並無內府銅字刻印，可見該記載反映的是康熙時期之武英殿修書處之事。這裏的銅字庫亦即銅字作，乾隆九年內務府奏銷檔有武英殿修書處職官，康、雍時期無定額，到了乾隆四十三年基本有了定制。根據以上記載，我們可以大致梳理出康熙時期武英殿修書處的機構情況，即武英殿修書處下設監造處，監造處管理書作、刷印作和銅字作（即銅字庫）。書作負責書籍的界劃、托裱等，刷印作管理寫樣、刊刻、刷印、折配、裝訂等，銅字作則負責銅字、銅盤及擺列等事，雇傭擺字人和刻銅字人。

康熙時期，常有各類書館在武英殿編纂典籍之事。關於武英殿修書處與修書各館的關係，楊玉良的《武英殿修書處及內府修書各館》有精闢的論斷：「二者的隸屬關係不同，分工各異。但總的任務是一個，都是為清代皇帝纂刊書籍。前者是刊刷、裝潢書籍的出版發行機構；後者是書籍的編纂、修訂單位，彼此關係甚密。」〔註14〕具體到集成館，實際情形也頗為類似，集成館負責《集成》的編纂、校對工作，而武英殿修書處則負責《集成》的刷印、折配、裝潢、頒發等事宜。檔案所見，雍正三年十二月集成館已經閉館，纂修人員皆令出館，但《集成》的印刷、裝潢工作卻一直進行，遲至雍正六年才完成全部的印刷工作。

康熙朝集成館中，大部分的纂修人員都是負責《集成》的分纂、分修工作，雍正朝集成館的人員分工中，有分書收書登記、校閱兼續纂、磨對刷印、收查卷頁號數、校對補改、查理一應校對書籍等〔註15〕。大體而言，都是負責《集成》的纂修、校對工作，而關於《集成》的印刷裝潢事宜，則由武英殿修書處具體完成。即書作負責界劃、托裱等，刷印作負責寫樣、刊刻、刷印、折配、裝訂等，銅字作雇傭刻銅字人和擺字人負責銅字、銅盤及擺列等事。關於《集成》銅活字的製作地點，清人吳長元《宸垣識略》云：「武英殿活字版處在西華門外北長街路東，活字向係銅鑄。」〔註16〕認為銅活字製作地點在武英殿。《欽定日下舊聞考》卷七十一云：「乾隆三十八年春，創制活字板，賜名聚珍，置局西華門外北長街路東，排印各書，事亦隸焉。」

〔註13〕　《大清會典事例》卷一一九九，清光緒二十五年（1889）石印本。

〔註14〕　楊玉良：《武英殿修書處及內府修書各館》，《故宮博物院院刊》1990 年第 1 期。

〔註15〕　中國第一歷史檔案館編：《雍正朝漢文硃批奏摺彙編》第 33 冊，第 592 頁。

〔註16〕　吳長元：《宸垣識略》，北京古籍出版社，1981 年版，第 55 頁。

繆荃孫等《光緒順天府志》卷十三「京師志十三」：「乾隆三十八年創置活字板，錫名聚珍，置局西華門外北長街路東，排印各書。」〔註17〕《宸垣識略》係根據康熙年間朱彝尊所編《日下舊聞》和《日下舊聞考》兩書提要鈎玄、去蕪存菁而成。對比以上活字版處的兩則記載，吳長元《宸垣識略》很有可能抄自《欽定日下舊聞考》，且有所發揮，將聚珍版和康熙銅字館混淆在一起了。

（二）書籍資料及經費來源

集成館纂修萬卷之《集成》，必須要有書籍資料，充足人員和物資方面的保障。關於書籍資料來源，金門詔《全韻詩·懷三館吟》：「都宣瑤笈，圖書出內廚。（聖祖朝詔修古今圖書集成，頒內府藏書數百萬卷，開館試士。）」〔註18〕楊鍾義《雪橋詩話三集》卷四也認為：「康熙丙申開館纂修《古今圖書集成》……盡發內府書互相考證，七載成書。」〔註19〕可見，集成館纂修《集成》的主要資料來源於內府藏書。陳夢雷編纂《彙編》，所利用的資料主要是允祉協一堂私人所藏和陳夢雷個人藏書不過一萬五千餘卷，所利用的圖書典籍主要是「《十三經》《二十一史》」等有限資料，所以只能「隻字不遺」、「十亦只刪一二」〔註20〕。而集成館開館纂修的資料基礎如金門詔所言達數百萬卷，資料可謂充足，這無疑保證了《集成》的編纂質量，成為「冊府之巨觀，為群書之淵海。」〔註21〕從現存的《集成》看，其資料的選錄基本上做到了雍正帝所稱的「貫穿今古，匯合經史，天文地理皆有圖記，下至山川草木百工製造、海西秘法靡不備具」〔註22〕。

關於《集成》引用書目的具體數字，臺灣「國家圖書館」藏有《欽定古今圖書集成引用書目》不分卷 4 冊，為清內府朱絲欄鈔本，有「國立中央圖書館收藏」朱文長方印、「王氏二十八宿研齋祕笈之印」朱文長方印、「恭綽」朱文方印、「遐庵經眼」白文方印、「玉父」白文長方印。筆者 2013 年曾赴臺

〔註17〕（清）繆荃孫等：《光緒順天府志》卷十三「京師志十三」，第339頁。
〔註18〕（清）金門詔：《全韻詩·懷三館吟》。
〔註19〕（清）楊鍾義：《雪橋詩話三集》，卷四，民國吳興劉氏刊本。
〔註20〕（清）陳夢雷：《松鶴山房文集》卷二·啓四，《續修四庫全書》第1416冊，第38～39頁。
〔註21〕（清）張廷玉：《澄懷園語》，卷一，清乾隆刻本，國家圖書館古籍館藏。
〔註22〕《清世宗實錄》卷二，康熙六十一年癸亥條，中華書局，1985年版，第55頁。

灣國家圖書館調閱此書目。據初步判斷，該書目可能是《集成》刻印時引用書目匯總的記載，十分珍貴。而根據裴芹的粗略統計，《集成》引錄的典籍，「其種數也在 3448 種之上」，裴先生所編《古今圖書集成方志書目輯錄》統計《集成》引用方志達 1940 種〔註23〕。《集成》收錄資料遍及古今，從時間下限看，已經到了康熙五十八年（見於《明倫彙編‧閨媛典》第三百二十一卷「康熙五十八年，邑人請有司奉旨建坊旌……」）。裴芹認為，《集成》收錄資料的範圍在一定程度上克服了貴古賤今的傾向，比較重視引錄清代政治、天文與醫學方面新成果的工具書和學術著作。尤其是對清代官編圖書輯錄很多，如《大清會典》《萬壽慶典》《全唐詩》及六部則例等。甚至尚未完成編纂的書也在收錄範圍，如《大清一統志》《明史》，也大量見之於《集成》。如臺灣楊家駱就其中輯萬斯同《明史稿》七百萬言及明末清初所修方志數十種。也有學者研究發現，《集成》收錄了大量所謂「海西秘法」的西學著作，如《遠西奇器圖說》被收入《經濟彙編‧考工典》卷二百四十九，《泰西水法》被收在《經濟彙編‧考工典》，《靈臺儀象志》被收入《曆象彙編‧曆法典》，體現了《集成》匯通中西的資料收錄原則。《集成‧凡例》中宣稱「古人左圖右史，如疆域山川，圖不可缺也。即禽獸、草木、器用之形體，往籍所有，亦可存以備覽觀。或一物而諸家之圖所傳互異，亦並列之，以備參考。」國家博物館藏有單印本《欽定古今圖書集成圖》110 冊，總計 8654 圖，規模龐大，繪刻精工。圖像內容包括天文星象、疆域圖記、山嶽形勢、神仙傳奇、花草樹木、禽蟲鳥獸、青銅器皿、農桑水利、冠服配飾、樂律玉器、貨幣量具、儀仗禮器、城制苑囿、軍陣戰備、百家考工等各個方面，每圖配以文字說明。可謂是「圖片博物館」，足見《集成》收錄資料的包羅萬象。

　　如前所述，集成館的物資保障也是由武英殿修書處具體負責的。集成館的經費也由武英殿修書處經辦，修書處所有庫存銀兩、物料、書籍及開支情況，按月、季、年三種分別呈報一次，年終尚需匯總繕成黃冊呈覽奏銷。從檔案看，武英殿修書處經費來源前後有變化，《光緒朝大清會典事例》卷 1199「修書處領用官物並奏銷」條：「康熙四十三年奉旨，修書所用錢糧，不必向內庫支領，於崇文門監督處贏餘銀兩內，行取二千兩辦理，用完奏明再取。又議定，每年行取銀兩，給發修書翰林等飯食及匠役工價工食、并辦買物料等項，均開造清冊，於次年年終奏銷。四十九年奏准，嗣後修書等所用物

〔註23〕　裴芹：《古今圖書集成研究》，北京圖書館出版社，2001 年版，第 10 頁。

料，除庫內有者行取應用外，庫內無者，本處辦買應用，照例入於次年清冊奏銷。雍正三年奉旨：武英殿修書處所用銀兩，著向內庫取用。」〔註24〕可見，康熙五十五年至雍正三年的集成館，其經費由武英殿修書處經辦，修書處則從崇文門監督處贏餘銀兩中從支領，各種紙墨物料則分別從內務府所屬各司領取，各處無存，奏明採買。《大連圖書館藏內務府檔案》收錄的《雍正三年十二月銀庫月摺》，載有辦理《集成》經費來源的珍貴資料：「鎮國公允䄉、散佚大臣委署內務府總管常明、傅選（奏）：武英殿郎中巴實據侍郎蔣廷錫等文開，纂修《欽定古今圖書集成》辦買物料並給匠役工價取銀九百兩。」〔註25〕此檔案反映出《光緒朝大清會典事例》所載武英殿修書處經費取用從崇文門到內庫的變化。這裏清楚的說明，提出經費申請的是集成館總裁蔣廷錫，辦理《集成》經費報銷中間人是武英殿郎中，經費支出部門是內務府所屬廣儲司銀庫。這不僅反映出集成館與武英殿修書處的協調關係，也說明集成館的編纂、刷印，物料費用，武英殿並無權限決定，只是應集成館的要求，辦理相關手續。

雍正三年十二月，集成館已於當月閉館，所需費用仍然達到九百兩，那麼，纂修近十年的集成館總費用是多少呢？《古今圖書集成》半葉 9 行，行 20 字，小字雙行，行 20 字。全書共 1 萬卷 1.6 億字，約 44400 餘頁，平均每卷 44 頁左右。〔註26〕纂修並刷印這樣一部超大部頭的類書，所需投入的財力、物力和人力都是極大的。雍正朝寵臣鄂爾泰曾先後恩賜得到兩部銅活字版《古今圖書集成》，其子鄂容安所編《襄勤伯鄂文端公年譜》稱「欽賜《古今圖書集成》一萬二千卷。……纂修六年書成，復增三年告竣，議敘官數十人員，費帑資百萬餘兩。僅刷書六十部，板隨刷隨毀。」〔註27〕製作銅活字工藝十分複雜，所需人力、物力極多，需要確定寫字、刻字匠役，設立製作銅活字字釘的作坊，解決刻字刀具等一系列技術難題，除此之外還得準備昂貴的銅料，所費不菲。根據翁連溪先生的推算，如按每人每月工銀 3 兩 5 錢

〔註24〕 《光緒朝大清會典事例》卷一一九九，第 932 頁。

〔註25〕 大連圖書館編：《大連圖書館藏內務府檔案》第 16 冊，國家圖書館出版社，2010 年版。

〔註26〕 曹紅軍：《康雍乾三朝中央機構刻印書研究》，南京師範大學，2006 年博士論文，第 59 頁。

〔註27〕 （清）鄂容安等：《襄勤伯鄂文端公年譜》，載中國社會科學院歷史研究所清史研究室：《清史資料》第二輯，中華書局，1981 年版。

計算，刻銅字人每天要刻 5 個銅活字，按每月 30 天算，共刻字 150 個，25 萬銅活字由 50 人鑴刻要用近 3 年的時間〔註 28〕。那麼三年的時間內製作 100 餘萬銅活字則需 200 以上的刻字工人。刻銅字人，每字工銀二分五釐，比之木刻宋字（明體）、軟字（楷體）的工資幾乎貴幾十倍〔註 29〕，金屬堅硬，比木板難刻得多，工價自然倍增。如果將內府銅活字製作和後來道光年間福建人林春祺的福田書海銅活字印書相比較，可以加深直觀的認識。林春祺從道光五年（1825 年）興工鑴刻銅活字，至道光二十六年（1846 年）完成，爲時二十載，終於刻成「楷書銅字大小各二十餘萬字」即總計約四十餘萬個銅活字，而「耗資二十餘萬金，辛苦二十年」〔註 30〕。內府製作數量驚人的銅活字，經歷歲時，所需花費是極大的。

　　根據內務府奏銷檔案，乾隆十八年五月二十九日莊親王奏參武英殿官員濫行開銷餘平銀事有：「查得武英殿康熙六十一年奏銷檔內，自四十三年起至六十一年計十九年，共領過崇文門銀十五萬三千五百兩，並無餘平，亦無細冊可查。雍正元年至雍正三年，每年領過崇文門銀六千兩，亦無餘平銀。」〔註 31〕加算起來，武英殿自康熙四十三年至雍正三年總共領過崇文門銀近十六萬兩，若集成館的經費全部從此崇文門銀中支出，考慮到武英殿造辦處等其它支出，則集成館的經費總額約爲十萬兩上下。根據何人龍密摺，可知康熙時允祉領銜的平常諸館需「歲每數萬」，而集成館開銷數額龐大，「每歲銷耗錢糧十倍諸館之數」〔註 32〕，則每年花費約近十餘萬兩白銀。揆諸史實，這一數字遠遠誇大了費用。關於集成館日常事務所需的經費，史籍無載，但

〔註 28〕 翁連溪：《談清代內府的銅活字印書》，《故宮博物院院刊》2003 年第 3 期。

〔註 29〕 關於康熙時武英殿刻字的費用，嘉慶十五年（1810）六月初四日武英殿修書處官員等呈爲呈明存案事云：「據掌稿筆帖式王廣等稟稱，茲據刻字頭目胡佩和等呈稱，本殿向例刊刻各種書籍板片等，每百字工銀八分，繕寫宋字每百字工銀二分，每日每名僅刻字百十餘個，寫宋字四百餘個，每日只領工銀八九分不等，均繫康熙年間舊例。」參見國家圖書館藏：武英殿刻書處報銷檔案（不分卷），道光二十年（1840）武英殿修書處抄本。

〔註 30〕 轉引自王繼祥：《珍貴的銅活字印刷文獻〈銅板敘〉》，《文獻》1992 年第 2 期。

〔註 31〕 內務府奏銷檔案，乾隆十八年五月二十九日莊親王奏參武英殿官員濫行開銷餘平銀事。

〔註 32〕 原題：「翰林院檢討何人龍奏陳澤旺納款宜設重鎮兵屯以固封守及修書議敘宜嚴甄別不得濫除州縣摺」，雍正元年（1723），見中國第一歷史檔案館編：《雍正朝漢文硃批奏摺彙編》第 32 冊，江蘇古籍出版社，1989 年版，第 31～33 頁。

從後來的修書處支出情況看，例由余平銀中支出，如乾隆十八年六月十四日奏爲將管理武英殿御書處官永忠等治罪事：「武英殿每年寫刻裝訂書籍需用銀三五千兩至六七千兩，每兩得二三分平餘不等，此項平餘添補翰林廚房傢夥，並各作涼棚以及各處刻字柏唐阿、匠役人等雇車、飯食等項應用，年終歸總，呈堂存案。」〔註33〕

二、纂修人員的選拔與分工

（一）集成館纂修人員選拔

清代開館修書，一般的修書人員（如謄錄、校對）例從翰林院中挑選翰林入館，或者從順天府鄉試落榜者中挑選，或者大臣舉薦。康熙年間，修書制度尚屬草創，各館修書有其特殊性，不可一概而論。就集成館而言，就靈活採取多種選拔方式。筆者尚未找到康熙朝選拔集成館纂修人員的檔案，但從雍正朝檔案及纂修人員履歷當中，可大致管窺當時纂修人員的選拔情況。集成館纂修人員的來源，一是集成館總裁陳夢雷的推薦，多爲其門生、親戚子侄；二是監修誠親王允祉的選拔物色；三是下詔考試選拔，其對象是學有專長的舉、貢生員，這也是集成館纂修人員的主要來源；四是從翰林院調撥人員入館，特別是雍正即位後更加重視這一點。

第一，舉薦。雍正元年（1723）正月二十七日，蔣廷錫向雍正帝奏陳辦理《集成》情形及康熙朝集成館編校人員去留折中，提到「其修書人員陳夢雷所取八十人」〔註34〕，可見，原集成館總裁陳夢雷在纂修人員選拔方面有相當的自主權，可以推薦人員入館。陳夢雷所取人員中，就包括了其子陳聖恩、陳聖眷，弟陳夢鵬，侄陳聖瑞、陳聖策，同鄉親戚林鐔、方僑、鄭寬、許本植，門生汪漢倬、金門詔等十餘人。雍正元年（1723），何人龍密摺稱陳夢雷「復招逆臣楊文言之子與伊子弟戚屬共主館事，互相援引，匪類日增，漸爲內患。恭遇我皇上登級，聖神英武，首誅大惡，黽伊父子，逐伊黨類，銅字一館不復藏垢納污，人心痛快。」〔註35〕在何人龍看來，康熙朝集成館

〔註33〕內務府奏銷檔案，乾隆十八年六月十四日奏爲將管理武英殿御書處官永忠等治罪事。

〔註34〕中國第一歷史檔案館編：《雍正朝漢文硃批奏摺彙編》第 33 冊，江蘇古籍出版社，1989 年版，第 585 頁。

〔註35〕中國第一歷史檔案館編：《雍正朝漢文朱批奏摺彙編》第 32 冊，江蘇古籍出版社，1989 年版，第 31～33 頁。

中十餘位「共主館事」的纂修人員，皆是陳夢雷的「子弟戚屬」，所謂的「匪類」、「黨類」、「內患」，雖別有用心，陳夢雷安排親戚子侄入館確是實情。除此之外，還有相當一部分纂修人員也是由允祉和陳夢雷舉薦入館的。如金門詔，「方聖祖時纂修御書，生即膺首選，誠親王以國士待之。初以明經選壽州廣文，其時已中丁酉鄉榜，生聞選即行，誠王重其才，留之未赴任。」〔註36〕徐穎梁，「薦入圖書集成館分纂，登封知縣。」〔註37〕張紹懿，「薦入圖書集成館分纂，議敘知縣。」〔註38〕金應元，「字霖舒，上海人，弱冠工文詞，以歲貢薦入武英殿纂修圖書集成，登雍正二年順天鄉薦，除兩淮運判。」〔註39〕徐日模，「字範茲……二十九歲登康熙甲午科賢書，次年赴春闈，適同號程生持經藝就質，號役告之，當事因下吏，誠邸聞之，立傳訊得白，遂留邸教習。當是時王總裁集成館書局，延攬名流，遊其門者通顯可立致，而日模守株且十載，確乎不拔，自處泊如也，王以此益重其為人。雍正元年奏為世子師，訓極嚴，世子有過，督責不少恕，王隆禮備至，每進見執賓主禮甚恭，久之歸里，設教於蠡博之間，造就人才甚眾，成進士者三人，登賢書者五人，選拔入成均者四人，至列膠庠食廩餼者指不勝屈。」〔註40〕徐寧，「字學培……康熙五十六年舉人，薦入史館，與修《圖書集成》，五十九年順天鄉試以纂修舉人充同考官，雍正元年會試報罷，命進遺卷，欽賜二十四人登第。」〔註41〕呂昌言，「瓜縣人，由太學應誠親王取與修《欽定古今圖書集成》，又調武英殿修《駢字彙編》。」〔註42〕馬璞，「以薦預修《古今圖書集成·閨媛典》。」〔註43〕黃子雲，「丙申間陳省齋先生為古今圖書集成館總裁，聞野鴻名，招共纂修。」〔註44〕唐方沂，「以名諸生遊上庠，徵修是書（即《集成》），開卷以

〔註36〕（清）金門詔：《安徽休寧金氏族譜》，張廷玉乾隆元年「休寧金氏族譜序」，清乾隆十三年活字本。
〔註37〕（清）楊開第：光緒《重修華亭縣志》卷十三，清光緒四年刊本。
〔註38〕（清）宋如林：嘉慶《松江府志》卷四十八《選舉表》，嘉慶二十三年松江府學刻本。
〔註39〕（清）宋如林：嘉慶《松江府志》卷五十九《古今人物傳》，嘉慶二十三年松江府學刻本。
〔註40〕（清）吳鏊：乾隆《博野縣志》卷六《儒林》，乾隆三十一年刻本。
〔註41〕（清）楊開第：光緒《重修華亭縣志》卷十三《人物》，光緒四年刊本。
〔註42〕（清）何慶朝：同治《武寧縣志》卷二十二，同治九年刻本。
〔註43〕（民國）楊鍾義：《雪橋詩話餘集》卷三，北京古籍出版社，1992年版，第174頁。
〔註44〕黃子雲：《長吟閣詩集》蕭翀序。

萬計，館中有疑難事，輒委之先生，故所成獨多。」〔註45〕

　　第二，召試。金門詔的《全韻詩·懷三館吟》有：「聖祖朝詔修《古今圖書集成》，頒內府藏書數百萬卷，開館試士。」〔註46〕康熙朝集成館初次開館時，很大一部分纂修人員確曾通過「試士」這種考試方式得以選拔入館。如王尊，「字符端，號瞻崖，青印坊人，康熙間由太學生考充武英殿集成館纂修，博聞強記，至老不倦，美文辭，兼工畫山水松石，筆力尤奇古，所著有《檢字搜典》三百餘卷，家貧未及付梓而卒，學者惜之。」〔註47〕錢松，「字茂南，外岡人，好讀書，弱冠爲國子監生，隨舅王敬銘入都，康熙五十六年順天鄉試卷列首薦，同考以不得掄元，固爭見斥，由纂修《古今圖書集成書》竣，議敘知縣。」〔註48〕毛涵，「先生名涵，養浩其字，本名棄疾，字又辛，後改今名，補諸生，七世祖僉都御史某前朝名臣，先生自幼能文章，懷祿養之志，嘗遊京師，值朝廷纂古今圖書集成，以監生充校讎職者六季，父母俱七十請假歸……未幾同與校讎者咸議敘以知縣用。」〔註49〕李灼，「於甲午應試北闈，丙申遴入內廷纂修《古今圖書集成》。」〔註50〕

　　第三，從翰林院調取。雍正元年正月二十七日蔣廷錫奏摺中說，有鑒於清洗之後的集成館纂修人員「將來去者或多，人數不敷，若再取貢監人員，臣等實無深知之人。此輩功名甚微，未必自重身家，恐致生事」〔註51〕，建議從翰林院咨取職銜較高的編檢數員分領校對，但從雍正朝集成館存留的六十人情況看，只有少數幾位是從翰林院調取的，總體而言，無論是在康熙朝還是雍正朝集成館，身份較爲低微的舉、貢生員始終佔據主要比例。

（二）集成館纂修人員分工

　　長期以來，限於資料，集成館的組織結構一直隱晦不彰，誠如《集成》研究者詹惠媛所坦言的「由於集成館組織之傳世檔案欠缺，此處謹利用有限

〔註45〕（清）唐秉鈞：《文房肆考圖說》卷七，王鶴溪青藜餘照集序，清乾隆刻本。
〔註46〕（清）金門詔：《全韻詩·懷三館吟》。
〔註47〕（民國）盧興邦：民國《尤溪縣志》卷七《人物》，民國十六年刊本。
〔註48〕（清）王昶：嘉慶《直隸太倉州志》卷三十一《人物》，清嘉慶七年刻本。
〔註49〕（清）戴震：《戴東原集》卷十二《養浩毛先生傳》，黃山出版社，2008年版，第425頁。
〔註50〕（清）李灼：《至聖編年世紀》乾隆十六年後序，《四庫全書存目叢書》史部第81冊，齊魯書社，1996年版，第160頁。
〔註51〕中國第一歷史檔案館編：《雍正朝漢文硃批奏摺彙編》第33冊，第585頁。

資料勾稽集成館組織之大致輪廓」。〔註52〕筆者根據最新發掘的檔案、文集等資料，期於推進集成館組織架構的相關研究。

　　耙梳文獻檔案，集成館纂修人員各有分工，具體職責也頗爲不同。從管理人員設置上說，有監修、總裁、副總裁、領袖纂修（康熙朝）之分，而就纂修分工而言，又有分修、分校、刷印、繪圖之別。金門詔時任集成館纂修領袖，其《全韻詩·懷三館吟》對當時的纂修情況言之甚詳，「賢王司管鎬，耆宿掌鎔爐……大匠立繩準，群賢編牒蒲，分修成躍躍，任纂各於於，選俊專謄繕，命工並繪圖。」〔註53〕這裏賢王即指監修允祉，耆宿指總裁陳夢雷，「分修」、「任纂」、「謄繕」、「繪圖」則分別形容纂修人員的具體分工。當然，到了雍正朝，清洗後的集成館人員設置又進行了調整，與康熙朝集成館有所不同。爲了更好地說明，筆者將集成館分爲康熙朝和雍正朝兩個階段，分別述之。

1、康熙朝集成館

　　監修允祉。允祉（1677～1732），康熙帝第三子。康熙三十五年，隨康熙親征噶爾丹，領鑲紅旗大營。三十七年三月，以征戰功晉誠郡王。三十八年，因敏妃之喪不滿百日而剃髮，坐降貝勒。四十七年，揭發蒙古喇嘛巴漢格隆爲允禔用巫術魘勝廢太子，使允礽得以復立，以功晉封親王。不久，奉命在暢春園蒙養齋率庶吉士何國宗等編纂律呂、曆法、算法各書，雍正即位後，以其與允礽素來親睦，命守景陵。雍正六年六月，因索賄蘇克濟，命降郡王，交宗人府禁錮。八年，復晉封親王。不久，以怡親王允祥喪而無戚容，命奪爵，幽禁於景山永安亭。十年卒，照郡王例殯葬。乾隆二年，追諡「隱」。

　　從陳夢雷《進〈彙編〉啓》可知，允祉是《彙編》的最初倡議者和主要推動者，當時陳夢雷就設想好由允祉向康熙帝進呈《彙編》，加以增補、修訂成書。康熙五十五年允祉向康熙帝進呈《彙編》，集成館得以順利開館。康熙末年，允祉負責的修書各館頗多，「自誠親王作總裁而開館之名色遂多，曰算法，曰曆法，曰六壬，曰奇門，曰子評，曰音律譜」。〔註54〕允祉除了負

〔註52〕詹惠媛：《〈古今圖書集成·經籍典〉體制研究》，花木蘭文化出版社，2009年版，第74頁。

〔註53〕（清）金門詔：《全韻詩·懷三館吟》。

〔註54〕原題：「翰林院檢討何人龍奏陳澤旺納款宜設重鎮兵屯以固封守及修書議敘宜嚴甄別不得濫除州縣摺」，原摺無年月，依據具奏者何人龍職務變化推斷得出

責在蒙養齋纂修《律曆淵源》外，也實際負責了《集成》的編纂工作，所謂「賢王司管鑰」〔註55〕，即指允祉任集成館監修之職。如前所述，許多纂修人員是直接由誠親王推薦進入集成館的，如金門詔：「聖祖時纂修御書，生即膺首選，誠親王以國士待之，初以明經選壽州廣文，其時已中丁酉鄉榜，生聞選即行，誠王重其才，留之，未赴任，既而爲忌者中傷，罷歸，公固恬如也」。〔註56〕呂昌言，「瓜縣人，由太學應誠親王取與修《欽定古今圖書集成》，又調武英殿修《駢字彙編》。」〔註57〕在時人看來，允祉是康熙朝集成館的領導者，身份特別，「命誠親王領其事（集成館）」〔註58〕，「王總裁集成館書局，延攬名流，遊其門者通顯可立致」〔註59〕，「誠親王職任（集成館）纂修，濫市恩賞，物議難逃。」〔註60〕康熙五十八年四月，由允祉親自上摺奏請康熙帝待《集成》修成之日對集成館纂修人員加倍議敘，也可以判斷允祉實際負責了集成館纂修事宜。當然，從康熙朝滿文奏摺看，允祉同時負責康熙帝相當重視的《律曆淵源》的編纂、刻印工作，這使得允祉更多的是對集成館大政方針的制定和相關事宜的代爲啓奏，而集成館的具體事務則是交由陳夢雷、金門詔等人實施。同時，允祉負責監督《集成》和《律曆淵源》的纂修，也在客觀上促成了《集成》與《律曆淵源》使用同一套銅活字刊刻。

　　總裁陳夢雷。筆者在第一章中已對陳夢雷生平進行了介紹，茲不贅述。到目前爲止，陳夢雷爲集成館總裁，幾成共識。但細究起來，研究者找到的論據又多不充分，對於陳夢雷任總裁始自何年和具體職責不甚了了。筆者耙梳文獻，認爲陳夢雷於康熙五十五年始任集成館總裁，同時負責《集成》的

　　　　（原爲翰林院檢討，雍正元年十月引見，奉旨以部郎用）。見中國第一歷史檔案館編：《雍正朝漢文朱批奏摺彙編》第32冊，南京：江蘇古籍出版社，1989年版，第31～33頁。

〔註55〕　（清）金門詔：《全韻詩・懷三館吟》。

〔註56〕　（清）張廷玉：乾隆元年《休寧金氏族譜序》。

〔註57〕　（清）何慶朝：同治《武寧縣志》卷二十二，同治九年刻本。

〔註58〕　蕭奭：《永憲錄》，朱南銑點校，北京：中華書局，1959年版，第83頁。

〔註59〕　（清）吳鰲：乾隆《博野縣志》卷六《儒林》，乾隆三十一年刻本。

〔註60〕　原題：「翰林院檢討何人龍奏陳澤旺納款宜設重鎮兵屯以固封守及修書議敘宜嚴甄別不得濫除州縣摺」，原摺無年月，依據具奏者何人龍職務變化推斷得出（原爲翰林院檢討，雍正元年十月引見，奉旨以部郎用）。見中國第一歷史檔案館編：《雍正朝漢文朱批奏摺彙編》第32冊，南京：江蘇古籍出版社，1989年版，第31～33頁。

纂修和銅活字刷印工作。茲舉其重要例證，分別論之。

關於陳夢雷在集成館中所任何職，雍正即位後因其獲罪遭遣，二次流放，時人有所忌憚，閉口不談，最後成書的《集成》也只署名蔣廷錫所輯，以至於一段時期內學界誤認爲《集成》的編纂者就是蔣廷錫。康熙六十一年十二月雍正下詔清洗集成館相關人員的諭旨中，徑稱「陳夢雷處所存《古今圖書集成》」，絕口不提其在集成館中所任職務。到了乾隆朝，陳夢雷主持集成館之事漸爲世人所知。乾隆四十八年二月二十一日軍機處上諭檔：「臣等遵旨將古今圖書集成從前辦理緣由詢問蔣賜棨，據稱幼時曾聞我父親蔣溥說此書原係康熙間翰林陳夢雷等承辦，經歷歲時，尚未成書。」〔註61〕所謂承辦云云，當指陳夢雷主持集成館，官方檔案如此記載，在諱言陳夢雷的當時，實屬少見。完成於乾隆十七年（1752）的《永憲錄》卷二更是明言「復讁纂修《古今圖書集成》總裁陳夢雷於戍所。」〔註62〕陳夢雷是否爲集成館總裁，康熙朝集成館中纂修人員的說法最爲可信。金門詔回憶集成館時，提及「時親王優拔爲纂修領袖，凡朝賀接駕等事皆隨總裁一同行走。總裁出關，遂放歸。」〔註63〕這裏的總裁顯然是指陳夢雷。

陳夢雷何時任集成館總裁？《清詩紀事初編》卷八說無從查考，「賜名《圖書集成》，並開館纂修，以夢雷爲總裁，則不知何年，或即在進彙編之後不久也。」〔註64〕乾隆四年盛百二在《曆象本要》序中認爲，集成館開館之時，陳即爲總裁，「陳公夢雷字省齋，自號松鶴老人。圖書集成初開館時，陳爲總裁。」〔註65〕黃子雲曾得陳夢雷賞識，舉薦入集成館，蕭翀序其《長吟閣詩集》：「丙申間，陳省齋先生爲古今圖書集成館總裁。」〔註66〕可見，康熙五十五年集成館開館之時，康熙帝即任命陳夢雷爲集成館總裁。

關於陳夢雷在集成館的職責。金門詔說「開館名英集，連麗皇路驪，賢王司管鎬，耆宿掌鎔爐」〔註67〕，這裏所謂的「耆宿掌鎔爐」，當意指陳夢雷實際負責《集成》的刷印工作，除此之外，陳氏還負責發凡起例，選拔纂修

〔註61〕　中國第一歷史檔案館藏《乾隆朝軍機處上諭檔》，乾隆四十八年二月二十一日。

〔註62〕　（清）蕭奭：《永憲錄》，朱南銑點校，北京：中華書局，1959 年版，第 83 頁。

〔註63〕　（清）金門詔：《全韻詩·懷三館吟》。

〔註64〕　鄧之誠：《五石齋小品》，北京出版社，1998 年版，第 341 頁。

〔註65〕　（清）盛百二：《曆象本要》序，《續修四庫全書》第 1040 冊，上海古籍出版社，2002 年版，第 105 頁。

〔註66〕　（清）黃子雲：《長吟閣詩集》蕭翀序。

〔註67〕　（清）金門詔：《全韻詩·懷三館吟》。

人員，上傳下達，可謂殫精竭力，勞苦功高。可以說從最初的《彙編》到《集成》的完稿、刊刻都與陳夢雷密不可分。黃子雲《長吟閣詩集》卷一丙申《京師秋夜閤中陳館卿夢雷宴館中僚友因呈是詩》：「席綴琅玕月，簾裹裴翠風。朝廷歸一老，樽酒會群公。座列冠裾豔，文成意會雄。天涯逢勝友，去馬莫匆匆。時在書館與纂修古今圖書集成。」〔註68〕「朝廷歸一老」雖是豪邁之言，卻也反映了總裁陳夢雷得到朝廷的信任和重用，手握大權，士子欽服，雍正懲治陳夢雷諭旨中所言「九卿等知陳夢雷者頗多」〔註69〕，也足見陳夢雷主持康熙朝集成館之盛名。

副總裁顧承烈。顧承烈，又名沈承烈，「字念揚，華亭籍，增貢生，康熙壬辰召試爲內書房纂修官，戊戌成進士，選庶吉士，充古今圖書集成館副總裁。致仕後，隱居上沙因樹亭（道光志）。」〔註70〕可見，顧承烈是在康熙五十八年後任集成館副總裁的。關於顧承烈生平，文獻相關記載很少，除上述零星記載外，不知何故付諸闕如。康熙五十二年《萬壽慶典初集》賀壽名單中有算學館沈承烈之名，說明顧承烈入集成館前參與過《數理精蘊》的編纂，最後從蒙養齋調入集成館。而其在館時間，雖然文獻無載，雍正元年重新任命集成館總裁、副總裁，可見顧承烈中途離館了，離館原因可能與陳夢雷之事有關，因而遭到黜革，歸隱山林。

領袖纂修金門詔。金門詔（1673～1752）〔註71〕，字軼東，號東山，江都（今江蘇揚州）人。幼承家學，「但知讀書，不治生產，性耿介，不受人憐」〔註72〕，管一清乾隆九年序《全韻詩》謂金門詔「以名儒世其家，先曾祖岳元亮公文章理學爲海內宗師，先祖岳幼常聖憐一公並配享聖廟，先生少承家學，負才名，縉紳長老交目爲凡器。及甫出而應試，咸以國士遇之」〔註73〕

〔註68〕（清）黃子雲：《長吟閣詩集》卷一丙申《京師秋夜閤中陳館卿夢雷宴館中僚友因呈是詩》。

〔註69〕中國第一歷史檔案館編：《雍正朝漢文諭旨彙編》第8冊《上諭內閣》卷二，廣西師範大學出版社，1999年版，第212頁。

〔註70〕（清）李銘皖：同治《蘇州府志》卷八十八《人物》，清光緒九年刊本。

〔註71〕學界關於金門詔的生卒年有不同說法，其中也不乏舛誤之處。借助金門詔所修《休寧金氏族譜》的自述及《金東山文集》序等資料可考訂出金門詔生於康熙十二年（1673），卒於乾隆十七年（1752），享年八十歲。

〔註72〕（清）金門詔修：《休寧金氏族譜》卷二十四，乾隆十三年（1748）活字鉛印本，國家圖書館藏。

〔註73〕（清）金門詔：《全韻詩》卷首序，乾隆七年（1744）刻本，國家圖書館藏。

康熙丁酉（1717）科舉人，康熙末年與修《集成》，為纂修領袖，後受知於張伯行，張廷玉，鄂爾泰為授業師，雍正朝與修《明史》，著《明史經籍志》及相關傳，乾隆元年（1736）保舉入博學宏詞科，欽賜二甲三十八名進士，入翰林院，入三禮館為纂修，後改任山西壽陽知縣，被劾歸。勤於治史，成就頗大。著作有《補三史藝文志》一卷、《古今圖書集成・經籍典》五百卷、《明史經籍志》（佚）〔註74〕、《金東山文集》十二卷〔註75〕、《全韻詩》二卷、《讀史自娛》二卷、《休寧金氏族譜》二十卷等。

　　金門詔是康熙朝集成館中頗為重要的人物。他既是總裁陳夢雷的門生，同時也為監修允祉所器重。乾隆九年管一清序《全韻詩》：「及奉聖祖詔開古今圖書集成館，招試輦下諸生，先生首拔。時親王董其事，每得先生詩文，必朱筆親品騭之，列第一人，同館無不推服。既而得壽州廣文則已中丁酉順天鄉試，先生請外就，親王不許，曰：館中可少此馬班手耶。」〔註76〕時任保和殿大學士、吏戶二部尚書張廷玉也說：「聖祖時纂修御書（即《集成》），生即膺首選，誠親王以國士待之，初以明經選壽州廣文，其時已中丁酉鄉榜，生聞選即行，誠王重其才，留之，未赴任，既而為忌者中傷，罷歸，公固恬如也」〔註77〕張廷玉為金門詔座師，又為雍正寵臣，曾受賜《古今圖書集成》二部，熟知《集成》纂修內情，所言相當可信。

　　關於金門詔在集成館中的具體職務，金氏所著《全韻詩・懷三館吟》有「時親王優拔為纂修領袖，凡朝賀接駕等事皆隨總裁一同行走。總裁出關，遂放歸」〔註78〕之語。這裏說的「纂修領袖」應該相當於總纂，職權在集成館監修、總裁、副總裁之下，協助負責「朝賀接駕」等各項日常行政事務。正如鄂爾泰在乾隆元年的《休寧金氏族譜序》中所提到的：「聖祖詔修《古今

〔註74〕　王重民在《金門詔別傳》中記載，金門詔雍正時在明史館「又因焦竑舊志，增其未備，加以參考，更訂敍錄，為《明史・經籍志》。」原載《圖書館學季刊》1932年第8卷第1期，又載王重民著《冷廬文藪》，上海古籍出版社，1992年版，第216頁。

〔註75〕　《金太史全集》（北大圖書館藏《金東山文集》七卷，乾隆間刻本），八種十二卷，乾隆四十一年刻本（1776），北京大學圖書館藏。內分為《明史經籍志・敍錄》一卷，《明史傳總論》一卷，《補三史藝文志》一卷、《讀史自娛》二卷、《各體自著》五卷、《焚黃祝文》一卷、《江都鄉賢錄》一卷、《蘭亭集詩》一卷。

〔註76〕　（清）金門詔修：《休寧金氏族譜》乾隆十三年（1748）序，國家圖書館藏。

〔註77〕　（清）張廷玉：乾隆元年《休寧金氏族譜序》。

〔註78〕　（清）金門詔：《全韻詩・懷三館吟》。

圖書集成》，一時名士食大官廚者數千指，總裁而下，董其成者數人，門詔推首。書成，不言祿，輒罷去。」〔註79〕這裏的總裁即指陳夢雷，所謂「總裁而下，董其成者數人，門詔推首」，也足見金門詔編纂《集成》功勞甚巨，顯赫一時。

金門詔在集成館中地位特殊，除了幫助陳夢雷管理《集成》纂修日常事務外，還實際參與了《集成》的分纂工作，最後獨立撰成《經籍典》五百卷。顧惇量乾隆四十一年（1776）序《金東山文集》謂：「聖祖朝命大臣開館輯古今圖書集成，招試輦下諸生，先生首列，獨纂經籍書凡五百卷，藏之冊府，登之婉琰，以垂萬世。」〔註80〕金門詔在《明史經籍志小序》也自言：「聖祖朝集天下儒生修《古今圖書集成》一萬卷，令各分認一二百卷，門詔以經籍素所熟諳，遂獨任經籍典五百卷，而以所增遼金元三史藝文志附入其中。」〔註81〕

各典、部分纂人員。不少研究者認為，萬卷《集成》的編纂是以陳夢雷《彙編》為底本，集成館開館後，在不觸動《彙編》原有典部基礎上，增補少數資料而最後成書，纂修人員主要是負責增補、校對和刷印工作。實際上，《集成》雖然保留了《彙編》的三級類目體系，但其中各典部基本上都經過了重新編輯，都有專人負責分纂，所謂「分修成躍躍，任纂各於於」〔註82〕、「分門纂修，咸出自上裁，而總裁、分修諸臣亦一時之選，宜其卷帙之多而益善矣。」〔註83〕楊鍾義《雪橋詩話三集》：「康熙丙申開館纂修《古今圖書集成》，分六大部，區為三十六典，備員纂修者三十六人，人修一典，盡發內府書，互相考證，七載成書，凡一萬卷五千本。」〔註84〕楊氏所言，說明了當時存在分纂情況，但「備員纂修者三十六人，人修一典」的說法不盡準確。從實際情況看，並非三十六人各人負責纂修一典，有的分纂兩典、有的分纂一典，甚至只是分纂其中的一部。金門詔所說的「各分認一二百卷」〔註85〕最符合實際情況。

〔註79〕（清）鄂爾泰：乾隆元年《休寧金氏族譜序》，乾隆十三年刻本。
〔註80〕（清）金門詔：《金東山文集》，乾隆四十一年（1776）刻本，北京大學圖書館藏。
〔註81〕（清）金門詔：《金東山文集》卷一，乾隆四十一年（1776）刻本，北京大學圖書館藏。
〔註82〕（清）金門詔：《全韻詩·懷三館吟》。
〔註83〕（清）唐秉鈞：《文房肆考圖說》卷七《王鶴溪青藜餘照集序》，清乾隆刻本。
〔註84〕（民國）楊鍾義：《雪橋詩話三集》卷四，民國吳興劉氏刊本。
〔註85〕（清）金門詔：《明史經籍志小序》，雍正十年。

　　具體而言，1、陳夢雷，總裁集成館，並發凡起例，獨纂三千六百卷〔註 86〕；2、金門詔，經籍典五百卷。《全韻詩‧懷三館吟》：「門詔任纂經籍典五百卷，分經史子集四部。」〔註87〕3、楊縉，分纂《經濟彙編‧樂律典》一百三十六卷、《理學彙編‧字學典》一百六十卷。光緒《桐鄉縣志》卷十五：「楊公縉，字自昆，號栗齋，濮院人……服闋入都，由監生考授州同，康熙五十五年充古今圖書集成館纂修，分纂樂律、字學兩典，九年乃成，議敘知縣，雍正四年授柏鄉縣，多惠政。」〔註88〕4、馬墣，分纂《明倫彙編‧閨媛典》三百七十六卷。楊鍾羲《雪橋詩話餘集》卷三：「長洲馬墣授疇以薦預修《古今圖書集成‧閨媛典》，因屈悔翁得交塞曉亭侍郎，相知甚深爲撰，曉亭詩鈔序，又與陳散樗善、陳恪勤仲子樹著讀書爲諸生，爲方望溪所稱。」〔註 89〕5、王中銘，分纂《理學彙編‧學行典》三百卷、《方輿彙編‧職方典故》五十卷。嘉慶十二年《石岡廣福合志》卷二：「國朝王中銘，字永思，號執齋，霖汝孫。由太學生充武英殿纂修，分纂《古今圖書集成‧理學彙編‧學行典》三百卷、《方輿彙編‧職方典故》五十卷。書成，授河南桐柏縣知縣。見《王氏譜》。」〔註 90〕《清代官員履歷檔案全編》亦載：「王中銘，江南太倉州嘉定縣人，年五十三歲，監生考職州同，古今圖書集成館效力行走，書成，雍正四年議敘知縣，今籤掣河南南陽府桐柏縣知縣缺。」〔註 91〕（筆者案：方輿彙編中並無職方典故，懷疑爲「職方典」，如確，則王中銘實際分纂了《方輿彙編‧職方典》一千五百四十四卷。待考。）6、王穎梁，分纂《經濟彙編‧戎政典‧兵制部》八十卷〔註 92〕。《清代官員履歷檔案全編》：「王穎梁，江南松江府華亭縣人，年五十七歲，由監生考職州同，在古今圖書集成館修書效力，行走九年六個月，議敘以知縣用。今掣得河南府登封縣知縣缺。」〔註 93〕（參見表二）

〔註 86〕（清）陳夢雷：《松鶴山房詩集》「進彙編啓」。
〔註 87〕（清）金門詔：《全韻詩‧懷三館吟》。
〔註 88〕（清）嚴辰：光緒《桐鄉縣志》卷十五《人物》，光緒十三年刊本。
〔註 89〕（民國）楊鍾羲：《雪橋詩話餘集》卷三，民國求恕齋叢書本。
〔註 90〕（清）蕭魚會，趙稷思：嘉慶十二年《石岡廣福合志》卷二，上海社會科學院出版社，2003 年版，第 32 頁。
〔註 91〕中國第一歷史檔案館藏：《清代官員履歷檔案全編》第 11 冊，華東師範大學出版社，1997 年版，第 220 頁。
〔註 92〕乾隆《婺縣志》卷十八，乾隆五十三年刻本。
〔註 93〕中國第一歷史檔案館藏：《清代官員履歷檔案全編》第 11 冊，華東師範大學

除此之外，文獻記載中尚有多名人員負責集成館的分修、分纂工作，如徐穎梁，「薦入圖書集成館分纂，登封知縣。」〔註94〕張紹懿，「薦入圖書集成館分纂，議敘知縣。」〔註95〕金應元，「薦入圖書集成館分纂，兩淮運判。」〔註96〕李旭，「李旦初旭，無爲州人，作詩務盡刻苦，不留餘力，書法奇崛，不得志於場屋，分修《古今圖書集成》。」〔註97〕唐方沂，「聖祖仁皇帝御宇，命儒臣校修古今圖書集成……徵修是書，開卷以萬計，館中有疑難事，輒委之先生，故所成獨多。」〔註98〕至於這些人員具體分修、分纂哪些典部，限於資料，不得而知，有待新資料的進一步揭示。

表二：《古今圖書集成》各典、部分纂情況表

姓 名	分 纂 內 容
陳夢雷	總裁，發凡起例，獨纂三千六百餘卷〔註99〕
金門詔	領袖纂修，分纂《理學彙編・經籍典》五百卷〔註100〕
楊 縉	分纂《經濟彙編・樂律典》一百三十六卷、《理學彙編・字學典》一百六十卷〔註101〕
馬 璞	分纂《明倫彙編・閨媛典》三百七十六卷〔註102〕
王中銘	分纂《理學彙編・學行典》三百卷、《方輿彙編・職方典》五十卷〔註103〕
王穎梁	分纂《經濟彙編・戎政典・兵制部》八十卷〔註104〕
總 計	約爲五千一百零二卷，約占總卷數一萬卷的 50%（除去陳夢雷所撰卷數，其它各人所纂各典共計一千五百零二卷，約占全部一萬卷之 15%，涉及到七個典，約占全部三十二典之 22%。）

出版社，1997 年版，第 462 頁。

〔註94〕（清）楊開第：光緒《重修華亭縣志》卷十三《人物》，清光緒四年刊本。

〔註95〕（清）宋如林：嘉慶《松江府志》卷四十八，嘉慶松江府學刻本。

〔註96〕（清）宋如林：嘉慶《松江府志》卷四十八，嘉慶松江府學刻本。

〔註97〕（清）查爲仁：《蓮坡詩話》卷中，清乾隆刻蔗塘外集本。

〔註98〕（清）唐秉鈞：《文房肆考圖說》卷七《王鶴溪青藜餘照集序》，清乾隆刻本。

〔註99〕（清）陳夢雷：《松鶴山房詩集》卷二《進彙編啓》，《續修四庫全書》第 1416 冊，上海古籍出版社，2002 年版，第 38～39 頁。

〔註100〕（清）金門詔：《全韻詩》上卷《懷三館吟》。

〔註101〕《光緒桐鄉縣志》卷十五《人物》，光緒十三年刊本。

〔註102〕（清）史震林：《華陽散稿》卷上《記馬壽疇》，上海雜誌公司，1935 年版，第 800 頁。

〔註103〕（清）蕭魚會，趙稷思：嘉慶十二年《石岡廣福合志》卷二，上海社會科學院出版社，2003 年版，第 32 頁。

〔註104〕（清）陸錫熊等：《乾隆婁縣志》卷一八，清乾隆五十三年刻本。

校對、謄錄等人員。康熙朝集成館纂修人員中，除了部分人員負責分纂之外，還有人員負責謄錄、校對和繪圖工作，所謂「選俊專謄繕，命工並繪圖。」〔註105〕如，毛涵，「先生名涵，養浩其字，本名棄疾，字又辛，後改今名，補諸生……嘗遊京師，值朝廷纂《古今圖書集成》，以監生充校讎職者六季，父母俱七十請假歸……未幾同與校讎者咸議敘以知縣用。」〔註106〕張肯堂，「字明庭，號蓬客，一號恕齋，康熙戊戌以國學生充武英殿古今圖書集成校對，庚子順天舉人。」〔註107〕金筠，「一名以來，字翰周，一字瞻菉，號南山，以祖寄籍，康熙庚寅入嘉興學，中式浙江辛卯科第八十名舉人，考授內閣中書，揀選知縣，取入內館恭校《欽定古今圖書集成》，議敘郎用。」〔註108〕李旭：「本名庚，字旦初，無為人，諸生，工詩，充圖書集成校閱，授薊州判，改兩淮鹽知事。」〔註109〕李旭應該同時兼任集成館的校閱和分修工作。

2、雍正朝集成館

監修允祿。允祿（1695～1767），康熙帝第十六子，精數學，通樂律，承康熙帝指授，修《數理精蘊》。雍正元年（1723）三月，莊親王博果鐸卒而無子，奉命繼嗣。乾隆元年（1736），命總理事務，兼掌工部，食親王雙俸。二年，加封鎮國公，尋坐事奪爵。四年，停雙俸，罷都統。七年，管樂部。三十二年卒，諡「恪」。

康熙朝集成館原設有監修、總裁和副總裁，雍正即位後重新開館，集成館的職官設置是否不變呢？一般認為，雍正朝集成館並沒有監修，但內閣大庫檔案則透露了一個重要信息。雍正元年一月二十七日刑部福建司為遞解集成館部分纂修人員之事，提到「刑部福建司為十六阿哥、蔣廷錫、陳邦彥啓奏古今圖書集成館事宜。」〔註110〕雍正元年正月初五日集成館已經重新開館，這裏領銜負責集成館事宜的是十六阿哥允祿，蔣廷錫、陳邦彥處於從屬

〔註105〕（清）金門詔：《全韻詩·懷三館吟》。

〔註106〕（清）戴震：《東原文集》卷十二《養浩毛先生傳》，黃山出版社，2008 年版，第 425 頁。

〔註107〕（民國）張家騏：《續修張氏族譜》，民國二十二年石印本。

〔註108〕（清）金門詔：《安徽休寧金氏族譜》卷八，乾隆十三年刻本。

〔註109〕（清）黃雲：《光緒續修廬州府志》卷四十五《文苑傳》，光緒十一年刊本。

〔註110〕臺灣中研院史語所藏內閣大庫檔案《刑部送來元年上諭事件檔》，檔案號：290994-004。

地位。筆者認為，如果與康熙朝集成館職官對應，那麼允祿很可能是雍正朝集成館的監修，允祿精數學，通樂律，曾參與修《數理精蘊》，充算法館總裁、玉牒館總裁。派親信之親王監督清洗後的集成館，穩定人心，也符合情理。當然，允祿的資歷遠不能像康熙朝集成館監修允祉那樣參與程度之深，應該只是掛名領銜。

　　總裁蔣廷錫。蔣廷錫（1669～1732），江蘇常熟人，字揚孫，一字西君，號南沙、西谷，又號青桐居士。康熙三十八年（1699）舉人，四十二年賜二甲進士，選庶吉士，授編修。四十九年修《淵鑒類函》，五十年任《佩文韻府》之纂修兼校勘官，五十四年《御纂周易折中》之南書房校對，五十五年《萬壽盛典初集》之總裁官。五十六年擢內閣學士，六十年充經筵講官，六十一年任《分類錦字》之校勘官。雍正元年（1723）遷禮部侍郎，調戶部。雍正六年拜文華殿大學士，仍兼理戶部事。次年加太子太傅。雍正十年卒於任內，諡文肅。著有《青桐軒秋風集》《片雲集》。

　　以往很多目錄書徑將《集成》著錄為「蔣廷錫編輯」或是「蔣廷錫重輯」，並不符合史實。但《集成》的編纂成書也確有蔣廷錫的功勞，他在雍正朝集成館中任總裁之職。雍正元年正月初五日，雍正正式任命內閣學士蔣廷錫為集成館總裁，其諭旨說「《古今圖書集成》，皇考費數十年心力方成是書，今刷印校對之工尚有未完，特派爾為總裁，陳邦彥為副總裁。爾等務期竭心盡力，將通部重行校看，凡訛錯字句及有應刪應添之處，必逐一改正，以成皇考之書。欽此。」〔註111〕乾隆帝曾經想瞭解《集成》編纂情況，詢問過蔣廷錫的孫子，乾隆四十八年二月二十一日軍機處上諭檔有：「臣等遵旨將《古今圖書集成》從前辦理緣由詢問蔣賜燦，據稱幼時曾聞我父親蔣溥說此書原係康熙間翰林陳夢雷等承辦，經歷歲時，尚未成書。雍正元年特派故祖蔣廷錫董司其事，督率在館諸臣重加編校，於雍正三年告成。四年蒙恩賞給一部。等語。謹奏。」〔註112〕

　　《集成》並非蔣廷錫創編，但雍正讓其主持集成館工作，足見對他的信任和重用。雍正曾賜詩給蔣廷錫，說他是「立政資良佐，宣猷重貳卿」〔註113〕

〔註111〕中國第一歷史檔案館編：《雍正朝漢文硃批奏摺彙編》第33冊，第585頁。
〔註112〕中國第一歷史檔案館藏軍機處檔案，乾隆四十八年二月二十一日第4條，盒號687，冊號2。
〔註113〕（清）胤禛：《世宗憲皇帝御製文集》卷二八，《文淵閣四庫全書》第1300冊，上海古籍出版社，1987年版。

之大才。實際上，蔣廷錫也一直參與了內府的修書工作，特別是康熙末年參與了《淵鑒類函》《佩文韻府》《分類錦字》等大型類書編纂工作，應該說是雍正朝集成館總裁的不二人選。如《重修常昭合志》說：「（蔣廷錫）內值時編纂群書，並付勘校，博學精敏，同輩推讓，常參扈從備顧問。凡諸巨典，諳練掌故，參考經集，議上都稱旨」〔註114〕。蔣廷錫擅長花鳥，曾畫過《塞外花卉》七十種，集成館纂修人員楊祖祥就曾師法蔣廷錫，因此他對《集成》中的《草木典》《禽蟲典》《歲功典》應該都了然於心，頗有指導性。

副總裁陳邦彥。陳邦彥（1678～1752），字世南，號春暉，一作春暉老人，又號匏廬，浙江海寧人。康熙四十一年（1702）舉人，四十二年癸未科進士。選庶吉士，散館授編修。入直南書房，升侍講，四十九年編《淵鑒類函》《佩文韻府》，五十二年《御選唐詩》校勘兼繕寫官。五十三年四月以侍講充日講起居注官。五十五年修《御定月令輯要》，六十一年《分類錦字》之校勘官。後官禮部侍郎。著有《墨莊小稿》《春駒小譜》《春暉堂集》等。

乾隆十五年三月六日陳邦彥「題陳不職請賜罷斥」題本，所提到履歷中就包括任「古今圖書集成館副總裁」〔註115〕。《浙江海寧渤海陳氏宗譜》卷二十五：「第十一世少宗伯匏廬公。公諱邦彥，字世南，號匏廬……戊戌歲以侍讀學士丁內艱服闋，補原官，恭遇憲廟登極，奉旨與虞山蔣文肅公為圖書集成館總裁，悉心蒐訂，稱美備焉。」〔註116〕這裏的「虞山蔣文肅公」即集成館總裁蔣廷錫，而陳邦彥即為副總裁，族譜強調的是二人通力合作，悉心蒐訂，所編《集成》「稱美備焉」，功勞不小。其實，陳邦彥與蔣廷錫有相似之處，二人都曾在康熙末年參與數部官修類書的編纂，應該說經驗豐富，完全符合雍正帝下旨令九卿推選集成館負責人時所提出的「學問淵通」標準〔註117〕。

校閱、刷印等人員。雍正元年正月二十七日，雍正朝集成館總裁蔣廷錫奏陳六十名纂修人員分工。其中，車松、圖麒總任分書、收書登記之事，李錫秦等二十人為校閱兼續纂之員，高儁飛等十二人為專任校閱之員，金筠等

〔註114〕常熟市地方志編纂委員會編：《重修常昭合志》，上海社會科學院出版社，2002年版，第1411頁。
〔註115〕臺灣中研院史語所藏內閣大庫檔案，檔案號：031840-001，亦見《明清檔案》A162-111。
〔註116〕（民國）陳廣笙纂：《浙江海寧渤海陳氏宗譜》卷二十五，民國二至七年刻本。
〔註117〕《清世宗實錄》卷二，康熙六十一年癸亥條。

十四人爲磨對、刷印之員，俞養直等十人爲收查卷頁號數、校對補改之員，徐寧、關秦二人爲查理一應校對書籍之員〔註118〕。應該說，雍正朝集成館分工尙屬精細，保證了纂修工作的質量。值得注意的是，大部分纂修人員負責《集成》的纂修和校補工作，而其中金筠等十四人爲磨對、刷印之員，也就是負責《集成》的銅活字印刷工作。或有疑問，乾隆時四庫全書館，纂修工作和刷印工作是分開的，即由翰林院和武英殿分別負責〔註119〕，按照常理，集成館修書人員也只是負責《集成》纂修工作，而銅活字印刷工作則由武英殿修書處招募工匠負責執行。筆者認爲，康熙朝集成館開館較早，修書制度未曾完善，有自己的特殊性，不能由乾隆朝四庫館的情況倒推集成館的情況。從檔案資料看，集成館總裁陳夢雷實際負責了銅活字製作和印刷，而集成館中部分纂修人員或參與了印刷工作。蔣廷錫奏摺也說：「一面將未刷之書，令在館人員詳細校對、刷印，一面將已刷之書，令在館人員分卷重校」、「每人二日限定校書一卷及校看刷印排版、收發書籍，從無遲誤。」〔註120〕可見，雍正朝集成館修書人員中也有負責銅活字印刷工作的。

表三：康、雍兩朝集成館纂修人員職掌分工表〔註121〕

康熙朝集成館（1716～1722）	
職掌	人員及分工
監修	誠親王允祉
總裁	陳夢雷
副總裁	顧承烈
領袖纂修	金門詔
分編、分纂、校對等〔註122〕	楊縉（分纂）、馬璞（分纂）、王中銘（分纂）、徐穎梁（分纂）、張紹懿（分纂）、李旭（分修、校閱）、金應元（分纂）、張肯堂（校對、謄錄）、金試、朱文昭（校書）、毛涵（校書）、黃子雲、程可式、沈青崖、徐日模、劉克一、呂昌言、

〔註118〕中國第一歷史檔案館編：《雍正朝漢文硃批奏摺彙編》第33冊，第592頁。
〔註119〕參見張昇：《四庫全書館研究》，北京師範大學出版社，2012年版，第42頁。
〔註120〕中國第一歷史檔案館編：《雍正朝漢文硃批奏摺彙編》第33冊，第585頁。
〔註121〕本表主要以雍正四年吏部尚書孫柱議敍摺公佈的纂修人員名單（載《清代吏治史料·官員管理史料》第十八冊，線裝書局，2004年版，第10707～10712頁），並結合相關史料，製定而成。
〔註122〕注：據蔣廷錫奏摺所言存留八十人當屬雍正元年的情況，康熙開館情況更爲複雜，其中在館時間最長的爲九年六個月，其次爲九年五個月，其餘有八

	王穎梁、劉國傑、黃雲鴻、徐寧、錢松、唐方沂、陳經合、魯一佐、林佶、林在峩、林在衡、陳聖恩、陳聖眷、陳夢鵬、陳聖瑞、陳聖策、周昌言、汪漢倬、林鐔、方僑、鄭寬、許本植、李萊、楊昌言、楊祖祥、金筠、唐朝鎮、劉庶、曹鈺、王尊、續緝、車松、圖麒、李錫秦、高僑飛、俞養直、關壽、郭如岐、許元基、胡淦、禪他海、莫之鶚、孟尚霖、韓繡英、趙之樞、舒德、鄧傑、錫管、章文禮、章文樂、梁廷椿、李映晠、朱文璣、孔慶雲、曹廷基、許弘健、方正志、楊尚琮、汪百川、李灼、鄒弘業、魯玦、麥拉素、法可進、富岱、錢志修、葉鈞、張復祖、方世清、黃鐘、馮士弘、鉰鑰、黃鐘相、於廷鳳、史書、王澤永、朱象萃〔註123〕等 95 人以上

雍正朝集成館（1723～1725）

職掌分工	人員
監修	莊親王允祿
總裁	蔣廷錫
副總裁	陳邦彥
分編、分校共計 60 人〔註124〕	李錫秦等二十員校閱續纂、高僑飛等 12 員專任校閱，金筠等 14 員磨對刷印、俞養直等 10 員收查卷頁號數校對補改，徐寧、關壽 2 員查理一應校對書籍，車松、圖麒總任分書、收書、登記之事

表格資料來源：

檔案：《雍正朝漢文朱批奏摺》、蔣廷錫雍正三年奏摺（戶部左侍郎蔣廷錫奏爲古今圖書集成纂校已竣在事出力各員請交翰林院量加議敘）、《清代官員履歷檔案全編》等。

文集：《長吟閣詩集》《金東山文集》《全韻詩》《來山堂書鈔》《雪橋詩話餘集》《弱水集》《健餘先生文集》《華陽散稿》《東原文集》等。

家譜：乾隆十三年《安徽休寧金氏族譜》《昆陵大街楊氏族譜》、民國二十二年《續修張氏族譜》等。

方志：同治《蘇州府志》《光緒桐鄉縣志》、光緒《嘉興府志》、嘉慶十二年《石岡廣福合志》、乾隆《婁縣志》《松江縣志》《江蘇詩微》、光緒《順天府志》《兩浙輶軒錄》、乾隆《博野縣志》、同治《武寧縣志》、同治《南昌府志》、乾隆《婁縣志》、嘉慶《松江府志》，同治《上海縣志》、光緒《重修華亭縣志》、嘉慶《直隸太倉州志》、同治《上海縣志》、嘉慶《直隸太倉州志》、乾隆《陸豐縣志》《山西盂縣志》、嘉慶《直隸郴州總志》、光緒《武進陽湖縣志》、同治《上海縣志》《續纂淮關統志》、乾隆《滄州志》、民國《尤溪縣志》、光緒《續修廬州府志》、同治《上海縣志》《紀王鎮志》、道光《上元縣志》、嘉慶《重刊江寧府志》《新纂雲南通志》、乾隆《武進縣志》《清代毗陵名人小傳稿》、光緒《武陽志餘》等。

年、七年、六年、四年、三年不等。入館時間不一，在館時間有長有短，有因事（調任、黜革、休致）提前離開館者。據筆者統計，康熙、雍正年間先後入館的人員約計九十餘人，康熙時實際人數與八十人當有所出入。

〔註123〕康熙五十九年內閣大庫檔案《〔翰林院〕爲查對武英殿等處所送生監人數》，登錄號：164047-001，原件藏臺灣中研院歷史語言研究所。

〔註124〕注：此六十人名單可根據雍正四年吏部尚書孫柱奏摺一一可考，值得注意的是這六十人當中大部分爲康熙集成館所存留人員，少量爲雍正時補入，與康熙時有所重複，故只說明職掌，不一一列舉。

三、纂修人員的議敘

清代內府修書，書成之日，纂修人員例有議敘。如康熙五十一年六月初九日檔案：

> 奴才竊查去年十月內，爲議敘編纂《佩文韻府》人員，將記錄人名、履歷一書奏呈御覽。奉旨：著交揆敘議奏。爾所查記錄勤惰一文亦交付之。欽此。交與揆敘，由翰林院議奏：勤者加一級即行錄用，凡惰者暫免議敘，交另修書處效力，任績平常候補州同之監生潘秉鈞等數人，皆照內官學教習之例，凡滿六年者，即補知縣，年未滿者交另修書處效力，待年滿時，即補知縣。〔註125〕

康熙五十一年，《佩文韻府》告成後，其議敘修書人員之例，交由翰林院查其勤惰及行走年份，修書年滿六年者官知縣，不足六年者調往其它修書館繼續修書，年滿後方得議敘。可見，康熙末年，已經建立一套較爲完整的修書議敘機制。當然，若修書成績較好，皇帝親批，修書人員加倍議敘者也偶有所見。如翰林院檢討何人龍向雍正帝所報告的：「迨康熙六十年算法書成，奏請加等議敘，內而員外主事，外而知府知州，不一而足。」〔註126〕密摺中所謂「算法」即《數理精蘊》一書，告成後，當時即得超規格優敘，從員外、主事到知府、知州，修書人員紛紛得以陞遷，不同於一般館例。

《集成》於康熙五十八年基本編纂完成，監修允祉原本也是準備仿照議敘《數理精蘊》之例，對集成館纂修人員加倍議敘，「康熙五十八年四月，誠親王摺奏，古今圖書集成館纂校人員經署包衣昂邦事海張等議奏，有『書完之日比尋常修書之人加等分議』」。〔註127〕可惜，隨著康熙帝駕崩、雍正即位，允祉的這一建議遭到了翰林院檢討何人龍等人非議，謂其爲「名器濫觴，孰甚於此」。〔註128〕

雍正元年正月二十七日蔣廷錫等奏陳辦理古今圖書集成情形並編校人員去留摺，提出懲治集成館總裁陳夢雷十餘人外，還提出將來書成之日議敘纂

〔註125〕翁連溪編：《清內府刻書檔案史料彙編》上冊，江蘇廣陵書社，2007 年版，第 25 頁。

〔註126〕中國第一歷史檔案館編《雍正朝漢文硃批奏摺彙編》第 32 冊，江蘇古籍出版社，1989 年版，第 32 頁。

〔註127〕中國第一歷史檔案館編：《雍正朝漢文硃批奏摺彙編》第 33 冊，江蘇古籍出版社，1989 年版，第 592 頁。

〔註128〕中國第一歷史檔案館編：《雍正朝漢文硃批奏摺彙編》第 32 冊，江蘇古籍出版社，1989 年版，第 31～33 頁。

校人員，以此激勵纂校人員：

> 存六十四人，臣等就所分校之書察其勘對勤惰、學問優劣。若
> 果校對用心、行走勤謹，書完之日臣等列名具奏請旨；倘有怠忽懶
> 惰者，即時驅逐，或有生事作非者，臣等指名題參黜革。庶勤謹者
> 益加勉勵，怠忽者亦知儆懼矣。

雍正三年十二月，首部《集成》裝潢進呈，集成館隨之閉館。集成館總裁蔣
廷錫對當年允祉提出的加倍議敘加以質疑，並奏請照各館之例議敘集成館編
校人員：

> 竊思當時所議實爲太過，不便援引。又，此諸人有分纂、分校
> 之殊，行走年分有十年至四五年不等，未可概論。謹將六十人分別
> 實在纂校行走年分及內有已經補選與現在告假者，詳細開列另單呈
> 覽，可否照各館修書之例，交翰林院量加議敘。出自皇上天恩，非
> 臣等所敢擅擬。內程可式、徐曰模係黜革舉人，因其在館九年有
> 餘，臣等亦開列附於纂校諸人之後，合併聲明。爲此謹奏請旨。

〔註 129〕

蔣廷錫的建議，自然深得雍正之心，雍正的朱批是「著照各館例，分別議敘
具奏。」等於否決了康熙五十八年加倍議敘的建議，而是按照修書各館之例
議敘。

　　關於議敘的具體情況，鄂容安所編《襄勤伯鄂文端公年譜》有：「欽賜
《古今圖書集成》一萬二千卷……纂修六年書成，復增三年告竣，議敘官數
十人員，費帑資百萬餘兩。」〔註 130〕這裏所謂「議敘官數十人員」的說法較
爲模糊。筆者找到了雍正四年六月初一日吏部尚書孫柱「請准議敘古今圖書
集成館纂校人員」奏摺，所列《集成》纂修人員獎賞情況極爲詳盡：

> 經筵講官吏部尚書兼理兵部尚書事加三級臣孫柱等謹題爲請旨事。
> 準翰林院具題咨稱，據古今圖書集成館總裁蔣廷錫等咨稱雍正元年
> 正月二十七日臣廷錫等奏古今圖書集成館修書人員存留六十人，就
> 所分校之書察其勘對勤惰學問優劣，若果校對用心，行走勤謹，書
> 完之日列名具奏。請旨奉旨依議，欽遵在案。今雍正三年十二月纂

〔註 129〕中國第一歷史檔案館編：《雍正朝漢文硃批奏摺彙編》第 33 冊，江蘇古籍出
　　　　版社，1989 年版，第 592 頁。

〔註 130〕鄂容安等：《襄勤伯鄂文端公年譜》，載中國社會科學院歷史研究所清史研究
　　　　室：《清史資料》第二輯，中華書局，1981 年版，第 99 頁。

校已竣，其纂校人員皆令其出館，謹將六十人分別實在纂校行走年
分詳細開列，另單呈覽可否。照各館修書之例，交翰林院量加議敘。
出自皇上天恩，非臣等所敢擅擬等因，於雍正三年十二月二十七日
具奏，本日奉朱批諭旨，著照各館分別議敘，具奏，欽此。欽遵並
纂校人員行走年分名單一併咨送到臣衙門，臣等查得各館修書議敘
之例，俱以六年爲期滿，其已滿六年者照例議敘，其未滿六年者，
仍分派別館效力，俟六年期滿，再行議敘。在案。今查滿洲生禪他
海行走四年六個月，監生候選州同莫之鶚、生員捐知州即用孟尚霖、
生員韓繡英、監生捐州同金試，俱行走三年二個月，皆與六年期滿
議敘之例不符，相應照例分派別館效力，俟六年期滿，照例議敘外，
進士徐寧、郭如岐係應用知縣之員，以知縣即用，再加一級。舉人
趙之樞、劉國傑、劉克一、張紹懿、金筠、李錫秦俱係考選揀選知，
相應以知縣即用，沈青崖係考選教習，相應俟教習期滿以知縣即用，
滿洲舉人舒德以應用七品京職之缺即用貢生，候選州同陳經合相應
以知縣用，候選州判鄧傑相應以州判即用，監生候選州同王中銘、
王穎梁、錫管、劉庶、魯一佐、錢松、曹鈺、章文禮、朱文昭、章
文樂相應照例以知縣用，候選縣丞梁廷椿、李映昽、朱文璣、候選
主簿孔慶雲相應以應用之職即用，監生許元基、曹廷基俟其考職以
所考職即用，廩生許弘健、方正志、楊尚琮相應以訓導用，生員俞
養直、汪百川、李灼、郭弘業、魯玦、續緝、胡淦、李映昽俟其考
職以所考之職即用，滿洲生員麥拉素、法可進、富岱相應照伊應用
無品筆帖式即用，童生錢志修、葉鈞、張復祖、馬璞、方世清、黃
鐘相應准爲監生，現任刑部主事圖麒、現任都察院筆帖式關壽、現
任州判高儔飛、現任訓導馮士弘、現任工部筆帖式鈞鑰相應於見任
內各二級，原任滿洲檢討車松康熙五十四年御試翰林等官，考在三
等，奉旨原品休致在案，應降一等，以各部主事用，革黜舉人程可
式、徐曰模因科場代作文字革黜舉人，應無庸議等因，於雍正四年
四月初三日具奏請旨，本日奉旨依議，欽此。欽遵。程可式、徐曰
模以奏准無庸議，未滿六年之禪他海等五人應分派別館效力，准做
監生，錢志修等六年應另行知會國子監外，其餘進士徐寧等四十七
人相應知會吏部查照遵行等因前來，查康熙五十八年翰林院議敘修

完《月令輯要》《韻府拾遺》，候選知縣孫天霖等遇缺以知縣即用，候選州同郄家龍等以知縣用，經臣部題明，將遇缺即用者歸於雙月，不入班次，即行銓用，其無遇缺即用字樣，以知縣用者，歸於雙月照漢軍舉人之例五十二缺之後選用一人。奉旨依議，欽遵在案。今翰林院議敘咨送人員除應選班次仍聽其本班選用外，其以知縣即用，再加一級之進士徐寧、郭如岐以知縣即用，之舉人趙之樞、劉國傑、劉克一、張紹懿、金筠、李錫秦並教習期滿以知縣即用，之舉人沈青崖等九員原題並無遇缺即用字樣，若照從前孫天霖等遇缺即用之例，是屬大優，應將徐寧等九員與以知縣用之貢生候選州同陳經合監生候選州同王中銘、王穎梁、錫管、劉庶、魯一佐、錢松、曹鈺、章文禮、朱文昭、章文樂等十一員俱歸於雙月照漢軍舉人之例五十二缺之後選用一人，仍俟徐寧等九員用完之後將陳經合等十一員挨次選用，其准以應用之職即用。之候選州判鄧傑、候選縣丞梁廷椿、李映晼、朱文璣、候選主簿孔慶雲等五員伊等應選之缺一年所出無幾與知縣不同，應歸於雙月照雍正四年二月內臣部議敘一統志館修書人員之例，應班七缺後選用一人，其監生許元基、曹廷基、生員俞養直、汪百川、李灼、郄弘業、魯珙、續緒、胡淦、魯珙等九員應照原題俟其考職後以所考之職亦歸於雙月應班選用七人之後選用一人，其准以訓導用之廩生許弘健、方正志、楊尚琮等三員亦歸於雙月捐納訓導選用七缺之後選用一人，准以應用七品京職即用。之滿洲舉人舒德、原任滿洲檢討降一等、以各部主事用車松等二員入於滿洲官員修書議敘班內照奉旨日期先後單月銓用，其准以應用無品筆帖式即用之滿洲生員麥拉素、法可進、富岱等三員俟伊等該旗缺出入於本旗，現在考試取中人員之末補用。以上各項敘用人員有數人同在一項者俱照翰林院原題名次挨名銓選，其刑部主事圖麒、都察院筆帖式關壽、陝西郊州州判高儁飛、浙江武義縣訓導馮士弘、工部筆帖式鈞鑰等五員應照翰林院議敘，各准其加二級。恭候命下，臣部遵奉施行。謹題請旨。雍正四年五月二十九日題，六月初一日奉旨依議。〔註131〕

〔註131〕《清代吏治史料・官員管理史料》第十八冊，線裝書局，2004年版，第10707～10712頁。

以上所引議敘摺頗為重要，不僅提供了康、雍兩朝集成館纂修人員相對完整的名單和個人履歷，大大方便查考集成館纂修人員的身份、在館時間，而且也是考察雍正朝議敘集成館纂修人員的珍貴史料。從議敘情況看，吏部基本上是援引修書各館議敘之例（如康熙五十八年翰林院議敘《月令輯要》《韻府拾遺》，雍正四年二月吏部議敘一統志館修書人員之例），根據集成館纂修人員的在館時間，分別給予知縣、州判、訓導、各部主事、加級等議敘，並無特殊優厚之處，與允祉提出的方案相比，明顯降低了議敘的標準。

四、纂修人員的構成特點

為了方便討論，筆者根據掌握的現有資料，製成康熙集成館部分纂修人員履歷表。如下：

表四：康熙集成館部分纂修人員履歷表（入館時間可考者）

姓　名	生卒年	字　號	籍　貫	入館時間	入館時功名/銜名	在館時間
允祉（監修）	1677～1732			康熙五十五年（1716）	親王	六年
陳夢雷（總裁）	1650～1741	字則震，號省齋	福建侯官人	康熙五十五年（1716）	進士、翰林院庶吉士	六年
顧承烈（副總裁）	不詳	字念揚，號硯耕	江南長洲人華亭籍	康熙五十七年（1718）	進士、翰林院庶吉士	四年
金門詔（領袖纂修）	1673～1753	字軼東，號東山	江蘇江都人	康熙五十七年（1718）	舉人	四年
楊　縉	1674～？	字自昆，號栗齋	浙江府嘉興府秀水縣人	康熙五十五年（1716）	國子監生、州同	九年五個月
馬　璞	年60餘	字授疇，號厄園	江蘇長洲人	康熙五十七年（1718）	布衣	七年
王中銘	1676～？	字永思，號執齋	江南太倉州嘉定縣人	康熙五十五年（1716）	監生、州同	不詳
黃子雲	1691～1754	字士龍，號野鴻	江蘇崑山人	康熙五十五年（1716）	布衣	三年
程可式	1691～？	字松村	直隸順天府香河縣人	康熙五十五年（1716）	舉人	九年有餘

沈青崖	1691～?	字艮思，號寓舟	原籍順天府大興縣人，後浙江嘉興府秀水人	康熙五十五年（1716）	舉人	九年有餘
徐日模	1685～1762	字範茲	保定府博野縣人	康熙五十五年（1716）	舉人	九年有餘
劉克一	1689～1740	字今衡	保定府博野縣人	康熙五十五年（1716）	舉人	九年有餘
呂昌言	不詳	字雨文	江西武寧縣瓜源人	康熙五十五年（1716）	太學生	九年有餘
王穎梁	1672～?	字懷英	江南松江府華亭縣人	康熙五十五年（1716）	監生、州同	九年六個月
劉國傑	1681～?	不詳	河南衛輝府滑縣人	康熙五十五年（1716）	副榜貢生	九年六個月
黃雲鴻	不詳	字儀雲	浙江遂安人	康熙五十五年（1716）	內廷教習	不詳
徐　寧	1687～?	字學培	江南松江府上海縣人	康熙五十六年（1717）	舉人	八年
錢　松	1688～?	字茂南	江南太倉州嘉定縣人	康熙五十六年（1717）	監生、州同	八年
唐方沂	?～1722	字掄三	江南松江府上海縣人	康熙五十六年（1717）	增監生	五年
陳經合	不詳	字大綸	廣東陸豐縣人	康熙五十六年（1717）	例貢	八年
魯一佐	1678～?	不詳	直隸三韓人，正紅旗漢軍人	康熙五十七年（1718）	附生	七年七個月
張肯堂	卒70歲	字明庭，號蓬客，一號恕齋	山西盂縣人	康熙五十七年（1718）	國學生	七年
金　試	1698～?	不詳	江南嚴州府休寧縣人	康熙五十八年（1719）	捐貢生、州同	六年
朱文昭	1700～?	不詳	順天府大興縣人	康熙五十八年（1719）	由監生捐納州同	六年
毛　涵	不詳	字養浩	江蘇武進人	康熙五十八年（1719）	監生	六年
章文禮	不詳	不詳	浙江紹興府會稽縣人	康熙五十八年（1719）	監生、候選州同	六年

（一）纂修人員有一定的流動性

從筆者所製上表可看出，集成館纂修人員並不是一步到位，其入館、離館時間不一，開館期間既有增補也有裁撤，具有一定的流動性，應該予以動態考察〔註132〕。就康熙朝集成館而言，在入館時間可查的 27 人中，康熙五十五年（1716）入館 13 人，康熙五十六年（1717）入館 4 人，康熙五十七年（1718）入館 6 人，康熙五十八年（1719）入館 4 人。在館時間最長的爲九年六個月，其次爲九年五個月，其餘有八年、七年、六年、四年、三年不等。雍正元年，蔣廷錫奏報集成館去留人員的奏摺中，提到的集成館存留八十人，應該只是當時所存留人員，實際情況是康熙朝集成館前後在館人員近百人，不少纂修人員因委派別地等原因已經中途離館。雍正即位後，清洗了十餘名集成館纂修人員，又從翰林院再調撥數人充實其中，最後在館人員爲六十名。從他們的入館時間看，「監生候選州同莫之鶚、生員捐知州即用孟尙霖、生員韓繡英、監生捐州同金試，俱行走三年二個月」〔註133〕，都是雍正時才入集成館的。有出有入，也可算做集成館纂修人員的二次流動。

（二）纂修人員以年輕的舉貢生爲主

歷代官修大型類書，執事者多爲當時精英，達官顯吏。明代編纂《永樂大典》，前後預事者達兩、三千名，其中不乏名士、大儒及官宦顯達者。康熙末年纂修的《淵鑒類函》，其卷首所列職名表中，總裁官爲文華殿大學士兼禮部尙書張英，內閣學士兼禮部侍郎張榕端等，分纂官、校勘官、收掌官也多爲各部侍郎、內閣學士、翰林院檢討、翰林院侍讀、詹事府少詹事等官員。應該說，纂修人員總體而言職位均較高，翰林院選派的人員占主要比例。考察集成館纂修人員的身份，我們發現，除了總裁陳夢雷曾中進士，授翰林院編修（後獲罪剝奪免），副總裁顧承烈爲進士，授翰林院庶吉士外，其餘絕大部分纂修人員都是身份較爲低微的舉、貢生員。雍正四年六月初一日吏部尙書孫柱「請准議敍古今圖書集成館纂校人員」的奏摺，所羅列的近百位纂修人員履歷也基本上以生員爲主。

〔註132〕修書人員的這種動態變化在修書各館中應該普遍存在，張昇老師在研究四庫館中已經注意到了這一點，「我們考察四庫館時，既要看到其靜態的一面，又要注意其動態的一面。」（參見張昇：《四庫全書館研究》，北京師範大學出版社，2012 年版，第 343 頁），這也給筆者以啓發。

〔註133〕《清代吏治史料·官員管理史料》第十八冊，線裝書局，2004 年版，第 10707～10712 頁。

　　編纂《集成》這樣一部卷帙浩繁，官方性質的類書，一般而言，主事者會組織當世碩儒或者朝廷要員參加，以保證編纂質量不至於低下、典籍內容的政治路線不至於走偏。但實際上，集成館纂修人員多是身份低微的生員，在官修類書史上不能不說是絕無僅有。筆者認為，這與總裁陳夢雷的職權與當時的政治形勢密切相關。其一，《集成》的雛形──《彙編》乃是由陳夢雷所奠定，對於怎樣添補，本人了然於心，《彙編》成書後，陳夢雷提出的建議只是「廣聚別本書籍，合精力少年，分部校讎，使字畫不至舛訛，繕寫呈進」〔註134〕。在陳氏看來，《集成》初稿其實早已完成，而開館修補工作相對容易，「精力少年」就足以承擔其校對編纂的任務了。從集成館人員選拔的自主權看，陳夢雷也獲得了康熙帝和允祉的極大信任，所謂「朝廷歸一老」。資料所見，許多纂修人員都是陳夢雷親自選拔推薦入館的，因此他可以按照自己的想法錄取集成館纂修人員，免受官方的太多掣肘。陳氏看重的是真才實學，如黃子雲，雖是布衣，以詩聞名，陳氏便召其入館。再如金門詔，誠親王每得其詩文，必朱筆親品騭之，列第一人，同館無不推服。〔註135〕其二，《集成》作為類書，是一種資料彙編，本非學術著作，生員具備一定的文化素養，即可勝任編纂工作，按部就班完成分工任務。

　　此外，集成館中多為陳夢雷親信，也是一個突出特點。雍正元年（1723）正月二十七日蔣廷錫奏摺就透露，集成館修書人員八十人皆為陳夢雷所取，其中就有陳夢雷子陳聖恩、陳聖眷，弟陳夢鵬，侄陳聖瑞、陳聖策，招募的術士周昌言、門生汪漢倬、金門詔，福建人林鐔、方僑、鄭寬、許本植〔註136〕，即是何人龍奏摺中所謂「伊子弟戚屬」，集成館乃是陳夢雷幫助誠親王招納人才的大本營。陳夢雷負責編纂《集成》雖有公心，卻也有其私心所在，招引親戚子侄、門生故吏以及較多的晚生後學入館，多有裙帶關係，便於培養為其心腹，也便於組織管理。正因為如此，雍正元年蔣廷錫奏摺才有「此輩功名甚微，未必自重身家，恐致生事，請於翰林院咨取編檢數員分領校對。」

〔註134〕（清）陳夢雷：《松鶴山房文集》卷二‧啟四，《續修四庫全書》第1416冊，第38～39頁。

〔註135〕（清）金門詔：《全韻詩》，管一清乾隆九年序。

〔註136〕「內閣學士蔣廷錫等奏陳辦理古今圖書集成情形並編校人員去留摺」，見中國第一歷史檔案館編：《雍正朝漢文硃批奏摺彙編》第33冊，江蘇古籍出版社，1989年版，第585頁。

（三）就纂修人員知識結構而言，多為術業有專攻者

集成館纂修人員雖然身份低微，甚至有不少布衣，但多屬專業之才，具有較高的學養。如林在峨曾收集藏硯銘詞四百餘首寫成《硯史》，金門詔著有《補遼金元三史藝文志》而名垂青史。筆者將部分纂修人員著述羅列成表，他們的學養一目了然。

表五：部分《集成》纂修人員著述一覽表

姓　名	著　　　　　述
陳夢雷	《周易淺述》八卷，《松鶴山房集》十六卷，《天一道人集》一百卷
顧承烈	《經解》《史纂》《詩文稿》三十卷
金門詔	《三史藝文志》《明史經籍志》《全韻詩》《金東山文集》
楊縉	《栗齋滕稿》二卷
馬璞	《厄園詩集》
王中銘	《延暉軒吟稿》
徐穎梁	《二田書屋詩稿》
黃子雲	《野鴻詩稿》《長吟閣詩集》八卷
程可式	《來山堂文鈔》一卷，《詩鈔》八卷
沈青崖	《寓舟詩集》、修《陝西通志》
唐方沂	《青藜餘照集》《惘惘集》
魯一佐	《鄠縣重續志》五卷
林佶	《樸學齋詩文集》《焦山古鼎》《甘泉宮瓦詩》
林在峨	《陶舫集》《硯史》
楊昌言	《梧岡詩文集》
楊祖祥	《膽庵詩草》《趨庭小草》《匏村集》，皆未梓
王尊	《檢字搜典》三百餘卷
李旭（本名庚）	《北戰遊草》一卷、《西征略紀》一卷
金應元	《種書圃詩文集》《啓麟堂醫方》

總之，前文較為全面地揭示了集成館的管理機制和纂修人員分工情況，除此之外，仍有若干問題值得我們關注。

首先，集成館興廢直接影響到了纂修人員的個人命運。康熙朝集成館開

館之時，能入館與修《集成》，對舉、貢生員身份的纂修人員而言，是莫大的機遇和榮耀。所謂「王總裁集成館書局，延攬名流，遊其門者通顯可立致」〔註137〕，入館意味著得到有希望繼承皇位的親王允祉、大儒陳夢雷的賞識，從此登堂入室，改變人生命運。黃子雲就是當時的獲益者，其《長吟閣詩集》中保留了一篇康熙五十五年初入集成館時的詩文——《書館述懷》:「圖書編校動經年，千里辭家覓俸錢。海內豈無容我地，春來徒有困人天。風塵糊口原如此，草野成名亦偶然。長鋏腰懸返初服，故山高臥薜蘿煙。」〔註138〕在黃氏看來，集成館儼然成了他「草野成名」的福地，因而發出「海內豈無容我地」的感懷。

其次，不少纂修人員入集成館後，得以飽讀內府藏書，獲益不小。他們在館期間或在閒暇時摘錄相關文獻，自著為書，或者將族人事跡載入《集成》，顯耀門楣。〔註139〕如唐方沂，在集成館期間，「於編纂之餘，撰筆記十卷，名曰《青藜餘照》。……今先生之以青藜名其書也，意其在館之時夜以繼日，專精覃思，安知霄漢之表不有太乙。」〔註140〕李灼，「預修《古今圖書集成》，得縱觀中秘藏書，於公事之暇，輒詳考至聖之言行與歷代之崇儒，越今廿有餘年，積而成帙」〔註141〕，最後編成《至聖編年世紀》，成一家之言。

就在《集成》即將完成、允祉提議加倍議敘、修書人員加官進爵指日可待之時，康熙駕崩，雍正即位，形勢突變。雍正帝下令清洗康熙朝部分纂修人員，總裁陳夢雷被二次流放，集成館中的親戚子侄均遭到不同程度懲治，而作為集成館領袖纂修的金門詔因捲入太深，也遭黜革，其《全韻詩・懷三館吟》生動描述了這種大逆轉，「皇皇將嫁女，栗栗懷姹嫇。短薄齊長狄，陬官雜孟嫉。慎遴冀北駿，珍比玉山雞。朝賀隨駕立，迎鑾傍雁趨。方沂附鳳翼，旋泣攀龍鬚。悲矣胡為者，歸與命也夫。」〔註142〕無奈之中，金氏只能歸之為命運。雍正元年受陳夢雷案牽連而「降調革杖禁錮有差」者中的集

〔註137〕（清）吳鰲:《乾隆博野縣志》卷六《儒林》，清乾隆三十一年刻本。
〔註138〕（清）黃子雲:《長吟閣詩集》卷一《書館述懷》，清乾隆刻本，國家圖書館藏。
〔註139〕（清）金門詔修:《安徽休寧金氏族譜》卷三十五，清乾隆十三年活字本，國家圖書館藏。
〔註140〕（清）唐秉鈞:《文房肆考圖說》卷七《王鶴溪青藜餘照集序》，清乾隆刻本。
〔註141〕（清）李灼:《至聖編年世紀》，清乾隆十六年自序，《四庫全書存目叢書》史部第81冊，齊魯書社，1996年版，第160頁。
〔註142〕（清）金門詔《全韻詩》上卷《懷三館吟》，乾隆七年刻本，國家圖書館藏。

成館纂修人員林佶有《癸卯罷官出都宿磐石庵》詩二首，描述了其獲罪之突然及驚魂未定：「銀鐺才釋放歸田，願攜雞豚共上天。那意更遭嚴譴逐，頓令盡室播顛連。兒孫分析休官頃，行李倉皇去國先。暫借雲棲留信宿，驚魂尚悸敢安眠。」〔註143〕此外，集成館監修允祉本人的遭遇也頗為坎坷。雍正八年五月二十四日奉旨：「將允祉革去親王，其如何拘禁之處，候朕另降諭旨。」〔註144〕允祉遂被拘禁於景山永安亭。雍正十年閏五月，允祉病逝于禁所。雍正帝命「一切殯葬之禮，著照郡王例行，賞內庫銀五千兩，料理喪事」〔註145〕。直到乾隆二年，允祉才被追諡「隱」，復原封誠郡王。可以說，集成館興廢直接改變了許多纂修人員的人生命運，幸運的議敘陞官，得以遍覽內府藏書，著書立說，不幸的則遭貶謫或者被發配戍邊，這無疑是中國古代修書與政治發生糾葛的一個縮影。

〔註143〕（清）林佶：《樸學齋詩稿》卷七，《四庫全書存目叢書》集部第 262 冊，齊魯書社，1997 年版，第 88 頁。

〔註144〕《清世宗實錄》卷九十四，雍正八年五月辛卯，中華書局，1985 年版，第 266 頁。

〔註145〕《清世宗實錄》卷一百一十九，雍正十年閏五月甲辰，中華書局，1985 年版，第 580 頁。

第四章　銅字館與《古今圖書集成》的刊刻

一、集成館與銅字館

梳理文獻記載，清代內府銅活字製作於康熙末年，爲刷印萬卷的《古今圖書集成》而設立。乾隆帝稱：「康熙年間編纂《古今圖書集成》，刻銅字爲活版，排印藏工，貯之武英殿。」〔註1〕《國朝宮史續編》也提到：「我朝康熙年間御纂《古今圖書集成》，爰創銅字版式，事半功倍，允堪模範千秋。」〔註2〕但這些文獻記載所述語焉不詳，不知何據，仍不足以確證內府銅活字製作目的乃是爲刷印《古今圖書集成》。幸運的是，筆者找到了解開這一謎團的關鍵性檔案。雍正元年（1723），翰林院檢討何人龍給雍正帝上了一道密摺，披露了不少重要史實，其摺內稱：

> 纂修之議敘過濫，不可不重名器也。開館修書乃先帝生知好古，命儒臣搜輯，復加督應親裁，然後文章煥然。……自誠親王作總裁而開館之名色遂多，曰算法，曰曆法，曰六壬，曰奇門，曰子評，曰音律譜。每館取纂修若干人，實皆門客，陳夢雷教之收納人才耳。一時奔競之徒藉爲仕宦捷徑，紛紛干進諂媚。誠親王代爲啓

〔註1〕　（清）弘曆：《御製詩四集》卷二十二《題武英殿聚珍版十韻有序》，乾隆三十八年（1783）武英殿刻本。

〔註2〕　（清）慶桂等：《國朝宮史續編》卷九十四，北京：北京古籍出版社，1994年版，第915頁。

奏，今日求錢糧，明日求衣，又明日求屋。在先帝急欲書成，悉如
其請，靡費帑金，歲每數萬。……*自奔競之術行，而陳夢雷始現身*
設法，極巧窮工，歆動先帝，奏稱集成有萬卷，書請開銅字館，印
*刷進呈。每歲銷耗錢糧十倍諸館之數，中飽過半，罪已當誅。*復招
逆臣楊文言之子與伊子弟戚屬共主館事，互相援引，匪類日增，漸
爲內患。恭遇我皇上登級，聖神英武，首誅大惡，戮伊父子，逐伊
黨類，銅字一館不復藏垢納污，人心痛快。至於誠親王職任纂修，
濫市恩賞，物議難逃。〔註3〕

清代翰林院之制，翰林參與內府修書，何人龍〔註4〕在翰林院供職長達九年，
又曾在國史館行走，熟稔內府修書典故，所言自屬可信。何人龍密摺中所稱
「集成」即是康熙下令敕編之《古今圖書集成》。密摺同時透露了一個重要信
息，即陳夢雷奏稱《集成》有萬卷之多，書請開銅字館，印刷進呈。陳夢雷
的這一提議得到了康熙帝的准允，銅字館最終得以開設，負責《集成》的刷
印等事宜。

　　銅字館與集成館同爲《集成》的辦理機構，二者是何種關係呢？雍正
元年，蔣廷錫接替陳夢雷任集成館總裁，在其奏陳中提及了集成館的纂修
情況：

　　　　其修書人員陳夢雷所取八十人，今除陳聖恩、陳聖眷已經發
遣，周昌言現在緝拿，汪漢倬、金門詔已經黜革。其陳夢雷之弟陳
夢鵬，侄陳聖瑞、陳聖策，應驅逐回籍。林鐔、方僑、鄭寬、許本
植四人皆福建人，係陳夢雷之親，林在衡、林在峩二人係已革中書
林佶之子，亦應驅逐。〔註5〕

這裏列舉的 10 餘名集成館纂修人員，多爲陳夢雷的親戚子侄，與何人龍奏摺

〔註3〕　原題：「翰林院檢討何人龍奏陳澤旺納款宜設重鎮兵屯以固封守及修書議敘宜
　　　　嚴甄別不得濫除州縣摺」，原摺無年月，依據具奏者何人龍職務變化推斷得出
　　　　（原爲翰林院檢討，雍正元年十月引見，奉旨以部郎用）。見中國第一歷史檔
　　　　案館編：《雍正朝漢文硃批奏摺彙編》第 32 冊，南京：江蘇古籍出版社，1989
　　　　年版，第 31～33 頁。
〔註4〕　何人龍，江西建昌府廣昌縣人，康熙五十二年（1713）恩科進士，授翰林院
　　　　檢討，食俸九年，在國史館行走。雍正元年十月引見，奉旨以部郎用。參見
　　　　〔3〕，第 35 冊，第 883～884 頁。
〔註5〕　「內閣學士蔣廷錫等奏陳辦理古今圖書集成情形並編校人員去留摺」，見中國
　　　　第一歷史檔案館編：《雍正朝漢文硃批奏摺彙編》第 33 冊，南京：江蘇古籍
　　　　出版社，1989 年版，第 585 頁。

中所謂「伊子弟戚屬」二者應指同一事。在何人龍的奏摺中，陳夢雷之弟陳夢鵬，侄陳聖瑞、陳聖策等人，被指爲與陳夢雷共主銅字館，而在蔣廷錫的奏摺中，他們則是集成館的修書人員。很明顯，銅字館與集成館應是意指同一地點。稱集成館爲銅字館，顯然也與其製作銅活字、刻印《集成》的職能有關。

如前所述，銅字館是集成館之別名，在文獻檔案中，又往往被稱爲「銅板館」或「武英殿銅板館」。康熙五十九年（1720），翰林院爲查對武英殿等處所送生監人數的內閣檔案中提到了武英殿銅板館：

> 康熙伍拾玖年拾月拾捌日，內閣交出學士蔣廷錫、勵廷儀所交武英殿銅板館、算法館交與翰林院轉各處所送人數查明，再交與順天府。除國子監學院處所送生、監外，將各處所送人數照伊檔案對明查看寫送。查此事交與禮部轉交。等語。咨查各處去後，翰林院本衙門咨送貢生高衡壹人，武英殿修書處咨送監生王宸儔等伍人，修算書處咨送七品官朱崧等拾捌人，纂修子史精華館咨送貢生王（香奇）等伍人，纂修明史館咨送生員黃公禾等拾人。以上俱與順天府原冊相符。查得欽定古今圖書集成館送部冊內，漢貢監生員共伍拾捌名，及取順天府原冊查對，係陸拾貳名，名數不符。逐名細查，多送肆人。於廷鳳、史書、王澤永三人已經中式，朱象萃壹人不曾中式。〔註6〕

此則檔案將「武英殿銅板館」和「欽定古今圖書集成館」並舉，說明二者名稱不同，實則同指一地。這也就清楚地說明了銅字館所在地是在武英殿。從修書人員的文獻記載看，前引何人龍奏摺所稱「逆臣楊文言之子」即楊祖祥，曾入武英殿銅板館。《讀畫輯略》云：「楊祖祥，字充閭，江蘇武進人，康熙間以監生在武英殿銅板館纂修《古今圖書集成》。善畫花卉，傅色妍靜，折枝小幅尤佳。」〔註7〕《續纂淮關統志》卷十三：「劉庶，字允眾，板閘鎮人，食餼順天，工詩字。充銅板館纂修《古今圖書集成》，議敘授直隸商州洛南知縣。」〔註8〕又，雍正六年（1728年）署理江蘇巡撫尹繼善奏稱：「查車

〔註6〕　臺灣中研院歷史語言研究所藏內閣大庫檔案，《翰林院爲查對武英殿等處所送生監人數》，康熙五十九年年十月十八日，檔號：164047-001。
〔註7〕　（清）玉獅老人：《讀畫輯略》，上海：商務印書館，1920年版。
〔註8〕　（清）馬麟：《續纂淮關統志》卷十三，清乾隆刻，嘉慶、光緒間遞修本。

松係鑲白旗滿洲原任翰林院檢討，後在銅板館行走，好交接閒遊。」〔註9〕而據蔣廷錫奏摺，車松在遭雍正帝清洗後重新開館的集成館中「總任分書收書登記之事」〔註10〕，尹繼善所稱車松「在銅板館行走」即指其曾在集成館負責編纂《集成》和銅活字的製作、印刷工作。《四庫全書總目》經部易類收有陳夢雷所著《周易淺述》八卷，書目下有陳氏傳記一則，「夢雷字省齋，閩縣人。……官翰林院編修，緣事譴戍，後蒙恩召還，校正銅板。復緣事譴戍，卒於戍所。」〔註11〕顯然，所謂「校正銅板」，即是何人龍所密告的陳夢雷在「銅字館」負責監造、校看銅活字，用以刷印《古今圖書集成》。四庫館臣距陳夢雷的時代不遠，陳夢雷在「銅字館」監造銅活字，用銅活字擺印《古今圖書集成》，已是時人所熟知的一個史實。

　　陳夢雷在康熙四十五年（1706）《進〈彙編〉啟》中就設想好《彙編》將來能刊刻印行「發付梓人刊刻」〔註12〕。康熙五十五年（1716），經陳夢雷奏請，康熙帝恩准開銅字館（即集成館），組織力量製作銅活字用以刷印《集成》。雍正元年（1723）正月二十七日蔣廷錫、陳邦彥奏摺中有「查康熙五十九年（1720）奉先帝諭旨，《古今圖書集成》刷印六十部」〔註13〕之語，康熙帝既對印刷的數量作出具體指示，說明其時銅活字製作、印刷紙張諸事都已準備停當，只待印刷。自康熙五十九年（1720）至六十一年（1722），陳夢雷等人的工作就是排版刷印《集成》。雍正即位後，任命蔣廷錫為總裁率領六十名館員繼續未竟工作，「將已刷過之書，每人先各分校十卷。一卷之中，必有十餘頁錯誤應改印者。是雖名為將完之書，其未完之工實有十分之四也。臣等一面將未刷之書，令在館人員詳細校對刷印，一面將已刷之書，令在館人員分卷重校，臣廷錫、臣邦彥再加總閱，務期改正無誤，仰副皇上命臣等至

〔註9〕　《欽定四庫全書·世宗憲皇帝朱批諭旨》卷二百二十三。

〔註10〕「戶部左侍郎蔣廷錫等奏照各館之例議敘古今圖書集成編纂校對人員摺」，見中國第一歷史檔案館編：《雍正朝漢文硃批奏摺彙編》第33冊，南京：江蘇古籍出版社，1989年版，第592頁。

〔註11〕（清）永瑢等編：《四庫全書總目提要》卷六，經部·易，《文淵閣四庫全書》本。

〔註12〕（清）陳夢雷：《松鶴山房文集》卷二·啟四，《續修四庫全書》第1416冊，第38～39頁。

〔註13〕「內閣學士蔣廷錫等奏陳辦理古今圖書集成情形並編校人員去留摺」，見中國第一歷史檔案館編：《雍正朝漢文硃批奏摺彙編》第33冊，南京：江蘇古籍出版社，1989年版，第585頁。

意。」〔註 14〕對於蔣廷錫提出的「改印」方案，雍正在硃批諭旨中明確指示：「改印者不必，恐有後論。將已成好之書改壞，大有所關。如必有不可處，亦當聲聞於眾而行。」於是，蔣廷錫等人除了繼續刷印「未刷者三百七十九卷」外，將主要精力集中在對文字的審核校改上，「督率在館諸臣重加編校。窮朝夕之力，閱三載之勤，凡釐定三千餘卷，增刪數十萬言。」〔註 15〕對於個別誤字，採取挖去誤字，再用原銅活字鈐蓋補上新字的方式〔註 16〕。至雍正三年（1725）十二月，「纂校已竣，除進呈本已裝潢外，尚有六十三部現在折配。俟完日交與武英殿收管，其纂校人員皆令其出館。」〔註 17〕至此，第一部《集成》已用銅活字刷印完畢，裝潢進呈，其餘《集成》尚在折配中。俟雍正六年，共印六十四部及樣書一部〔註 18〕。至此，自康熙五十五年（1716）至雍正六年（1728）長達十餘年的時間中，內府成功製作了大量銅活字並用以刷印一萬卷的《集成》，這一史無前例的浩大工程得以告竣。

二、《古今圖書集成》銅活字的製作與刊刻

清代內府銅活字是中國活字印刷史的經典論題，但限於文獻檔案及實物資料的闕失，目前學界仍對清代內府銅活字的諸多問題聚訟不已，成為一樁重要的學術公案。關於《集成》銅活字的數量，清代學者包世臣認為有「數百十萬」個，〔註 19〕也就是上百萬個；麥高文認為是二十三萬個；法國儒連認為是二十五萬個；〔註 20〕翁連溪先生認為「如按每人每月工銀 3 兩 5 錢計算，刻銅字人每天要刻 5 個銅活字，按每月 30 天算，共刻字 150 個，25 萬銅

〔註 14〕「內閣學士蔣廷錫等奏陳辦理古今圖書集成情形並編校人員去留摺」，中國第一歷史檔案館編：《雍正朝漢文硃批奏摺彙編》第 33 冊，南京：江蘇古籍出版社，1989 年版，第 585 頁。

〔註 15〕銅活字版《古今圖書集成》雍正御製序文，雍正四年（1726）九月二十日。

〔註 16〕辛德勇：《書林剩話》，《書品》1999 年第 5 期，第 58 頁。

〔註 17〕「戶部左侍郎蔣廷錫等奏昭各館之例議敘古今圖書集成編纂校對人員摺」，中國第一歷史檔案館編：《雍正朝漢文硃批奏摺彙編》第 33 冊，江蘇古籍出版社，1989 年版，第 592 頁。

〔註 18〕「內務府奏清查武英殿修書處餘書請將監造司庫等官員議處摺」，乾隆四十一年四月十八日，載《史料旬刊》第十四期，又載袁同禮：《關於圖書集成之文獻》，《圖書館學季刊》1932 年第 6 卷第 3 期。

〔註 19〕（清）包世臣：《安吳論書》，咫進齋叢書第二集，光緒九年（1883）刻本。

〔註 20〕麥高文、儒連的說法參見英國翟斯理：《欽定古今圖集成索引》導言，1911 年倫敦出版。轉引自張秀民：《清代的銅活字》，《張秀民印刷史論文集》，印刷工業出版社，1988 年版，第 252 頁。

活字由 50 人鐫刻要用近 3 年的時間，這以當時清內府的財力、人力是完全可以辦到的。」〔註21〕很明顯，他估測的數字也是 25 萬左右；潘吉星先生推斷銅活字數量為 100～200 萬個〔註22〕，接近於包世臣所說的數字；曹洪軍先生對於 100～200 萬的數字持不同意見，認為對內府銅活字數量的估算，要從漢語的規律和漢文書籍實際情形出發，「清內府銅活字的數量在 20 餘萬左右比較合理，100～200 萬個恐怕離實際情形太遠了。」〔註23〕從以上各種說法可以看出，學界關於銅活字的數量的推斷，雖然有二十三萬、二十五萬、百萬等不同說法，但都缺乏檔案和實物資料的證明。正如潘吉星先生所言，儒連所說的「二十五萬」這一數字很可能是根據「乾隆時刊《武英殿聚珍版叢書》用 25.3 萬個木活字而估計的」。〔註24〕

　　《集成》銅活字的製作方法也是學界論爭有年的問題。現有文獻中有兩種截然不同的說法。龔顯曾《亦園脞牘》云：「康熙中武英殿活字版範銅為之」〔註25〕。清人吳長元《宸垣識略》云：「武英殿活字版向係銅鑄，為印《古今圖書集成》而設。」〔註26〕另據包世臣云：「康熙中內府鑄精銅活字數百十萬排印書籍。」〔註27〕與「鑄造說」相反，乾隆帝稱康熙年間編纂《古今圖書集成》「刻銅字為活版，排印藏工，貯之武英殿」。〔註28〕所述內府銅活字是逐個鐫刻的。據《大清會典事例》記載：「武英殿庫作專司銅字，銅盤及擺列等事雇擺字人，每月每人工銀三兩五錢，刻銅字人，每字工銀二分五釐。」〔註29〕所言「刻銅字人」而不言「鑄銅字人」，顯然也是指明內府銅活字係鐫刻。文獻記載的殊異和模糊，也引起後世中外學者對內府銅活字製作方法的持續爭議。張秀民、盧秀菊、翁連溪、曹洪軍等均主張內府銅活字是

〔註21〕翁連溪：《談清代內府的銅活字印書》，《故宮博物院院刊》2003 年第 3 期。
〔註22〕潘吉星：《中國金屬活字印刷技術史》，遼寧科學技術出版社，2001 年，第 93～103 頁。
〔註23〕曹紅軍：《〈古今圖書集成〉版本研究》，《故宮博物院院刊》2007 年第 3 期。
〔註24〕潘吉星：《中國金屬活字印刷技術史》，遼寧科學技術出版社，2001 年版，第 93～103 頁。
〔註25〕（清）龔顯曾：《亦園脞牘》卷一，光緒四年（1878）誦芬堂木活子本。
〔註26〕（清）吳長元：《宸垣識略》，北京古籍出版社，1981 年版，第 55 頁。
〔註27〕（清）包世臣：《安吳論書》，咫進齋叢書第二集，光緒九年（1883）刻本。
〔註28〕（清）弘曆：《御製詩四集》卷二十二「題武英殿聚珍版十韻有序」，乾隆三十八年（1783），武英殿活字印本。
〔註29〕《大清會典事例》卷一一九九，清光緒二十五年（1889）石印本。

鐫刻而成的，潘吉星〔註30〕等則認爲是鑄造而成的。

　　內府所製作《集成》的銅活字實際數字多少？銅活字製作方法係鑄造還是鐫刻？筆者找到了可以解開這些謎團的關鍵檔案。乾隆十八年（1749）六月十四日內務府慎刑司參奏將管理武英殿御書處官永忠等治罪，這椿案件涉及到了內府銅活字的諸多重要史實。爲了方便說明，茲披露如下：

　　　查武英殿奏銷檔內有雍正十一年奏明，貯庫有字銅子一百一萬五千
　　　四百三十三個，無字銅子十八萬八千四百四個。後經乾隆九年奏交
　　　鑄爐處時，永忠、鄭三格只將有字銅子一百一萬五千四百三十三個
　　　奏交鑄爐處，其無字銅子十八萬八千四百四個並未入奏。……據永
　　　忠供，乾隆九年查奏武英殿銅字時，原任員外郎鄭三格他原是管銅
　　　字作的人，著他清查得銅字館交來銅字一百一萬五千餘個，何玉柱
　　　抄家的銅字十八萬八千零。他告訴我說，銅字收貯日久，歷年盤查
　　　擺用遺失的狠，有若要全交時，誠恐數目不數，無的賠補。不如將
　　　何玉柱抄家的留下，以備補救。我又平素聞得銅字有遺失的，是以
　　　聽了他的話，只將銅字館交來的一百一萬五千餘個銅字回和親王奏
　　　了，交鑄爐處收訖。及至盤交後，見其餘大小銅字仍有十八萬餘個，
　　　遺失者不多，不敢將留下的緣故回稟和親王，是以稱說是早年抄家
　　　的遺漏未載，王爺可以留用。和親王說既是餘出來的，你們送往府
　　　裏來罷。將十八萬餘個銅字我同姚文彬送了一次，同鄭三格送了一
　　　次，兩次送完了。此事實係我同鄭三格辦的，但鄭三格業已身故，
　　　我如何敢推諉呢。這就是我該死，有何辯處。所供是實。……據崔
　　　毓奇供，我原是武英殿庫掌，於乾隆六年間派管銅字庫，於乾隆九
　　　年冬月據員外郎永忠、監造鄭三格叫我速查銅字數目，要交造佛處。
　　　即照檔查明，向永忠、鄭三格報明。永忠、鄭三格恐數目有差，鄭
　　　三格要了檔子去，照數查看，數目不少。永忠、鄭三格派我送到經
　　　史館，永忠、鄭三格親收，是實。後檔子房筆帖式常寧叫我在檔子
　　　上畫交完的押，我不敢畫押。我原接的銅字檔一小本即回稟永忠、
　　　鄭三格此檔交存何處，永忠、鄭三格叫交檔案房常寧，我即交常寧
　　　收了，除此別情，我實不知。所供是實。等語。據常寧供，我原先

〔註30〕　潘吉星：《中國金屬活字印刷技術史》，遼寧科學技術出版社，2001年版，第
　　　　　93～103頁。

當筆帖式時，於乾隆十年間庫掌崔毓奇曾將銅字檔子一本交給與我，我隨即收在檔子房，後監造鄭三格親身到檔子房來，將檔子要去，我後來向他要過幾次，他因循著並未曾給回與我，後年久了我也就忘記了。是實。……據永忠供，此項銅子原是我同鄭三格商議要隱匿下送給和親王，爲的是討和親王喜歡，以爲我等陞遷之階。這是真情，我等並無侵欺分用。況平素和親王要刷印書籍以及要幾個官匠役家裏作活，遇著官物料不足，我等還自辦理，送給和親王。這銅子我們如何肯留下呢，這原是我們的本意，求詳情就明白了。

等語。〔註31〕

武英殿曾設銅字庫，管理銅活字，該內務府檔案詳細記載了乾隆年間派管銅字作的武英殿員外郎永忠、庫掌崔毓奇等人的供詞。據《大清會典事例》載：「銅字庫‧庫掌一員，拜唐阿二名，專司銅字、銅盤及擺列等事。……乾隆九年奏准將銅字庫所貯銅字、銅盤交該處銷毀，所有該庫庫掌、拜唐阿仍留本處分派各作行走。」〔註32〕核諸前引檔案，所言不虛。

筆者認爲，此則內務府檔案價值極大，加以分析，可以得到如下重要信息：第一，就現有的清代官方檔案而言，首次揭示出了內府所製作銅活字的詳細數字。根據武英殿奏銷檔，雍正十一年（1733），銅字庫接收到武英殿「銅字館」移交來的大小有字銅子一百一萬五千四百三十三個，從太監何玉柱抄家所得無字銅子十八萬八千四百四個。乾隆九年（1744），銅字庫管理人員按銅字檔覆查時，「照數查看，數目不少。」這次核查的結果證明，銅字庫所貯百餘萬有字銅子，與雍正十一年（1733）相比，絲毫沒有丟失，而十八萬餘的無字銅子也「遺失者不多」。鄭三格所謂「銅字收貯日久，歷年盤查擺用遺失的狠，有若要全交時，誠恐數目不敷，無的賠補。不如將何玉柱抄家的留下，以備補救」云云，乃係「永忠同鄭三格商議不行盡數奏明，要送與和親王」，其中多有隱晦。銅活字大量丟失的說法，顯係鄭三格等人的捏造，並非事實。一百一萬五千四百三十三個銅活字的實際數字證明了包世臣所認爲的「數百十萬」個〔註33〕有一定的事實依據。

〔註31〕 內務府檔案，所屬卷號：05-0128，檔號：05-0128-070。封面夾簽白紙原題：五號，乾隆十八年六月十四日慎刑司奏爲將管理武英殿御書處官永忠等治罪事。

〔註32〕 《大清會典事例》卷一一九九，清光緒二十五年（1889）石印本。

〔註33〕 （清）包世臣：《安吳論書》，咫進齋叢書第二集，光緒九年（1883）刻本。

　　第二，該檔案詳細說明了內府銅活字的保存情況和去處。乾隆九年（1744）和親王弘晝奏請將內府銅活字交給鑄爐處（即庫掌崔毓奇所稱「造佛處」），得到雍正帝的准允，但是具體執行過程中，負責銅字庫的永忠、鄭三格只將有字銅子一百一萬五千四百三十三個如數奏交鑄爐處，其無字銅子十八萬八千四百四個並未入奏。永忠同鄭三格商議稱說是早年抄家的遺漏未載，隱匿下送給了和親王弘晝，以討好弘晝，作爲他們的陞遷之階。第三，檔案顯示，清代內府曾經有記載銅活字情況的銅字檔。乾隆九年（1744），武英殿監造鄭三格等人爲了掩蓋他們隱匿銅活字送給和親王的劣蹟，到檔子房來將檔子要去，因循不給。後因鄭三格身故，致使銅字庫所貯珍貴的銅活字檔案不清，最後不知所蹤了，實爲中國活字印刷史上無法彌補的巨大損失。

　　尤其值得我們注意的是，檔案首次揭示，銅子分爲有字和無字兩種，在武英殿銅字庫中既貯存有一百餘萬的有字銅子，也有十八萬餘的無字銅子，銅字庫所貯無字銅子係從何玉柱抄家所得。何玉柱爲康熙第九子允禟的心腹太監，借允禟權勢大肆斂聚財產，雍正帝稱「允禟之太監何玉柱，一至微至賤之人，而使有家產數十萬」〔註34〕。康熙六十一年（1722）十二月，雍正帝下令籍沒何玉柱的家產，將何玉柱「發往三姓，與窮披甲人爲奴」〔註35〕。何玉柱身份低微，並無財力自行製作大量銅子。筆者推斷，何玉柱可能是內府「銅字館」製作銅活字的辦理人員，其家所得無字銅子係從內府「銅字館」流出。

　　北京大學辛德勇教授對金屬活字的製作方式有精闢論斷，他認爲：

> 活字印刷的書版，則是由直接接觸紙張的活字「字釘」（古人稱作「印」或「字印」）與承放這些字釘的「版片」（古人或稱「字盔」、「字盤」）兩大部分組合而成……所有金屬活字的字釘，事實上都需要鑄造，不然只能用鋼鋸來鋸，兩相比較，後者顯然遠比前者困難，還是鑄造要更爲合理。問題是字釘上面的字，究竟是用刀刻製，還是與字釘一同鑄出。……清雍正年間內府用以印製《古今圖書集成》的銅活字，乾隆皇帝稱之爲「刻銅字爲活板排印」，而同時人吳長元卻記述說此「活字板向係銅鑄」，這同樣應當是一指刻字，一指鑄造

〔註34〕　《清世宗實錄》雍正元年（1723）二月條。
〔註35〕　（清）蕭奭：《永憲錄》卷一，北京：中華書局，1959年版，第63頁。

字釘。〔註36〕

辛教授的這一觀點極具啓發性，值得重視。據前引內務府銅活字檔案及《大清會典事例》，銅字庫貯存有大量的大小銅子和一定數量的銅盤，銅子應是辛教授所說的直接接觸紙張的活字「字釘」，而銅盤則是用以承放這些字釘的「版片」。大量有字銅子和無字銅子的並出，無疑是探索清代內府銅活字製作方法的關鍵性信息。這不僅表明內府製作銅活字過程中製作了大量的備用銅子，可隨時增補不敷所用的銅活字，保證刷印進度，同時也證明了內府銅活字的製作流程很可能是先鑄造成無字銅子，再從無字銅子上刻字，這與朝鮮鑄造銅活字的工藝顯著不同。內府銅活字的製作工藝先後有鑄造和鐫刻兩道工序，有自己的鮮明特點和獨特創造。如果這一結論成立，也就解答了爲什麼文獻記載中清代內府銅活字有鑄造和鐫刻的不同說法。揆諸史實，這兩種說法並不矛盾，而是對銅活字製作流程中不同階段的說法，其應是先鑄造成無字銅子，後在無字銅子鐫刻成字，先後用到了鑄造和鐫刻兩種工藝。這無疑是探索清代內府銅活字甚至是中國古代銅活字製作工藝的重大發現。

軍機處檔案乾隆二十三年（1758）四月初八日奏議中說「《古今圖書集成》字板業經銷毀改用」〔註37〕。根據此檔案可知，這批被銷毀熔掉的銅活字就是刷印《集成》的字板。銅活字刷印的《集成》有大、小兩號字，字體用橫輕直重的標準方體宋字。據專家測量，其正文用大字，約 1 釐米見方，注文用小字，約爲大字之一半，即爲 0.5 釐米〔註38〕。《集成》半葉 9 行，行 20 字，小字雙行，行 20 字。全書共 1 萬卷 1.6 億字，約 44400 餘頁，平均每卷 44 頁左右〔註39〕。

〔註36〕 辛德勇：《論所謂明銅活字印書於史初無徵驗——附論明代的金屬活字印本》，第 9、28 頁，載北京大學中國古代史研究中心網站，原文網址：http://www.zggds. pku.edu.cn/004/index.htm，刊於《燕京學報》2007 年第 2 期（新 23 期），北京：北京大學出版社，2007 年版，刊出時題作《重論明代的銅活字印書與金屬活字印本問題》。

〔註37〕 第一歷史檔案館藏：軍機處上諭檔，乾隆二十三年四月初八日第 2 條盒號 580，冊號 2。

〔註38〕 麥高文、儒連的說法參見英國翟斯理：《欽定古今圖集成索引》導言，1911 年倫敦出版。轉引自張秀民：《清代的銅活字》，《張秀民印刷史論文集》，印刷工業出版社，1988 年版，第 252 頁。

〔註39〕 曹紅軍：《康雍乾三朝中央機構刻印書研究》，南京師範大學，2006 年博士論文，第 59 頁。

　　刷印這樣一部超大部頭的內府書籍，製備銅活字所需投入的財力、物力和人力都是極大的。關於銅活字製作的大致費用，根據內務府奏銷檔案，乾隆十八年（1749）五月二十九日莊親王奏參武英殿官員濫行開銷餘平銀事有：

> 查得武英殿康熙六十一年奏銷檔內，自四十三年起至六十一年計十九年，共領過崇文門銀十五萬三千五百兩，並無餘平，亦無細冊可查。雍正元年至雍正三年，每年領過崇文門銀六千兩，亦無餘平銀。〔註40〕

康熙末年，內府辦理圖書印刷費用，例由崇文門監督處支出。加算起來，武英殿修書處自康熙四十三年至雍正三年總共領過崇文門銀近十六萬兩，若「銅字館」（即古今圖書集成館）的經費全部從此崇文門銀中支出，考慮到武英殿修書處等其它各館支出，則「銅字館」的經費總額約為十萬兩上下。乾隆三年（1738）十月初二日，內府檔案《呈為內務府三旗人員入官現存房地清單》透露了康熙六十一年刷印《集成》銀兩達近三萬兩，這還不包括製作銅活字及人員開銷等費用：

> 正黃旗佐領內務府總管兼侍郎丁皂保於康熙五十四年起至雍正三年拖欠節省燒造玻璃水木柴銀二萬二千兩，康熙六十一年拖欠崇文門監督任內應代銷刷印古今圖書集成書銀二萬七百三十兩又欠餘銀七千九百四十兩。〔註41〕

刷印《集成》的工作至康熙六十一年已經大致完成。前引檔案清楚列明康熙六十一年單單刷印《集成》這一項費用加上餘銀總計近三萬兩，這其中自然包括製作銅活字的費用。根據何人龍密摺，康熙時允祉領銜的平常諸館需「歲每數萬」，而「銅字館」則「每歲銷耗錢糧十倍諸館之數」，每年的花費約近十餘萬兩白銀。其實與實際情況有所差距，未免有誇大之嫌，但也充分證明「銅字館」製作、刷印《集成》的總費用是相當驚人的，可以說不惜工本。

　　林春祺的福田書海銅活字印書是清代銅活字印刷史上的一大壯舉。其排印過顧炎武《音學五書》中的《音論》三卷、《詩本音》十卷，以及《水陸攻

〔註40〕中國第一歷史檔案館藏內務府檔案：乾隆十八年五月二十九日《莊親王奏參武英殿官員濫行開銷餘平銀事》，卷號：05-0128，檔號：05-0128-070。

〔註41〕中國第一歷史檔案館藏內務府檔案：乾隆三年十月初二日《呈為內務府三旗人員入官現存房地清單》，檔案號：05-023-008。

守戰略秘書七種》中的《軍中醫方備要》二卷。在《音論》封面頁後，印有「福田書海銅活字板，福建侯官林氏珍藏」等語，書前印有《銅板敍》介紹了製作銅活字印書的過程。林春祺從道光五年（1825）興工鐫刻銅活字，至道光二十六年（1846）完成，爲時二十載，終於刻成「楷書銅字大小各二十餘萬字」即總計約四十餘萬個銅活字，而「耗資二十餘萬金，辛苦二十年」。〔註42〕張秀民先生認爲，這篇《銅板敍》是有關我國製造金屬活字的僅有文獻，且認爲「林氏鐫刻大小銅字多至四十餘萬個，比康熙內府所刻者，幾乎多至一倍，也超過了朝鮮任何一批的銅字數量，在亞洲各國製造銅金屬活字史上是罕有其匹的」。〔註43〕內府銅活字相關檔案的發現，可以補充和一定程度上修正張氏的看法，是爲我國活字印刷史的重要文獻檔案。

回答了《集成》文字部分的製作方式問題，還要解決一個疑問，那就是《集成》中所刊載的近萬幅插圖，其製作方式是什麼？近年國家圖書館影印出版了《古今圖書集成圖》，收錄部分《集成》圖版六千餘幅，但編者也未能說明其製作方式。《集成》文字部分爲銅活字印刷，有文獻檔案可證實。但其中的數千幅精美插圖爲銅板雕刻印刷還是木板雕刻，學界一直存在不同意見。有學者認爲，康熙時期已經掌握了銅版畫技術，康熙末年就成功刻印了《皇輿全覽圖》，但部分學者如裴芹從《集成》圖的線條構圖等認爲數量龐大的插圖不可能爲銅板雕刻，但並無文獻檔案的佐證。筆者長期關注《集成》之圖，並找到了關鍵性檔案。

中國第一歷史檔案館藏軍機處滿文錄副奏摺，乾隆二十一年（1756）十一月單有：

> 查《古今圖書集成》輿圖與《皇輿圖》校對，有直隸等省二百十四圖，未有者十六圖。今將未有之圖開後：山海經地全圖、熱河圖、鴨綠江圖……再查《古今圖書集成》銅字於乾隆九年十月二十八日奏准銷毀，其圖板於乾隆十二年十一月初二日奉旨改刻別樣書籍。〔註44〕

清代例有將雕版改刻其它書籍，能改刻的必定是木板雕版。金門詔《全韻詩》

〔註42〕（清）林春祺：《銅板敍》，轉引自王繼祥：《珍貴的銅活字印刷文獻〈銅板敍〉》，《文獻》1992年第2期。

〔註43〕張秀民：《清代的銅活字》，載《張秀民印刷史論文集》，北京：印刷工業出版社，1988年版，第252頁。

〔註44〕中國第一歷史檔案館藏：《軍機處滿文錄副奏摺》乾隆二十一年十一月單。

也有「命工並繪圖」的說法。可見《集成》插圖爲木刻雕版印刷無疑。《集成》插圖中配有文字說明，經筆者實物比對，發現插圖中的文字與其它小字注釋字體保持一致，應該是銅活字所印。

　　如前所述，筆者利用新發掘的檔案等資料爲釐清清代內府銅活字的相關問題做了一些探索，但仍有許多棘手的問題有待解決。第一，清代內府大規模製作銅活字之前，中國是否具備了製作銅活字的一整套成熟工藝？就清代而言，清初曾用整塊銅版刻印鹽引，《山東通志》卷十三載：「引以護鹽，頒自農部。元易官劵爲引，詳前鹽法考。其紙方幅僅尺，用銅板印刷。順治元年令寶泉局刊鑄銅板刷印鹽引，每引納紙朱銀參釐，同正課歲解戶部，其文則題定鹽觔，繳引二欵並行鹽地方。康熙三十五年，戶部復准鑄，山東引目銅板一樣陸塊。六十一年，復准令寶泉局照舊式，鑄造新板，其舊板即營銷毀。」但實際上，能用整塊銅板印刷與製作大量銅活字的工藝顯然不是一回事，兩者技術殊異。許多版本學家認爲，早在康熙二十五年（1686），江蘇民間就有吹黎閣版銅活字刻印的《文苑英華律賦選》四卷。但此說追溯其源流，推斷《文苑英華律賦選》爲銅活字的最重要依據是，其書在書名頁及目錄頁下方、卷四末行有「吹黎閣同板」五個字，「同板」就是「銅板」的簡寫。又，該書康熙二十五年（1686）錢陸燦自序云「於是稍簡汰而授之活板，以行於世」，張秀民先生認爲該書「封面說是銅板，他又說是活板，其爲銅活字板無疑」。〔註45〕揆諸史實，張氏之說恐失於草率。近來辛德勇先生撰寫長文，指出「銅字板」與銅活字無涉，「活字銅板」，並不一定含有銅活字的意思。不管稱作「活字銅板」，還是「銅板活字」，抑或是徒標以「銅板」，都不能像清代瞿中溶以下諸人那樣，將其簡單等同於「銅活字版」。他的研究揭示，所謂「活字銅板」、「銅板活字」和「銅板」（或寫作「銅版」），也不一定是指二者組合之後形成的書版，而有可能只是指承放字釘的版片。〔註46〕因此，筆者認爲對於康熙二十五年（1686）吹黎閣版的《文苑英華律賦選》是否由銅活字刻印這一問題應該審愼，不能輕易地斷定爲銅活字印書。設若如辛德勇先生所論斷的，明代史書中並無銅活字印書明確、可信的記載。「所謂明銅活字

〔註45〕張秀民、韓琦：《中國活字印刷史》，中國書籍出版社，1998 年版，第 88 頁。
〔註46〕辛德勇：《重論明代的銅活字印書與金屬活字印本問題》，《燕京學報》2007年第 2 期（新 23 期）。本文引自《論所謂明銅活字印書於史初無徵驗——附論明代的金屬活字印本》一文，原載北京大學中國古代史研究中心網站，內容略有出入，特此說明。

印書，在歷史文獻中實際並無法得到確認，而相關歷史文獻記載表明，從宋末元初最初出現金屬活字印書時起，迄止有明一代，中國用於書籍印刷的金屬活字，只有錫字，根本沒有使用過銅活字的可靠記錄。」〔註47〕假如在清代內府大量製作銅活字之前，中國確無銅活字印刷的書籍，那麼，內府製作銅活字將是中國印刷史上的重要創舉，其意義將極其重大。當然，學界關於銅活字的流變等問題還有爭議。筆者期待新資料的進一步發掘和學界的進一步討論。

　　第二，傳教士是否參與了清代內府銅活字的製作？張秀民引法國漢學家儒連的說法，稱康熙帝正是聽從了歐洲傳教士的建議命刻造銅活字二十五萬餘個〔註48〕。徐浣在《我國之紙及印刷》說，「康熙時爲印《圖書集成》曾命傳教士加薩秀特鑄造二十五萬枚銅活字」。〔註49〕經筆者查閱，加薩秀特即是德國來華傳教士戴進賢的音譯。戴進賢（1680～1746）字嘉賓，原名 Ignatius Kgler，德國耶穌會來華傳教士，16 歲進耶穌會初修院，來華前在因戈爾施塔特大學教授數學與東方語言。康熙五十四年（1716）到中國，應康熙之召，康熙五十五年（1717）一月抵達北京，佐理曆政。根據檔案，戴進賢與允祉多有來往。戴進賢來華時，正值清廷對耶穌會士由寬容轉爲嚴厲之際，雍正元年的禁教令把大多數耶穌會士趕到了澳門，他憑藉天文學的特長，得以留用清廷。先後參與或主持編纂《曆象考成》《曆象考成後編》《黃道總星圖》與《儀象考成》等天文類內府書籍。雍正三年（1725）授欽天監監正，加禮部侍郎銜，任職欽天監達 29 年之久。應該說，戴進賢來華時間及經歷，都使得他具備參與銅活字製作及刻印工作的條件。1878 年 8 月 29 日的《紐約時報》轉引 8 月 13 日的《倫敦環球報》報導了大英博物館入藏銅活字本《古今圖書集成》經過並介紹了清廷編纂這部書的情況，其中提到「一個專門由學者組成的委員會被任命負責所有清國文獻著作的審閱和校對工作。於此同時，基督教會的傳教士們被雇請來進行大量銅版印刷工作。……雍正是康熙

〔註47〕 辛德勇：《重論明代的銅活字印書與金屬活字印本問題》，《燕京學報》2007年第 2 期（新 23 期）。本文引自《論所謂明銅活字印書於史初無徵驗——附論明代的金屬活字印本》一文，原載北京大學中國古代史研究中心網站，內容略有出入，特此說明。

〔註48〕 儒連的說法參見英國翟斯理：《欽定古今圖集成索引》，1911 年倫敦出版，轉引自張秀民：《清代的銅活字》，《張秀民印刷史論文集》，印刷工業出版社，1988 年版，第 252 頁。

〔註49〕 徐浣：《我國之紙及印刷》，《報學季刊》1935 年第 2 期。

皇位的繼承人，他即位之初，最引人注目的事就是遣散了參與該書編纂工作的外國傳教士，他認為這些傳教士是危險和不忠誠的一夥人。但他並沒有遣散所有的傳教士，而是留下了幾位在繼續編纂中必不可少的人，諸如印刷等工作必須由他們來完成。」〔註50〕這些看法都沒有指出其有何依據，但揆諸情理，傳教士參與銅活字製作非常有可能。筆者認為，傳教士是否參與內府銅活字的製作和刷印工作，有待進一步的查證，但就現有文獻檔案看，可能性極大。

三、《古今圖書集成》銅活字的保存及最後去處

內府這批珍貴的銅活字後來命運如何呢？根據檔案，在用銅活字刷印完《古今圖書集成》《律呂正義》《數理精蘊》等內府書籍後，允祿奏議「今若仍用銅字，所費工價較之刊刻木板所差無多，究不能垂諸永久」，建議將《御製律曆淵源》木板刷印。此後的銅活字本內府書籍日益減少，這批銅活字被收貯起來，由武英殿「銅字館」移交給「銅字庫」管理。根據《大清會典事例》，武英殿設「銅字庫」負責銅字、銅盤及擺列等事，設置庫掌一員，拜唐阿二名，專司銅字、銅盤及擺列等事。同時還雇擺字人，每月每人工食銀三兩五錢。刻銅字人，每字工銀二分五釐〔註51〕。學界一般認為，乾隆初年，因京師錢貴，武英殿「銅字庫」所存之內府銅活字全部銷毀用於鑄錢。追本溯源，提出這一看法的始作俑者是乾隆帝自己，《御製詩四集》卷二十二「題武英殿聚珍版十韻有序」有乾隆詩句「毀銅惜悔彼，刊木此慚予」在「毀銅」一詞下注：「康熙年間編纂《古今圖書集成》，刻銅字為活版，排印葳工。貯之武英殿，歷年既久，銅字或被竊缺少，司事者懼干咎。適值乾隆初年京師錢貴，遂請毀銅字供鑄，從之。」〔註52〕乾隆帝的這一觀點影響很大，連當時朝鮮使臣都記載下來。張秀民先生在《中國活字印刷史》一書中也對乾隆帝的說法加以援引發揮：「管理人員監守自盜，恰巧北京錢貴，他們怕受罰，就建議毀銅鑄錢。乾隆九年（1744）將銅字庫所殘存的銅字、銅盤統統銷毀，改鑄銅錢，真是得不償失。」〔註53〕其實，經歷歲時，乾隆帝的記憶有誤。

〔註50〕 轉引鄭曦原等編譯：《帝國的回憶：〈紐約時報〉晚清觀察記》，三聯書店，2001年版，第107頁。

〔註51〕 《大清會典事例》卷一一九九，清光緒二十五年（1889）石印本。

〔註52〕 （清）弘曆：《御製詩四集》卷二十二「題武英殿聚珍版十韻有序」。

〔註53〕 張秀民、韓琦：《中國活字印刷史》，北京：中國書籍出版社，1998年版，第

檔案揭示，直至乾隆九年（1744），銅字庫貯存的銅活字丟失不多，根據軍機處檔案，這批銅活字鎔鑄後並不是爲了鑄幣而是用於鑄造雍和宮三世佛。前引內務府檔案中即有「乾隆九年冬月據員外郎永忠、監造鄭三格叫我速查銅字數目，要交造佛處，即照檔查明」，這裏所謂的「造佛處」其實是指雍和宮鑄造三世佛一事，乾隆二十五年（1760）六月初四日的軍機處上諭檔更披露了蒙蔽已久的重要事實：

> 遵旨查詢：武英殿現在有無銅字板並銷毀時有無被人換去之處。據該館官員等稱，乾隆九年十一月初六日武英殿將銅字板二萬七千八百六十斤查明具奏，奉旨著佛保銷毀備用，欽此。於乾隆十年正月二十三日因鑄造雍和宮三世佛，復經奏請此項銅板銷毀應用。現今並無存貯銅板亦無被人換去。等語。〔註54〕

根據前引乾隆十八年內務府檔案〔註55〕，武英殿原貯存有數量巨大的有字銅子和無字銅子，上述軍機處檔案所揭示的是有字銅子的命運，是用以鑄造雍和宮三世佛了。至於無字銅子的去處，根據朱家溍先生所述，他在檔案中「發現了乾隆的弟弟和親王掌管修書處時把銅活字爲自己府中鑄了銅陳設、銅爐、銅獅等，當然也先給宮中陳設了，所以乾隆有口說不出，但和親王爲此受了處分」。〔註56〕這裏清楚說明，永忠、鄭三格將無字銅子隱匿送給和親王弘晝後，弘晝就將這批銅活字鎔鑄，爲自己府中和宮中添設了銅爐、銅獅等。內府這一批珍貴的銅活字就此消失了。後來，乾隆帝欲將四庫全書館中罕見的書刊印出來，但內府銅活字已然不存，乾隆帝追悔莫及，「所得有限，而所耗甚多，已爲非計。且使銅字尚存，則令之印書，不更事半功倍乎？深爲惜之」〔註57〕，最後不得不另刻木活字使用。這是中國文化史上的一大損失，至今令人唏噓不已。

總之，經過以上考察，筆者認爲，康熙五十五年（1716）左右，康熙帝應陳夢雷的請求爲刻印萬卷的《古今圖書集成》在武英殿設立銅字館，在約

88 頁。
〔註54〕第一歷史檔案館藏：軍機處上諭檔，乾隆二十五年六月初四日第 2 條，盒號583，冊號2。
〔註55〕內務府慎刑司：《奏爲將管理武英殿御書處官永忠等治罪事》，乾隆十八年六月十四日，北京：中國第一歷史檔案館。卷號：05-0128，檔號：05-0128-070。
〔註56〕朱家溍：《關於清代宮史研究及原狀陳列的幾個問題》，《故宮退食錄》，北京出版社，1999 年版，第 380 頁。
〔註57〕（清）弘曆：《御製詩四集》卷二十二「題武英殿聚珍版十韻有序」。

計爲三年的時間內製作了包括無字銅子在內大小銅活字數量總計約達 100 餘萬個。這批銅活字後收存於武英殿銅字庫，派人監管。乾隆九年（1744），乾隆帝批准大臣奏請將有字銅活字一百零一萬五千四百三十三個連同銅盤九百餘個全部熔化，用以鑄造雍和宮三世佛。除此之外，仍有大小無字銅子十八萬餘個不知去向，無字銅子的存在不僅證明了內府銅活字有大量的備用銅子，同時證明了內府銅活字的製作流程似係先鑄造成字釘（銅子），再在字釘（銅子）上刻字。遺憾的是，銅活字未能留存至今，用以記錄銅活字檔案的銅字檔也不知所蹤。

　　釐清清代內府銅活字相關問題，對推進中國活字印刷術的研究大有裨益。1403 年，朝鮮已開始大量鑄造銅活字印書。其製法先用黃楊木刻字，翻成砂模，注入銅液成字。成俔《慵齋叢話》卷三詳細描述了朝鮮鑄造銅活字的方法：「鑄字之法，先用黃楊木刻諸字，以海浦軟泥平鋪印板，印著木刻字於泥中，則所印處凹而成字。於是合兩印板，熔銅，從一穴瀉下，流液體分入凹處，一一成字，遂刻剔重複而整之。」〔註 58〕與朝鮮鑄造銅活字相比，清代內府銅活字工藝並不完全相同，有自己的鮮明特點和獨特創造。據張秀民的研究，朝鮮 1403～1863 年所鑄造金屬活字的次數達 34 次，內鉛字兩次，鐵字六次，餘均銅字。其數量，每次鑄字 30 萬者兩次，次爲 20 萬，或爲 15、16 萬，少亦 8 萬或 6 萬。〔註 59〕清代內府銅活字製作的數量達 100 餘萬，遠遠超過朝鮮歷史上任何一次所鑄造金屬活字的數量，在世界活字印刷史上獨領風騷。清代內府製作銅活字工程量之大，數量之多，字體之美，校讎之精，紙墨印刷之良，在中外歷史上都是罕有其匹的，解決了許多工藝難題，爲後人留下了一筆寶貴的遺產。

〔註 58〕　（朝鮮）成俔，《慵齋叢話》卷三，漢城，1964 年重印本，英譯本見孫寶基（Sohn Pow-Key），「Early Korean Printing」, Jounal of the Ammerican Oriental Society, 1959,79, p. 102。轉引自張秀民、韓琦：《中國活字印刷史》，中國書籍出版社，1998 年版，第 141～142 頁。

〔註 59〕　張秀民、韓琦：《中國活字印刷史》，中國書籍出版社，1998 年版，第 137～138 頁。

第五章　多重視野下的集成館與《古今圖書集成》

一、皇位繼承與集成館興廢

　　歷代典籍的編纂，不僅與統治者追求文治的傳統有關，而且與當時政治有複雜糾葛。關於修書之館與政治的關係，不少學者有所論及，王記錄近著《清代史館與清代政治》言之甚詳〔註1〕。就類書編纂而言，其與政治也頗有關係。宋人王明清《揮麈後錄》卷一引朱敦儒說：「太平興國中，諸降王死，其舊臣或宣怨言，太宗盡收用之，寘之館閣，使修群書。如《冊府元龜》《文苑英華》《太平廣記》之類。廣其卷帙，厚其廩祿贍給，以役其心，多卒老於文字之間。」〔註2〕在中國歷史上，每逢改朝換代或政治動盪之後，官方例有編撰類書之舉。如《皇覽》編於曹魏統一北方之後，《藝文類聚》和《文思博要》編於唐初，《三教珠英》編於武則天稱帝之後，《太平御覽》等編於宋初平定南方之後，《永樂大典》編於「靖難之變」之後等等。到了清代，康熙末年的皇位繼承也直接影響到了集成館的興廢。

　　如筆者第三章所述，集成館纂修《集成》分為兩個階段，即康熙朝集成館時期和雍正朝集成館時期。雍正即位後，懲治總裁陳夢雷等原集成館纂修人員十餘人，集成館短暫中斷。雍正元年重新任命蔣廷錫為集成館總裁，組織力量開館纂修《集成》，集成館得以復開。個中緣由，值得探究，梳理相關

〔註1〕　王記錄：《清代史館與清代政治》，人民出版社，2009年版。
〔註2〕　（宋）王明清：《揮麈後錄》卷一，中華書局，1961年版，第53頁。

史料，集成館興廢實與康熙末年皇位繼承有莫大關係。

康熙末年，諸皇子角逐儲位到了白熱化程度。康熙四十七年、康熙五十一年先後兩次廢黜皇太子允礽，沒有再立儲。在這種情形下，康熙帝諸皇子覬覦帝位，允祉年齒居前，處於較有利的地位。康熙晚年，凡率皇太子、皇長子等離京出巡，選派皇子留守京城以及奏報京城事宜必，均以允祉領銜。允禔、允礽相繼被軟禁後，允祉則在眾皇子穩居領軍之位。康熙五十二年，御史趙申喬奏請重立太子，康熙帝即諭稱：「今欲立皇太子，必須以朕心為心者，方可立之，豈宜輕舉。」〔註3〕這說明還是有立儲可能性。康熙五十二年九月，允祉奉領銜修輯康熙帝尤為重視的律呂算法諸書，開館於蒙養齋，地位顯耀。尤其是二廢太子事件發生後，允祉在世人看來已經是「依次當立」。

康熙六十一年十一月十三日，康熙帝駕崩。十一月二十日，胤禛即帝位，改元雍正。即位不到一個月，康熙六十一年十二月十二日雍正帝即下諭旨：

> 諭內閣九卿等：陳夢雷原係從耿逆之人，皇考寬仁免戮，發往關東。皇考東巡，念其平日稍知學問，帶回京師，交誠親王處行走。累年以來，不思改過，招搖無忌，不法甚多。朕以皇考恩免之人，不忍加誅。然京師斷不可留，皇考遺命以敦睦為囑，陳夢雷若在誠親王處，將來必致有累。九卿等知陳夢雷者頗多，或其罪有可原，不妨直言，朕即赦免。如朕言允當，應將陳夢雷並伊子遠發邊外，或有陳夢雷之門生，平日在外生事者，亦即指名陳奏。又楊文言乃耿逆偽相，一時漏網，公然潛匿京師，著書立說。今雖已服冥刑，如有子弟在京者，亦即奏明驅遣。爾等毋得徇私隱蔽。陳夢雷處所存《古今圖書集成》一書，皆皇考指示訓誨，欽定條例，費數十年聖心。故能貫穿今古，匯合經史，天文地理皆有圖記，下至山川草木百工製造、海西秘法靡不備具，洵為典籍之大觀。此書工猶未竣，著九卿公舉一二學問淵通之人，令其編輯竣事。原稿內有訛錯未當者，即加潤色增刪，仰副皇考稽古博覽至意。〔註4〕

雍正帝即位不過一月，即下此詔諭，應該說是對此事相當重視。陳夢雷在康

〔註3〕 《清聖祖實錄》卷二五三，康熙五十二年二月庚戌。
〔註4〕 《清世宗實錄》卷二，康熙六十一年癸亥條。

熙時期雖有「從耿逆」的前科,但得到了康熙的赦免,並被任命為集成館總裁,待遇優厚。此時忽而生變,獲罪遭遣,罪名是「不思改過,招搖無忌,不法甚多」,甚至連其子侄也受牽連,令人感到十分蹊蹺。其實,這與康熙末年的皇位繼承有關。大致而言,陳夢雷得到康熙帝赦免後,入京侍奉允祉讀書,充其重要幕僚,也逐步介入儲位之爭,而允祉領銜的修書各館就成為陳夢雷替允祉收納人才的大本營,所謂「每館取纂修若干人,實皆門客,陳夢雷教之收納人才耳。一時奔競之徒藉為仕宦捷徑,紛紛干進諂媚。」〔註5〕二廢太子後,陳夢雷的動作更大,任集成館總裁後,集成館中多有陳夢雷的親戚子侄和門生故吏,也都多少牽連其中。雍正即位,對允祉集團反攻倒算,陳夢雷不可避免地成為重點打擊對象。

對於康熙朝集成館人員的處置,雍正元年正月二十七日內閣學士蔣廷錫等奏陳辦理古今圖書集成情形並編校人員去留摺中有所透露:

> 其修書人員陳夢雷所取八十人,今除陳聖恩、陳聖眷已經發遣;周昌言現在緝拿;汪漢倬、金門詔已經黜革;其陳夢雷之弟陳夢鵬,侄陳聖瑞、陳聖策,應驅逐回籍。林鐔、方僑、鄭寬、許本植四人皆福建人,係陳夢雷之親,林在衡、林在峨二人係已革中書林佶之子,亦應驅逐。李萊已經告假,王之拭從未到館,亦應除去外,存六十四人。〔註6〕

雍正特意在奏摺「皆福建人」行間朱批:

> 此輩交部立刻遞解還鄉,行於督撫嚴加看守本地,不許在外遊蕩生事。先逐告假者,亦皆行文去。〔註7〕

雍正元年一月二十二日內閣大庫檔案「刑部福建司為陳夢雷父子招搖不法事」:

> 為陳夢雷父子招搖無忌事多不法一案。奉旨:張廷樞著降五級調用,托賴著降四級調用,陳夢雷父子著即行發齊齊哈爾地方。周昌言俟拿獲之日,另行請旨具奏,王景曾著降二級留任。〔註8〕

〔註5〕 中國第一歷史檔案館編:《雍正朝漢文硃批奏摺彙編》第 32 冊,南京:江蘇古籍出版社,1989 年版,第 31～33 頁。

〔註6〕 中國第一歷史檔案館編:《雍正朝漢文硃批奏摺彙編》第 32 冊,南京:江蘇古籍出版社,1989 年版,第 585 頁。

〔註7〕 中國第一歷史檔案館編:《雍正朝漢文硃批奏摺彙編》第 32 冊,南京:江蘇古籍出版社,1989 年版,第 585 頁。

〔註8〕 內閣大庫檔案,檔案號:290994-003。

關於陳夢雷流放地，張玉興的《關於陳夢雷第二次被流放的問題》認爲在黑龍江齊齊哈爾，但一直沒有直接檔案的佐證。此內閣大庫檔案則準確記載，陳夢雷父子流放地確實是齊齊哈爾。

關於懲辦集成館部分纂修人員之事，雍正元年一月二十七日內閣大庫檔案有所補充，說明刑部執行了雍正的諭旨：

> 刑部福建司爲遞解事。刑部福建司爲十六阿哥、蔣廷錫、陳邦彥啓奏古今圖書集成館事宜。奉旨：陳夢雷之弟陳夢鵬、侄陳聖瑞等交部立刻遞解還鄉，行於督撫嚴加看守本地，不許在外遊蕩生事，先告假之李萊亦行文去。〔註9〕

雍正元年（1723）二月初十日，雍正帝再次提及陳夢雷案：

> 如陳夢雷罪大惡極，朕尚詢問九卿大臣云，陳夢雷如應寬宥，爾等秉公具奏。僉云陳夢雷罪大惡極，斷不可留，應行正法。朕猶免其死罪，將伊一切惡款，俱未詳究，止坐以發遣之罪，繫獄待遣。孰知陶賴、張廷樞竟將陳夢雷二子擅自釋放，陶賴、張廷樞之罪甚大，朕猶欲保全大臣，免其治罪，止以降級結案。詎意伊等心懷怨憤，謂大臣等及朕御前行走之人，凡事何必奏聞。夫有事預先奏聞，朕猶得爲之潛消默化，倘事端初起，不即奏聞，迨至彰明，較著方始具奏，不但於事無益，且必連累多人矣。〔註10〕

雍正元年二月二十九日軍機處上諭檔，進一步揭示陳夢雷獲罪原因乃與誠親王有關：

> 雍正元年二月二十九日諭總理事務王大臣：陳夢雷、楊文言、秦道然等俱在各王門下行走，妄亂生事，各處鑽營，因將伊等治罪。今觀諸王、貝勒、貝子、公等仍有將漢人容留在家居住者，若有此等之人，必致妄生事端。嗣後王一下公以上如欲教訓子弟，必擇爲人老成者，將姓名具奏，再令教習子弟，毋得濫將漢人容留在家。〔註11〕

雍正元年四月二十五日刑部尚書佛格等人辦理刑訊原集成館纂修人員周昌言一事，透露了陳夢雷較早參與了康熙末年的皇位繼承鬥爭中：

〔註9〕 內閣大庫檔案，刑部送來上諭事件檔，檔案號：290994-004。

〔註10〕《清世宗實錄》卷四，雍正元年二月庚申，臺北：臺灣華文書局影印本，1964年。

〔註11〕 軍機處上諭檔，雍正元年二月二十九日第2條，盒號545，冊號2。

刑部尚書宗室臣佛格等謹奏：爲請旨事。臣等屏人究問周昌言，據
供：我周昌言其實並無一件實學本事，止因貪利貪名，妄想太重，
所以見了陳夢雷就說會禮斗、請仙、六壬數，又說會煉樟柳神，未
卜先知，不過要陳夢雷重我之心。至於每禮斗時有祝頌之詞，願求
保祐誠親王沐帝歡心，傳繼大位，爲誠親王祈求是實。每次將王本
命燈下所供之米，陳夢雷送王食用也是實。再，陳夢雷有一木牌，
上面畫一人像，傍邊寫的兩行字：天命在茲，愼秘勿泄，敕陳夢雷
供奉云云。我問陳夢雷：這個牌何用？他說：這是我甲午年拜斗那
一夜，風雨雷電，聽見一聲大響，案上憑空降下此牌。這個是將來
大位之牌，令我供奉，必是要我輔佐之意。我又問：這個牌上又沒
有定是那一位，怎麼虛空供奉？陳夢雷說：你在此禮斗，即是有緣
之人，所以不避你。此牌未書名者，總是到傳位之時，即填上那一
位。你可謹愼勿泄。此牌用黃綾包著，供在斗姥座下。去年十二月
十三日陳夢雷回家，他將斗壇供的籙牌等項俱焚化了。我問陳夢雷：
如今皇上登位，老師何不將此牌舉奏？他說：我在館中向禪得海說
過，要他向他父親說了，通達皇上，並無回話，大約皇上不信此事。
這俱是陳夢雷的騙局。鎮魘之事，我周昌言不知道。……據周昌言
供：我今投到，願領重罪，我一切妄爲之處敢不從實說出。我爲誠
親王拜斗、知道六壬數請仙俱是有的。從前得過一本書，上有請仙
符、煉耳報圓光鎮魘（符）、和解符、化骨符。此書曾與陳夢雷看過。
陳夢雷因與李光地有仇，將李光地鎮魘，試過不驗，以後再不曾行
此法；若驗，陳夢雷原要將大阿哥、二阿哥鎮魘不得出來，還要將
不相對的爺們鎮魘。因不靈驗，所以未行等語。〔註12〕

雍正八年五月十九日宗人府議定的允祉罪款有：

允祉素日包藏禍心，希冀儲位，與逆亂邪僞之陳夢雷親昵密謀，
遂將夢雷逆黨周昌言私藏家內，妄造邪術，拜斗祈禳，陰爲鎮魘。
及事跡敗露，經大臣審明具奏，允祉罪在不赦。我皇上法外施仁，
不忍加誅，並令寢息其事。〔註13〕

〔註12〕 中國第一歷史檔案館編：《雍正朝漢文朱批奏摺彙編》第1冊，江蘇古籍出版
社，1991年版，第292～297頁。

〔註13〕 《上諭旗務議覆》，《中國史學叢書續編》第49冊，第395頁；《清世宗實錄》

所謂「將夢雷逆黨周昌言私藏家內，妄造邪術，拜斗祈禳，陰爲鎮魘」等語，應該就是源於這件奏摺。

此則刑部檔案，有若干問題值得注意。其一，集成館部分纂修人員參與了皇位繼承鬥爭。如周昌言有兩個身份，一是上述檔案中所稱的「有名鎮魘之人」，平日禮斗祝頌，爲誠親王祈求傳繼大位，他的另外一個身份是康熙朝集成館中陳夢雷所取八十纂修人員之一。另外，刑部檔案中所提及的「禪得海」很有可能是集成館纂修人員「禪他海」，姓名不同可能是滿文翻譯的問題。

開館於康熙五十五年的集成館就被時人看做是「藏污納垢」之地，在集成館中，總裁陳夢雷「復招逆臣楊文言之子與伊子弟戚屬共主館事，互相援引，匪類日增，漸爲內患」〔註14〕。康熙朝集成館的初次開館，乃是允祉代陳夢雷進呈給康熙帝，並下旨開館，時機的選擇與政治目的密切相關。纂修過程中，以允祉爲監修、陳夢雷爲總裁。纂修人員一部分是陳夢雷的親戚子侄，一部分是允祉、陳夢雷的門生，推薦入館，個人色彩濃厚。蔣廷錫雍正元年奏摺提到「其修書人員陳夢雷所取八十人，今除陳聖恩、陳聖眷已經發遣；周昌言現在緝拿；汪漢倬、金門詔已經黜革；其陳夢雷之弟陳夢鵬，侄陳聖瑞、陳聖策，應驅逐回籍。林鐔、方僑、鄭寬、許本植四人皆福建人，係陳夢雷之親，林在衡、林在峨二人係已革中書林佶之子，亦應驅逐。〔註15〕集成館中多有陳雷的親戚子侄、門生故吏，應該都參與允祉的皇位繼承爭奪戰中，因而後來都遭到雍正的清洗。

其二，陳夢雷確實參與了允祉的皇位爭奪戰中。陳夢雷是祈禳的策化者、參與者與鎮魘的實施者。陳夢雷入住水村別墅後，即奉允祉命，爲康熙帝拜斗祈福。

康熙朝集成館開館之時，能入館與修《集成》，對舉、貢生員身份的纂修人員而言，是莫大的機遇和榮耀。所謂「王總裁集成館書局，延攬名流，遊

卷九四，雍正八年五月辛卯。

〔註14〕 原題：「翰林院檢討何人龍奏陳澤旺納款宜設重鎮兵屯以固封守及修書議敘宜嚴甄別不得濫除州縣摺」，原摺無年月，依據具奏者何人龍職務變化推斷得出（原爲翰林院檢討，雍正元年十月引見，奉旨以部郎用）。見中國第一歷史檔案館編：《雍正朝漢文硃批奏摺彙編》第32冊，南京：江蘇古籍出版社，1989年版，第31～33頁。

〔註15〕 中國第一歷史檔案館編：《雍正朝漢文硃批奏摺彙編》第33冊，第585頁。

其門者通顯可立致」〔註16〕，入館者意味著得到有希望繼承皇位的親王允祉、大儒陳夢雷的賞識，從此登堂入室，改變人生命運。黃子雲就是當時的獲益者，其《長吟閣詩集》中保留了一篇康熙五十五年初入集成館時的詩文——《書館述懷》：「圖書編校動經年，千里辭家覓俸錢。海內豈無容我地，春來徒有困人天。風塵糊口原如此，草野成名亦偶然。長鋏腰懸返初服，故山高臥薜蘿煙。」〔註17〕在黃氏看來，集成館儼然成為他「草野成名」的福地，因而發出「海內豈無容我地」的感懷。

二、從《古今圖書集成》到《四庫全書》——兼論清代官修類書與叢書的興替

（一）乾隆帝對《集成》的高度讚賞和利用

　　《集成》編成後，雍正帝評價極高，雍正四年九月二十七日《御製古今圖書集成序》說《集成》是「成冊府之巨觀，極圖書之大備」，並在刻成後立即恩賞給親王、寵信大臣以及於宮中各處陳設（見第五章第三節）。乾隆帝即位後，對乃祖乃父所編之《集成》更是讚不絕口，說「本朝所修《古今圖書集成》一書，搜羅浩博，卷帙繁複，實藝林之巨，為從來之所未有者」〔註18〕，甚至連《永樂大典》也有所不及，「我皇祖《古今圖書集成》凡一萬卷，雖無《永樂大典》之多，而考覈精當，不似彼限韻割裂」，〔註19〕「徵引之富，卷帙之多，考覈之精，皆從古所未有也」〔註20〕。乾隆倣仿其父，將《集成》繼續賞賜給大臣親信，頒發各處陳設。如乾隆九年頒賜《集成》一部給翰林院收貯，讓「詞臣等咸得覽以廣識見，以資問學」〔註21〕，考慮到民間保存《集成》不善，還下旨將雍正年間賞賜給大臣的《集成》回繳內府。乾隆三十九年四月初二日「賞給大學士舒赫德、于敏中、劉墉《集成》各一部〔註22〕。乾隆三十九年五月十四日，將《集成》存放各省行宮七處，即天津柳墅行宮、山東泉林行宮、江寧棲霞行宮、揚州天寧寺行宮、鎮江金山行宮、蘇州靈巖

〔註16〕　（清）吳鰲：乾隆《博野縣志》卷六，乾隆三十一年刻本。
〔註17〕　（清）黃子雲：《長吟閣詩集》卷一丁酉《書館述懷》。
〔註18〕　軍機處上諭檔，盒號558，冊號1。
〔註19〕　（清）弘曆：《御製詩四集》卷三十三「題文源閣」。
〔註20〕　（清）弘曆：《御製詩四集》卷四十八。
〔註21〕　軍機處上諭檔，盒號558，冊號1。
〔註22〕　軍機處上諭檔，乾隆三十九年四月初二，盒號649，冊號2。

行宮、杭州西湖行宮。〔註 23〕可以說，乾隆帝是把《集成》作爲珍稀之物進行頒賞和陳設的。

學界公認，四庫館開館之契機是朱筠奏議從《永樂大典》輯錄資料，其時，乾隆帝特意提到要將《集成》和《永樂大典》互相核對。乾隆三十八年二月初六日「奉旨軍機大臣議覆朱筠條奏內將永樂大典擇取繕寫各自爲書一節……著即派軍機大臣爲總裁官仍於翰林等官內選定員數，責令及時專司查校，將原書詳細檢閱，並將《圖書集成》互爲校核，擇其未經採錄而實在流傳已久，尚可裒綴成編者，先行摘開目錄奏聞，候朕裁定，其應如何酌定規條，即著派出之大臣詳悉議奏。」《清代官員履歷檔案全編》所載官員履歷中就有從事《集成》繕寫的人員，如王元照、石養源、錢致純、徐秉文等人均「由武英殿繕寫《古今圖書集成》，奏准以知縣用」〔註 24〕。乾隆三十八年奏摺透露一個信息，即《集成》資料中有可能從《永樂大典》摘錄過資料。是否如此呢？筆者檢索《集成》全書，確有引用《永樂大典》的數條記載，如《職方典》卷六百九十二松江府部彙考四有「上海縣治……《永樂大典》：縣署舊在今儒學之東，係松江總場，明年爲海潮所侵……」云云。《四庫全書纂修檔案》乾隆三十八年二月二十三日上諭有《永樂大典》「似係康熙年間開館修書，總裁官等取出查閱」〔註 25〕，如果此說法屬實，那麼查閱的人中包括不包括《集成》的纂修總裁呢？康熙時，查愼行參與纂修《佩文韻府》，就曾擬奏請查閱《永樂大典》，以資參考。鍾琦的《皇朝瑣屑錄》有「康熙間仁皇帝命儒臣百十人纂修《圖書集成》，從《永樂大典》中擇取精華。」〔註 26〕當然鍾琦生活的時代較晚，史料來源也很可疑。筆者只是再次提出疑問，尚待方家進一步考證。

四庫館開館期間，乾隆帝每年都題寫大量有關貯藏《四庫全書》《薈要》的各閣、堂、室御製詩，少則 1 首，多則 10 首，所謂「每歲春臨必題句」。值得注意的一個現象是，乾隆帝題寫《四庫全書》御製詩時屢屢提到了乃祖所編之《集成》。如《題文津閣》詩中夾註云：「建閣爲貯《四庫全書》之

〔註 23〕 軍機處上諭檔，盒號 649，冊號 2。
〔註 24〕 中國第一歷史檔案館編：《清代官員履歷檔案全編》第 21 冊，華東師範大學出版社，1997 年版，第 183～184 頁。
〔註 25〕 中國第一歷史檔案館編：《纂修四庫全書檔案》，乾隆三十八年二月二十三日上諭，上海古籍出版社，1997 年版，第 60 頁。
〔註 26〕 鍾琦：《皇朝瑣屑錄》，《近代中國史料叢刊》532 冊，第 662 頁。

用，然抄錄尚需數年，閣中空曠，用仿《四庫》書函之式，裝潢《古今圖書集成》，全部庋架排列，亦頗可觀。」〔註27〕「閣成復仿四庫全書函式裝潢古今圖書集成，三十二典，凡一萬卷，庋架排列，文津之名不爲孤矣。」〔註28〕《題文淵閣》詩中云：「四庫庋藏待，層樓恰構新。」〔註29〕爲了不使樓閣長期空置，於是先將康熙所編的《古今圖書集成》頒於各閣一部，聊以充數自慰：「四庫猶遼待，圖書《今古》披」〔註30〕、「藏事雖猶待，《集成》斯已珍」〔註31〕、「《集成》拔萃石渠者，頒貯思公天下云」〔註32〕、「萬卷《圖書集成》部，頒來高閣貯淩雲。」〔註33〕《題文源閣》詩中云：「四庫搜羅書浩繁，構成層閣待諸園。」〔註34〕

　　值得注意的是，乾隆帝所建的著名南北七閣，都貯有《集成》各一部。例如北方四閣原爲庋藏《四庫全書》而建，但文津、文源、文淵三閣建成後，《四庫全書》並未完成纂修，考慮到四閣中無書可藏，乾隆帝下旨「仿四庫書函之式，裝潢《古今圖書集成》，全部庋架排列」，在文淵閣等三閣內，各貯一部，因盛京文溯閣建成較晚，乾隆四十七年（1782）將《集成》與《四庫全書》同時入藏文溯閣。再說南方三閣，乾隆四十二年（1777），揚州天寧寺行宮和鎮江金山行宮頒儲得到《古今圖書集成》各一部，兩淮鹽政奏請在行宮內，仿天一閣規模建造藏書樓，寶藏《集成》。乾隆四十四年、四十五年，文宗閣、文匯閣先後建成，各入藏《集成》一部。當時，因兩閣中仍剩諸多空餘書格，其後方收貯《四庫全書》。杭州本來就有貯《集成》藏書堂一處，乾隆四十八年底（1783）堂後改建文瀾閣成。《集成》《四庫全書》全部入藏南方三閣後，乾隆帝諭旨有「該省士子，有願讀中秘書者，許其呈明到閣抄閱」。從此，《集成》與《四庫全書》一道，成爲「嘉惠士林」的重要文化工程。

　　乾隆皇帝對乃祖文治武功極爲推崇，處處要傚仿其祖，而體現清王朝文治的典籍編纂，必爲乾隆所垂意，所謂「余雖不敢仰方皇祖右文之盛，而運

〔註27〕　《清高宗御製詩》四集卷三八。
〔註28〕　《清高宗御製詩》四集卷七十五，題文津閣。
〔註29〕　《清高宗御製詩》四集卷三十。
〔註30〕　《清高宗御製詩》四集卷三三。
〔註31〕　《清高宗御製詩》四集卷三八。
〔註32〕　《清高宗御製詩》四集卷七三。
〔註33〕　《清高宗御製詩》四集卷七三。
〔註34〕　《清高宗御製詩》四集卷三十。

際光昌，振興文教，實切繩武之思焉。」〔註35〕對於編纂《四庫全書》的功績，乾隆帝頗爲自得，欲與乃祖康熙帝所編《集成》相提並論，「書成約得五六萬卷，與皇祖纂輯圖書集成之例雖不盡同，而取多用宏，廣惠藝苑，則仍體皇祖崇文之意云。」〔註36〕

（二）從《古今圖書集成》到《四庫全書》

眾所週知，類書與叢書對保存和利用圖書起著重要作用，如便省覽、利尋檢、供采摭和存佚遺。但它們性質與用途不同。一般認爲，類書的出現遠遠早於叢書，類書始於北魏的《皇覽》，叢書的鼻祖則是南宋俞鼎孫、俞經的《儒學警悟》。關於類書定義，學界存在分歧，但大致而言，它是輯錄各門類或某一部類的資料，按照一定的方法編排、供人檢索的一種工具書。《四庫全書總目‧類書類‧小序》說類書「非經非史，非子非集，四部之內，乃無類可歸」，《四庫提要》沿襲《隋書經籍志》，將類書歸入子部。論其功用，類書具有百科全書的性質，可以根據所輯資料查找事物的原委、典章制度的沿革、文字掌故的興廢，也可用以校勘異文、校補典籍，類書往往保存了一部分已佚古籍的資料，清人的輯佚工作便是從中輯錄，使後人能知古逸書的鱗爪，甚或概貌。如四庫館臣從《永樂大典》中輯錄了數百種散佚之書，可謂輯佚古代資料之淵藪。

叢書則是按一定的目的，在一個總名之下，將各種著作彙編於一體的一種集群式圖書，唐人陸龜蒙：「叢書者，叢脞之書也。叢脞猶細碎也，細而不遺大，可知其所容矣……歌、詩、頌、賦、銘、記、傳、序，往往雜發，不類不次，混而載之，得稱爲『叢書』。」叢書有別於類書的特徵在於它是對原著的彙輯，一般而言，不作刪減和改動。與類書相比，叢書規模相對較小，且多爲彙輯某一方面的古籍資料。但叢書一般收集全本古籍，與類書從各類文獻中採輯資料有所不同。

就現存而言，《古今圖書集成》是我國現存最大的一部類書，而《四庫全書》則是我國古代卷帙最大的一部叢書。筆者發現，康熙是官修類書的高峰，乾隆則是官修叢書的頂峰，康熙、雍正以後，官修類書幾乎絕跡，而官修叢書則璀璨奪目，它們的興替難道只是一種偶然和巧合嗎？

關於《集成》與《四庫》的關係，前人做過一些粗略的探討，如朱桂昌

〔註35〕《御製詩四集》卷四十八。
〔註36〕《御製詩四集》卷四十八。

的《從永樂大典到四庫全書——兼論類書與叢書的演變》〔註37〕、裴芹的《古今圖書集成與四庫全書》〔註38〕等，但基本上是各自介紹，並沒有將其中的變化加以探討。陶湘在民國十一年（1922）《儒學警悟》，其卷首冠有民國八年（1919）繆荃孫撰寫的序，開頭就說「唐以來有類書，宋以來有叢書」。這把類書出現的時間說得遲了些，也已覺察到二者之間有興替關係。最值得注意的，是黃永年先生《說類書和叢書的興替》，黃先生發人所未發，注意到類書、叢書的興替與當時社會性質的變化、王朝興衰特別是學術文化的轉向密切相關，他認為，隋唐時期「科舉制的推行且使原先的士族喪失仕途上的特權。前此流行於士族中的駢儷文字自必隨之而見厭棄。韓愈、柳宗元等所倡導的古文運動在中唐時就應運而生，而為駢儷文字服務的類書也得退出歷史舞臺。」而「就在類書走下坡路的時候，講求學問、重視考證的著作陸續問世了。」南宋以後，叢書編刻事業開始興起，可看作是趙宋文化鼎盛的一種表現。「蒙元及朱明前期叢書之少見刊行，自與其時學術之中衰有關」，嘉靖以後思想學術逐漸出現新局面，為清學之前驅，於是編刻叢書的熱潮興起。而清人畢沅經訓堂、盧文弨抱經堂、孫星衍岱南閣、平津館、鮑廷博知不足齋、黃丕烈士禮居等所刻叢書，更明顯是乾嘉學派影響下的產物，因而多數精校精刻，連前此《北堂書鈔》以至《太平御覽》等類書都轉而被利用來從事校勘輯佚。這個風氣到清末民國初年尚未完全衰歇。〔註39〕張舜徽先生論及類書、叢書之體用異同，也注意到兩者之間的功用、二者興替與學術發展的關係：「（叢書）大輅權輿，其例未顯；降及後世，體用始明耳。顧類書、叢書，功效各異，高下不同，似未可相提並論。自類書日出，而『操觚者易於檢尋，注書者利於剽竊，輾轉稗販，實學頗荒』。前人早已道其流弊矣（見《四庫提要》）。至於叢書之為用，出愈晚而愈弘。網羅散佚，掇拾叢殘，舉凡遺經逸史以及未刊之書，悉賴彙刻以傳，可資博覽，有裨士林，固非類書之比輯雜鈔可比也。有清一代私家刊佈叢書之風尤盛，或專明一

〔註37〕朱桂昌：《從永樂大典到四庫全書——兼論類書與叢書的演變》，《雲南教育學院學報》，1988 年第 4 期。

〔註38〕裴芹：《古今圖書集成與四庫全書》，《内蒙古民族學院學報》（哲學社會科學‧漢文版），1990 年第 1 期。

〔註39〕黃永年：《黃永年古籍序跋述論集》，中華書局，2007 年版，第 308～309 頁。原載教育部人文社科重點研究基地北京大學中國古文獻研究中心等編：《海峽兩岸古典文獻學學術研討會論文集》，上海古籍出版社，2002 年，第 1～4 頁。

學，或綜合群類，或蕾萃地區文獻，或傳印宋元精本，名目繁多，不可勝數。」〔註40〕

筆者認爲，官修類書到叢書的興替與清代的學術文化發展有著密切關係。大體而言，明清之際，由宋學向漢學轉變的內在邏輯，清初學術則從宋明理學向乾嘉漢學轉變，而從《集成》到《全書》，也體現了這一學術轉向。順、康、雍之際，以程朱理學爲官方哲學，漢宋不分，門戶不嚴，所謂「國初，漢學方萌芽，皆以宋學爲根柢，不分門戶，各取所長，是爲漢、宋兼採之學。」〔註41〕康熙帝極度推崇孔子的述而不作，編纂了數部大型類書，《集成》就是其中的集大成者。雍正三年十二月戶部左侍郎蔣廷錫等奏報古今圖書集成纂成告竣摺有「《理學彙編》分爲四典，一曰《經籍典》：孔藏伏授，並列行間；程定朱增，俱標簡末。漢疏多尊毛、鄭，豈韓晏之屬，可勿研求；宋注尤重蔡、胡，豈張恰之流，不資探討。」〔註42〕是以程朱理學爲旨歸，漢宋兼採。

到乾嘉時期，漢學成爲主流，程朱理學正統地位動搖，開始出現「尊漢抑宋」的傾向〔註43〕，梁啓超也說：「四庫館就是漢學家的大本營，《四庫提要》就是漢學思想的結晶體。就這一點論，也可以說是：康熙中葉以來漢宋之爭，到開四庫館而漢學派全占勝利。」〔註44〕被梁啓超視作「漢學思想的結晶體」的《四庫全書總目》受乾嘉學術風氣的影響，尤重類書資料來源的眞實性與客觀性。所謂「明人類書大都沒其出處，至於憑臆增損，無可徵信。此書援引繁富，而皆能一一注所由來，體裁較善。」可看出《總目》對類書中所載資料的眞實性十分重視。《總目》對類書中徵引言多荒誕不經小說就頗有微詞。如認爲《續文獻通考》「《琵琶記》《水滸傳》乃俱著錄，宜爲後來論者之所譏。」漢學興起，以訓詁名物爲依歸，帶動了歷史學、地理學、金石學、語言文字學及目錄學等學科的發展。

乾隆纂修《四庫全書》的動機，前人多有考論，有不同說法。一種說法

〔註40〕 張舜徽：《愛晚廬隨筆》，華中師範大學出版社，2005年版，第228頁。

〔註41〕 皮錫瑞：《經學歷史》，中華書局，1959年版，第341頁。

〔註42〕 中國第一歷史檔案館編：《雍正朝漢文硃批奏摺彙編》第33冊，第591頁。

〔註43〕 參考黃愛平：《清代康雍乾三帝的統治思想與文化選擇》，《中國社會科學院研究生院學報》2001年第4期，薛新力：《清代漢學思潮對〈四庫全書總目〉之影響》，《圖書館論壇》2002年第4期。

〔註44〕 梁啓超：《梁啓超論清學史二種》，復旦大學出版社，1985年版，第115頁。

認為,這與乾隆的個人意志有關係。他自稱十全老人,自詡除了武功、年齡外,各方面都要超越前代帝王。(參考吳哲夫《四庫全書纂修研究》),因此纂修《四庫》,亦有不讓乃祖康熙帝所編《集成》專美於前。這點也為學人所注意〔註45〕。《欽定四庫全書總目》卷首一乾隆三十七年正月初四日奉:「康熙年間所修《圖書集成》,全部兼收並錄,極方策之大觀,引用諸編率屬因類取裁,不能悉載全文,使閱者沿流溯源,一一徵其來處。今內府藏書插架不為不富,然古今來著作之手無慮數千百家,或逸在名山,未登柱史,正宜及時採集,彙送京師,以彰千古同文之盛。」乾隆帝認為類書,限於體裁,不能將書籍原文全部載入,難免割裂。因而主張將所有圖書,分別收入經、史、子、集四庫,編纂成大型的叢書。《四庫全書總目提要》評類書之利弊說:「此體一興,而操觚者易於檢尋,著書者利於剽竊,轉輾裨販,實學頗荒。然古籍散亡,十不存一,遺文舊事,往往託以得存。《藝文類聚》《初學記》《太平御覽》諸篇,殘璣斷壁,至捃拾不窮,要不可謂之無補也。」認為類書之興荒廢了實學,具有代表性,與乾隆帝所言《集成》之弊如出一轍。

乾隆時期,漢學勃興,學術風氣發生轉向,也帶動了典籍編纂的變化。從學術基礎上說,考證學派已經遠不滿足於類書這樣一種摘錄式的資料片段,必須要尋求善本原本作為資料基礎。於是盡可能保存文獻完整性,收錄考證書兼收可供研讀的多方面資料性原書的叢書便應運而生了。這一轉變體現在典籍編纂方面就表現為從包容兼採的《集成》編纂到《四庫》整齊劃一的叢書編纂。應該說,從《古今圖書集成》到《四庫全書》的編纂,從一個側面體現了清初學術文化的轉向,值得我們關注和研究。

三、流風餘韻:時代變遷中的《古今圖書集成》

雍正三年十二月集成館閉館,雖然已經完成了它的歷史使命,但其所編纂的《集成》一書,待雍正六年六十餘部全部印刷完畢後,從此進入流通利用的階段。梳理近三百年銅版《集成》的流存史,可以在一定程度上反映出集成館的歷史功績,也可以從中探究時代變遷中典籍聚散與文化傳承的關係。

〔註45〕賴哲信:《乾隆纂修四庫全書其意初不在鏟除異己論》,《輔大中研所學刊》,1994年第3期。

（一）雍、乾間銅版《集成》的賞賜、陳設與回繳

長期以來許多學者認為《集成》到乾隆朝才大量發放，其實不然。雍正帝為了宣傳他「繼志述事」形象，於雍正六年《集成》裝訂基本完成時，就將大部分《集成》以隆重的形式隆賜發給親王寵臣，《雍正朝起居註冊》載：

> 二十日己亥，和碩莊親王允祿、和碩果親王允禮等奉諭：《古今圖書集成》棉紙書十九部，一部供奉壽皇殿，其餘九部交乾清宮總管於應陳設之處陳設。其餘九部賞怡親王、莊親王、果親王、康親王、福慧阿哥、張廷玉、蔣廷錫、鄂爾泰、岳鍾琪每人一部。竹紙書四十五部內，賞誠親王、恒親王、咸福宮阿哥、元壽阿哥、天申阿哥、勵廷儀、史貽直、田文鏡、孔毓珣、高其倬、李衛、王國棟、楊文乾、朱綱、嵇曾筠每人一部，其餘三十部收儲。〔註46〕

雍正六年（1728）八月二十日，雍正帝處置這部大書，不由內閣而由莊親王允祿、果親王允禮傳旨，十九部綿紙本，一部供奉在壽皇殿，九部交乾清宮總管於應陳設之處存放，餘下九部賞給怡親王（允祥）、莊親王（允祿）、果親王（允禮）、康親王（衍璜）、福慧阿哥、張廷玉、蔣廷錫、鄂爾泰、岳鍾琪每人一部。四十五部竹紙本，賞給誠親王（允祉）、恒親王（允祺）、咸福宮阿哥（允祕）、元壽阿哥、天申阿哥（乾隆帝）、勵廷儀、史貽直、田文鏡、孔毓珣、高其倬、李衛、王國棟、楊文乾、朱綱、嵇曾筠每人一部，其餘三十部保存起來。由允祿、允禮主持賜書事務，表示這是皇帝的私人恩賜，其領受者與皇帝的私人關係密切，而不是依據官爵應該得到的，可見帝王喜好在典籍流通過程中的顯著影響。從受賜者身份上看，怡親王、莊親王等人是雍正帝的兄弟，張廷玉、鄂爾泰、岳鍾琪等人是雍正帝的寵臣，蔣廷錫是編纂《集成》總裁，得到皇帝的嘉獎亦在情理之中。值得注意的是，《雍正朝起居註冊》的這則記載，明確表明當時印刷的銅活字版《集成》紙張裝潢有所不同，分為棉紙書和竹紙書。棉紙《集成》乃為聞名遐邇的開化紙印刷而成，紙面潔白，較為珍貴；竹紙書為太史連紙，相較於開化紙稍次。李致忠先生在《古書版本鑒定》說，《集成》「用銅活字排版之後，選用潔白如玉的開化紙和微黃似箔的太史連紙印造」〔註47〕。可見，二者顏色、質地均有所不同。雍正帝特意將部分棉紙書賞賜給怡親王等信任的親王重臣，以示

〔註46〕《雍正朝起居註冊》，中華書局，1993年版，第2070頁。
〔註47〕李致忠：《古書版本鑒定》，文物出版社，1997年版，第33頁。

優渥，而把質量次之的竹紙書賞賜給實際主持編纂工作的誠親王，親疏之分立現。

　　雍正賞賜《集成》，在親王、大臣看來是莫大的榮耀，因此在他們的詩文集中多有記錄。如允禮在其《春和堂紀恩詩》中有篇《聖祖欽定古今圖書集成恭紀》專記受賜《集成》之事：「兩朝作述會淵源，只今弘啓文明運，萬卷圖書萬古存。」〔註48〕嵆曾筠也在其文集中大書特書一番〔註49〕。張廷玉和鄂爾泰是雍正朝的寵臣，鄂爾泰於雍正九年（1731），張廷玉於雍正十年（1732）分別又得到《集成》一部。張廷玉《澄懷園語》卷三：「今圖書集成者，是書也，康熙年間聖祖仁皇帝廣命儒臣宏開書局，搜羅經史諸子百家，別類分門，自天象地輿明倫博物理學經濟以致昆蟲草木之微，無不備具，誠冊府之巨觀，為群書之淵海，歷十有餘年而未就，世宗憲皇帝復招虞山蔣文肅督率在館諸臣重加編校，正其偽訛，補其缺略，經三載而始釐定成書，圖繪精詳，考訂切當，御製序文弁其首，以內府銅字聯綴成版，計印六十餘部，未有刻本也。比時玉蒙恩頒賜一部，雍正十年給假南歸，又賜一部，令織造送至桐城收藏於家。」〔註50〕鄂容安所編《襄勤伯鄂文端公年譜》記雍正六年雍正帝表彰其將《集成》捐贈書院，再次賞賜一部，「欽賜《古今圖書集成》一萬二千卷，……公奏謝聖賜後歎曰：『天恩高后如此，與其遺我一家子孫讀，何如存在書院，留與一省子孫讀也。』乃以此書並攜藏書二萬餘卷，留之書院。及入郡，世宗詢及此書，公據實以對，世宗大悅公忠如此，嘉歎良久，復賜以二部。」〔註51〕此外，根據相關檔案，雍正帝還將《集成》賜給了訥親〔註52〕、孔傳鐸〔註53〕（雍正七年）、馬爾泰〔註54〕等人（詳見下文）。

　　乾隆帝即位後，將存貯於武英殿的《集成》繼續頒發給翰林院、熱河等

〔註48〕　四庫未收書輯刊編纂委員會編：《四庫未收書輯刊》第8輯，第30～53頁。
〔註49〕　（清）嵆曾筠：《防河奏議》卷八，「恭謝欽賜古今圖書集成」，清雍正刻本，國家圖書館藏。
〔註50〕　（清）張廷玉：《澄懷園語》卷三。
〔註51〕　（清）鄂容安等：《襄勤伯鄂文端公年譜》，載中國社會科學院歷史研究所清史研究室：《清史資料》第二輯，中華書局，1981年版，第99頁。
〔註52〕　軍機處檔案乾隆三十八年四月二十六日。
〔註53〕　（清）孔繼汾：《闕里文獻考》卷十，世系第一之十，清乾隆刻本。亦見阮元《揅經室集》續二集卷二四部叢刊景清道光本。
〔註54〕　軍機處檔案，乾隆三十八年四月二十六日。

處行宮。乾隆九年（1744）十月二十四日軍機處上諭檔：「內閣奉上諭：本朝所修《古今圖書集成》一書搜羅浩博，卷帙繁複，實藝林之巨，爲從來之所未有者。古稱天祿石渠爲藏書之所，今之翰林院即圖書府也，著《古今圖書集成》頒賜一部收貯院署，俾詞臣等咸得覽以廣識見，以資問學。」〔註55〕據《日下舊聞考》引《詞林典故》，乾隆八年，乾隆帝以翰林院署歲久傾圮，詔頒太府金重加修茸，九年十月，御書「稽古論思」、「集賢清秘」二額顏其堂，並賜《古今圖書集成》一部貯寶善亭。乾隆二十八年（1763）七月十四日，將《集成》一部於熱河行宮陳設，軍機處上諭檔：

> 大學士公傅（恒）字致大學士來（保）乾隆二十八年七月十四日奉旨，前經降旨將綿紙書《古今圖書集成》送一部至熱河，著即在京裝訂齊全，再行送來。其套盒須用木胎，所有應用木片材料即向總管太監等取用，一切箱匣舊料皆可改做。欽此。中堂即行遵旨傳諭各該處遵辦可也。此致。〔註56〕

鮮爲人知的是，乾隆帝不僅大量賞賜《集成》，同時著手清查並回繳雍正年間賜給大臣、親王的部分《集成》。如軍機處上諭檔載，乾隆三十八年（1773）四月初三日雍正帝詢問岳鍾琪、朱綱所得《集成》的去向：「辦理軍機處爲咨查事。所有雍正年間賞給岳鍾琪、朱綱《古今圖書集成》一部，現在奉旨查詢其家此書是否現存及有無殘缺之處，相應行知。貴督、貴撫即行飭查咨覆，本處並飭該地方官毋得滋擾。」〔註57〕乾隆帝此旨，意圖借清查《集成》殘缺情況，收回頒發下去的部分《集成》，地方督撫接旨後自然心知肚明，很快山東巡撫徐績就上報清查結果：

> 朱綱侄孫朱照呈稱：朱綱原任福建巡撫。雍正年間，蒙欽賜《古今圖書集成》一部，向係敬謹收藏。身祖故後，經長房胞伯朱崇誥收貯，身時幼小，未得窺見。自乾隆十三年伯朱崇誥赴直隸投效河工後，補固安縣丞。十四年間，將住房變賣，攜眷赴任，遂將此書寄放於長青縣盧子若家。監生盧崐呈稱：切生故父盧子若在日，有《圖書集成》一部，生身幼聞得系歷城縣朱姓之書，因房屋變賣，將書寄存在生家。彼時生年幼並不知是何年分，朱姓是何名字，亦不知

〔註55〕軍機處上諭檔，盒號558，冊號1。
〔註56〕軍機處上諭檔，第1條，盒號593，冊號1。
〔註57〕軍機處上諭檔，第3條，盒號645，冊號1。

係欽賜之書。〔註58〕

山東巡撫徐績明瞭乾隆帝的盤算，同時上摺奏詢應否令朱綱之孫將御賞《古今圖書集成》恭繳：「《圖書集成》乃特恩賞給，理應敬謹世守，今朱綱父子俱故，家業蕭條，貯書無所，子孫不能世守，恐致日久散佚，殊非將御賞《古今圖書集成》敬謹之道，應否將原書恭繳之處，伏候本部院。」〔註59〕鑒於大臣恩賞所得《集成》不能妥善保存的狀況，乾隆帝當即下旨回繳部分《集成》。乾隆三十八年（1773）四月十三日軍機處上諭檔：

> 臣等奉旨查原任提督田文鏡所得賞給之《古今圖書集成》一部，令其家繳回，隨交改旗查辦。今據該正黃旗漢軍都統覆稱，田文鏡之孫革職縣丞田邦直呈稱其書已賣與鑲紅旗漢軍官學生劉若儒得價銀五百五十兩。等語。查田邦直以伊祖田文鏡所有恩賞書籍私行得價售賣，殊屬不合，應請旨交部治罪。至劉若儒因何收買及是否完全之處，現交鑲紅旗漢軍都統查明具奏請旨謹奏。〔註60〕

對於雍正年間受賜獲得《集成》的楊文乾家，河南巡撫何熅奏報了查繳過程：

> 照得雍正年間賞給巡撫楊文乾古今圖書集成一部，現在奉旨查繳。今傳詢其家，並無著落。合將巡撫楊文乾並伊子總督楊應琚生平歷任各省分通行咨查，咨到貴撫，即將其歷過地方有無存貯安放次數之處，迅速查覆，一面咨報，一面解京送交本處。〔註61〕

這裏言及將藏書者楊應琚「生平歷任各省分通行咨查」，查繳力度不可謂不大，也說明乾隆帝對此事的高度重視。

從最後的結果看，共計繳回《集成》五部，乾隆三十八年（1773）四月十六日軍機處上諭檔：

> 奉旨：今將《古今圖書集成》原書繳回者共五家：鄂爾泰：二部內繳一部，據伊孫鄂岳稱現在擬繳。田文鏡：交查該旗，昨又傳催，未據覆到。楊文乾：交查該旗，據稱從前查抄楊應據家有舊書二十三套，雜書七箱，又舊書一百套，此外並無別項書籍。等語。但查原書系五百二十套，斷不在所抄之內，楊應據歷任各省，曾經帶往

〔註58〕軍機處錄副奏摺，檔案號：03-1148-021。
〔註59〕軍機處錄副奏摺，檔案號：03-1148 03-1148-021 082-0435。
〔註60〕軍機處上諭檔，乾隆三十八年四月十三日，盤號645，冊號1。
〔註61〕軍機處錄副奏摺，檔案號：03-1148-016。

擬行文細爲查詢。馬爾泰：據伊孫瑪郎阿稱，於乾隆五年經回祿被
焚。訥親：其書下落尚未查得。奉旨查詢其家現在原書是否完全共
四家：誠親王：據貝勒弘景借給黃松石，已經奏明。李衛：據伊孫
候補道李星曜曾載往同州府任所，現存。岳鍾琪：已經武英殿查得。
朱綱：已行文山東巡撫向其家查詢。〔註62〕

對於去向不明的《集成》，乾隆繼續追繳，乾隆三十八年（1773）八月十一日
軍機處上諭檔：

從前賞給原任福建巡撫朱綱《古今圖書集成》一部，據朱綱之孫朱
照呈稱，是書向係胞伯朱崇誥收貯，後因變賣房屋寄放盧子若家內。
今盧子若已故，現有伊子盧崑可詢，隨傳問盧崑稱，向有寄存朱姓
之書，但目開五百二十套，原係少二套，今將原書送繳。等語。朱
照既不能世守此書，恐日久益致散失，應否將原書恭繳之處，咨
請前來理合。乾隆三十八年八月十一日奉旨：著交軍機處。欽此。
〔註63〕

乾隆三十九年（1774）五月十四日，于敏中根據乾隆帝的旨意，「擬各省行宮
七處陳設《古今圖書集成》）清單」，具體爲：天津柳墅行宮、山東泉林行
宮、江寧棲霞行宮、揚州天寧寺行宮、鎮江金山行宮、蘇州靈巖行宮、杭州
西湖行宮。並說「以上備擬陳設書本俱行知經管之各該督撫鹽政選派員至
武英殿領取，敬謹如式裝潢收貯各署內，以備臨時陳設」〔註64〕。天寧、金
山、西湖行宮之《集成》後分別移入文匯閣、文宗閣、文匯閣。周伯義《金
山志》載：「乾隆四十三年欽頒《古今圖書集成一部，與鎮江金山行宮，兩淮
鹽運使疏請建閣儲之。次年閣成。」據乾隆四十二年（1777）六月十五日宮
中檔乾隆朝奏摺，兩淮鹽政寅著領到頒貯揚州天寧寺行宮和鎮江金山行宮兩
部《古今圖書集成》後，奏請「與行宮內就高寬之處，仿天一閣規模，鼎建
書閣，永遠寶藏。」《揚州畫舫錄》卷四載，乾隆四十四年（1779），位於金
山寺行宮之左的藏書閣首先建成，乾隆賜名文宗閣，貯《古今圖書集成》一
部。次年，入藏於揚州大觀堂。文瀾閣遭兵火，後來浙江巡撫譚鍾麟等人籌
款重建，經人說合，從鮑廷博之孫鮑寅手中購得乾隆皇帝賜給其祖的《古今

〔註62〕軍機處上諭檔，乾隆三十八年四月二十六日，盤號645，冊號1。
〔註63〕軍機處上諭檔，乾隆三十八年八月十一日，盤號646，冊號1。
〔註64〕軍機處上諭檔，盤號649，冊號2。

圖書集成》。

　　乾隆間，因修《四庫全書》，賞賜《集成》給獻書最多的藏書之家。乾隆
三十九年（1774）五月十四日軍機處上諭檔：

　　　　諭內閣賞鮑士恭等《古今圖書集成》周厚堉《佩文韻府》各一部」：
　　　　今閱進到各家書目，其最多者，如浙江之鮑士恭、范懋柱、汪啓淑，
　　　　兩淮之馬裕四家，爲數至五、六、七百種，皆其累世棄藏，子孫克
　　　　守其業，甚可嘉街。因思內府所有《古今圖書集成》，爲書城巨觀，
　　　　人間罕觀，此等世守陳編之家，宜俾尊藏勿失，以永留貽。鮑士恭、
　　　　范懋柱、汪啓淑、馬裕四家，著賞《古今圖書集成》各一部，以爲
　　　　好古之勸。……以上應賞之書，其外省各家，著該督撫鹽政派員赴
　　　　武英殿領會分給；其在京各員，令其親赴武英殿祗領。仍將此通諭
　　　　知之。欽此。

乾隆三十九年（1774）四月初二日乾隆繼續賞賜給親信大臣舒赫德、于敏
中、劉墉等人：

　　　　大學士舒赫德、于敏中著各賞《古今圖書集成》，其收藏傳付子孫守
　　　　而弗失。再，已故大學士劉統勳一體上給，不意其猝爾身故，未及
　　　　身預，因念及其子克世其業，亦加恩上給一部。〔註65〕

此外，宮中檔案顯示，乾隆年間還賞賜給書院及個人數部《集成》，如山東紫
陽書院〔註66〕、灤源書院（五百一十八封，缺四十二卷）〔註67〕等。

　　關於賞賜銅版《集成》的領取方式，乾隆三十九年（1774）五月於行宮
陳設《集成》諭旨說：「以上備擬陳設書本俱知經管之各該督撫、鹽政選派
員至武英殿領取。」賞賜藏書家諭旨亦說：「令其親赴武英殿領取」。由此
可知，賞賜《集成》的分發方式，一般由武英殿統一負責裝潢，受賞者親自
領取。

　　乾隆二十八年（1763）七月十四日軍機處上諭檔揭示，清廷曾對《集成》
展開階段性的清查：「查據武英殿現存未裝訂《古今圖書集成》綿紙書三部，
竹紙書二十四部。謹奏。」〔註68〕可見，至乾隆二十八年，武英殿所貯存《集

〔註65〕軍機處上諭檔，乾隆三十九年四月初二，盤號649，冊號2。
〔註66〕中國第一歷史檔案館藏：錄副雍、乾奏摺。
〔註67〕道光《濟南府志》卷十七，清道光二十年刻本。
〔註68〕軍機處上諭檔，盒號593，冊號1。

成》數量還較多，《集成》經其後乾隆帝的賞賜、陳設等，數量銳減。乾隆四十年（1775）五月十五日內務府奏銷檔「奏爲熱河文津閣陳設古今圖書集成事」，提及武英殿所剩銅版《集成》只有五部（殘缺棉紙一部，竹紙四部），只能將竹紙的《集成》陳設於文津、文淵、文源三閣：

> 奴才金簡謹奏請旨事。本月十二日奉旨熱河文津閣應行陳設古今圖書集成一部，著先行裝潢，於七月底八月初間送往陳設，其文源閣、文淵閣亦即接續裝潢預備陳設。欽此。欽遵。奴才隨交武英殿翰林處將古今圖書集成流水先行檢閱校對一部，一面裝潢書本，一面成做匣套，敬謹趕辦……<u>查武英殿現存古今圖書集成五部，內竹紙書四部，連四紙書一部</u>，係鄂爾泰家交回之書，殘缺八十餘本，雖經奏明補寫齊全，但書內原有蟲蛀之處，難以陳設，現今裝潢三閣，應請統用竹紙書三部。乾隆四十年五月十五日具奏。本日奉旨：知道了。匣套即照依古今圖書集成書本大小成造，上下夾書板不必用糊飾插蓋應刻書名字樣，著填泥金，欽此。〔註69〕

關於雍正、乾隆年間如何賞賜、頒發和陳設是關於內府書籍流通的典型案例。幸運的是，內府檔案就有關於這兩段時期《集成》流通情況的詳細記錄。

關於雍正時期的《集成》流通情況，滿文錄副奏摺《呈雍正年間陳設並賞賜書籍數量清單》〔註70〕如下記載：

永思殿〔註71〕　　供奉一部　棉紙錦套
乾清宮　　　　　　陳設一部　棉紙錦套

賞過
咸福宮阿哥	一部 竹紙		福慧阿哥	一部 棉紙
天申阿哥	一部 竹紙		怡親王	一部 棉紙
莊親王	一部 棉紙		果親王	一部 棉紙
康親王	一部 棉紙		誠親王	一部 竹紙
恒親王	一部 竹紙		鄂爾泰	兩部 棉紙
張廷玉	一部 棉紙		蔣廷錫	一部 棉紙

〔註69〕內務府奏銷檔，卷號：05-0319，檔案號：05-0319-067。
〔註70〕中國第一歷史檔案館藏內府滿文錄副奏摺，卷號：04-01-38-0023，檔案號：04-01-038-0023-029。
〔註71〕筆者注：永思殿爲景山壽皇殿之組成部分。

岳鍾琪	一部 棉紙		史貽直	一部 竹紙
田文鏡	一部 竹紙		孔毓珣	一部 竹紙
高其倬	一部 竹紙		李衛	一部 竹紙
王國棟	一部 竹紙		楊文乾	一部 竹紙
朱綱	一部 竹紙		嵇曾筠	一部 竹紙
勵廷儀	一部 竹紙		馬爾賽	一部 竹紙
闕里	一部 棉紙			

以上共二十八部

關於乾隆時期的《集成》流通情況，內府滿文錄副奏摺《呈乾隆年間各處陳設並賞賜過書籍名目數量清單》〔註72〕也有詳細記載：

乾隆年間各處陳設並賞賜過書籍數目

古香齋〔註73〕	陳設一部	竹紙布套
正大光明殿〔註74〕	陳設一部	棉紙錦套
蕊珠宮〔註75〕	陳設一部	棉紙錦套
澹懷堂〔註76〕	陳設一部	棉紙錦套
前垂天貺〔註77〕	陳設一部	竹紙布套
熱河	陳設一部	竹紙絹套
盛京	收貯一部	竹紙
禮部	收貯一部	竹紙
翰林院	存貯一部	竹紙

賞過

四阿哥（永珹）	一部 竹紙	
五阿哥（永琪）	一部 竹紙	未領去，現存武英殿書庫
六阿哥（永瑢）	一部 竹紙	
八阿哥（永璇）	一部 竹紙	

〔註72〕中國第一歷史檔案館藏內府滿文錄副奏摺，卷號：04-01-38-0023，檔案號：04-01-038-0023-030。
〔註73〕筆者注：爲重華宮東房。
〔註74〕筆者注：爲圓明園正殿。
〔註75〕筆者注：爲上海書院。
〔註76〕筆者注：在圓明園。
〔註77〕筆者注：在上書房。

傅恒　　　　　　　一部　竹紙

納親　　　　　　　一部　竹紙

以上共十五部

根據以上的梳理，加以檔案佐證，筆者製成雍乾間銅版《集成》流向一覽表（表六），以便對其流通過程有清晰的瞭解。

表六：雍乾間銅版《集成》流向一覽表

序號	時間	賞賜對象/存放地點	棉紙本/竹紙本	流向	資料來源
1	雍正六年六月二十日	壽皇殿一說永思殿	棉紙本棉紙錦套		雍正朝起居注冊
	雍正間	乾清宮	棉紙錦套		滿文錄副奏摺《呈雍正年間陳設並賞賜書籍數量清單》
2	雍正六年六月二十日	怡親王允祥	棉紙本	全帙現藏普林斯頓大學東亞圖書館，鈐有寧邸珍藏圖書朱文印，知原藏允祥之子弘晈	雍正朝起居注冊，《胡適童世綱與葛思德東方圖書館》，1975 年臺灣《傳記文學》27 卷第 1、2 期。
3	雍正六年六月二十日	莊親王允祿	棉紙本		雍正朝起居注冊
4	雍正六年六月二十日	果親王允禮	棉紙本		雍正朝起居注冊允禮《恩賜彙紀》
5	雍正六年六月二十日	康親王崇安	棉紙本		雍正朝起居注冊
6	雍正六年六月二十日	福慧阿哥	棉紙本		雍正朝起居注冊
7	雍正六年六月二十日	張廷玉	棉紙本		雍正朝起居注冊
8	雍正六年六月二十日	蔣廷錫	棉紙本		雍正朝起居注冊
9	雍正六年六月二十日	鄂爾泰	棉紙本	五華書院，後全毀	雍正朝起居注冊
10	雍正六年六月二十日	岳鍾琪	棉紙本	回繳	雍正朝起居注冊軍機處上諭檔（乾隆三十八年四月二十六日）

11	雍正六年六月二十日	誠親王允祉	竹紙本	貝勒弘景借給黃松石	雍正朝起居注冊軍機處上諭檔（乾隆三十八年四月二十六日）
12	雍正六年六月二十日	恒親王允祺	竹紙本		雍正朝起居注冊
13	雍正六年六月二十日	咸福宮阿哥允祕	竹紙本		雍正朝起居注冊
14	雍正六年六月二十日	元壽阿哥弘曆	竹紙本		雍正朝起居注冊
15	雍正六年六月二十日	天申阿哥弘晝	竹紙本		雍正朝起居注冊
16	雍正六年六月二十日	勵廷儀	竹紙本		雍正朝起居注冊
17	雍正六年六月二十日	史貽直	竹紙本		雍正朝起居注冊軍機處上諭檔（乾隆三十八年四月二十六日）
18	雍正六年六月二十日	田文鏡	竹紙本	其孫賣與劉若儒，得銀五百五十兩，擬回繳，未查得	雍正朝起居注冊軍機處上諭檔（乾隆三十八年四月十三日）
19	雍正六年六月二十日	孔毓珣	竹紙本		雍正朝起居注冊
20	雍正六年六月二十日	高其倬	竹紙本		雍正朝起居注冊
21	雍正六年六月二十日	李衛	竹紙本	回繳	雍正朝起居注冊軍機處上諭檔（乾隆三十八年四月二十六日）
22	雍正六年六月二十日	王國棟	竹紙本		雍正朝起居注冊
23	雍正六年六月二十日	楊文乾	竹紙本	擬回繳內廷	雍正朝起居注冊軍機處上諭檔（乾隆三十八年四月二十六日）
24	雍正六年六月二十日	朱綱	竹紙本	回繳內廷缺二套	雍正朝起居注冊軍機處上諭檔（乾隆三十八年四月二十六日）
25	雍正六年六月二十日	嵇曾筠	竹紙本		雍正朝起居注冊，嵇曾筠《防河奏議》卷八「恭謝欽賜古今圖書集成」

26	雍正九年	鄂爾泰	棉紙本	回繳內廷	鄂容安《襄勤伯鄂文端公年譜》、軍機處檔案（乾隆三十八年四月二十六日）
27	雍正十年	張廷玉	棉紙本		《澄懷園語》卷三
28	雍正間	馬爾賽	竹紙本	乾隆五年經回祿被焚毀	軍機處檔案（乾隆三十八年四月二十六日）、滿文錄副奏摺《呈雍正年間陳設並賞賜書籍數量清單》
29	雍正七年	孔傳鐸	棉紙本		孔繼汾《闕里文獻考》卷十；滿文錄副奏摺《呈雍正年間陳設並賞賜書籍數量清單》
30	乾隆間	訥親	竹紙本	其書下落未查得	軍機處檔案（乾隆三十八年四月二十六日）、滿文錄副奏摺《呈雍正年間陳設並賞賜書籍數量清單》
	乾隆間	傅恒	棉紙本	其書下落未查得	軍機處滿文錄副奏摺《呈雍正年間陳設並賞賜書籍數量清單》
31	雍正六年六月二十日	乾清宮各處陳設	棉紙本		雍正朝起居注冊
32	乾隆九年十月二十四日	翰林院寶善亭（清秘堂）			軍機處上諭檔、《詞林掌故》卷一
33	乾隆三十九年四月初二日	舒赫德			軍機處上諭檔（乾隆三十九年四月初二日）
34	乾隆三十九年四月初二日	于敏中			軍機處上諭檔（乾隆三十九年四月初二日）
35	乾隆三十九年四月初二日	劉統勳之子劉墉			軍機處上諭檔（乾隆三十九年四月初二日）
36	乾隆三十九年五月十四日	鮑士恭		後入新建後的文瀾閣	軍機處上諭檔（乾隆三十九年五月十四日）
37	乾隆三十九年五月十四日	范懋柱		毀於太平天國之亂	軍機處上諭檔（乾隆三十九年五月十四日）
38	乾隆三十九年五月十四日	汪啓淑			軍機處上諭檔（乾隆三十九年五月十四日）
39	乾隆三十九年五月十四日	馬裕			軍機處上諭檔（乾隆三十九年五月十四日）

40	乾隆三十九年	天津柳墅行宮			軍機處上諭檔 乾隆三十九年五月十四日
41	乾隆三十九年	山東泉林行宮			軍機處上諭檔 乾隆三十九年五月十四日
42	乾隆三十九年	江寧棲霞行宮			軍機處上諭檔 乾隆三十九年五月十四日 錄副奏摺乾隆三十九年六月十三日
43	乾隆三十九年	揚州天寧寺行宮		移入文匯閣 1853年毀於戰火	軍機處上諭檔 乾隆三十九年五月十四日
44	乾隆三十九年	鎮江金山行宮		移入文宗閣 1853年毀於戰火	軍機處上諭檔 乾隆三十九年五月十四日
45	乾隆三十九年 六月初三日	蘇州靈巖行宮		全	軍機處上諭檔 乾隆三十九年五月十四日 錄副奏摺乾隆四十二年四月初八日
46	乾隆三十九年	杭州西湖行宮		移入文瀾閣 1861毀於戰火（存330冊）	軍機處上諭檔 乾隆三十九年五月十四日
47	乾隆三十九年	天津柳墅行宮			軍機處上諭檔 乾隆三十九年五月十四日
48	乾隆三十九年	山東泉林行宮			軍機處上諭檔 乾隆三十九年五月十四日
49	雍正間	乾清宮	棉紙本（開化紙）	臺灣故宮（缺三、四卷）	陶湘《故宮殿本書目》、滿文錄副奏摺
50	乾隆	皇極殿		太史連紙、開化紙各一部	陶湘《故宮殿本書目》
51	乾隆	文源閣		1860年毀於戰火	
52	乾隆四十七年九月	文津閣	竹紙本（太史連紙）	國家圖書館	軍機處上諭檔（乾隆二十八年七月十四日）
53	乾隆四十七年九月	文溯閣	竹紙本（太史連紙）	十二架五百七十六函，遼寧省圖書館、甘肅省圖書館皆有藏	錄副奏摺（乾隆四十七年九月十一日） 欽定盛京通志卷二十
54		文淵閣	竹紙本（太史連紙）	臺灣故宮	
55	乾隆	丁湯銘		1858年被毀	《續漢口叢談》

56	乾隆	皇十一子永瑆		南京圖書館藏三冊銅活字本，有印章	拍賣會
57	乾隆	王杰	竹紙本（黃紙）	入陝西大荔豐登書院，陝西省圖書館（存644冊9624卷）	楊居讓：《館藏銅活字本古今圖書集成》，《圖書館工作與研究》2005年第5期
58	乾隆	重華宮古香齋	棉紙本	哈弗燕京圖書館、拍賣市場	吳振棫《養吉齋叢錄》卷十七清光緒刻本、銘文包錄副奏摺
59	乾隆	觀象臺錫清堂			汪由敦《松泉集》詩集卷十一《登觀象省視儀器恭紀》
60	乾隆	圓明園正大光明殿	棉紙錦套	燒毀	朱珪《知足齋集》卷五「上元侍宴正大光明殿恭紀」
61	乾隆二十八年	避暑山莊澹泊誠敬殿	棉紙本	南京博物院	軍機處上諭大檔（乾隆二十八年七月十四日）
62	乾隆	盤山靜寄山莊	太史連紙	576套壽安宮故宮圖書館藏，缺職方典卷八百二十一之二十二兩卷計一冊	咸豐內府抄本《盤山行宮收存書籍清冊》陶湘《故宮殿本書庫現存目》民國二十二年故宮博物院圖書館排印本
63	乾隆	懋勤殿		528函，4979冊壽安宮故宮圖書館藏	清光緒年抄本《懋勤殿書目》
64	乾隆	毓慶宮		壽安宮故宮圖書館藏，缺	內府抄本《安毓慶宮宛委別藏書目》
65	乾隆二十九年	日本德川幕府		東京帝國大學（1923年毀）	葛繼勇：《〈古今圖書集成〉及其東傳日本》（北京圖書館出版社，2003年版）
66	乾隆四十一年	朝鮮奎章閣		首爾大學奎章閣圖書館	金鎬：《〈古今圖書集成〉在朝鮮的傳播與影響》（《東華漢學》2010第11期，第241～272頁）
67	乾隆	禮部	竹紙本	哈佛燕京圖書館一部分	書叢老蠹魚新浪博客、滿文錄副奏摺《呈乾隆年間各處陳設並賞賜過書籍名目數量清單》
68	乾隆	紫陽書院	山東省圖書館	全	錄副雍、乾奏摺（乾隆四十二年）
69	乾隆	濼源書院（濟南）	山東省圖書館	五百一十八封，缺四十二卷	錄副雍、乾奏摺道光《濟南府志》卷十七清道光二十年刻本

70	乾隆元年	日本		日本內閣文庫	葛繼勇:《〈古今圖書集成〉及其東傳日本》(北京圖書館出版社，2003年版)
71	乾隆二十五年	日本		燒毀	葛繼勇:《〈古今圖書集成〉及其東傳日本》(北京圖書館出版社，2003年版)
72	乾隆	日本		日本內閣文庫	佟桂芬《朝鮮英正時期的文獻學家》轉引李德懋《盎葉記》
73	乾隆	盧蔭溥		拍賣市場	印章:臣盧蔭溥恭藏。盧蔭溥（1760～1839），字南石，山東德州人。乾隆四十六年進士。
74	乾隆	長春園澹懷堂	棉紙錦套	燒毀	滿文錄副奏摺《呈乾隆年間各處陳設並賞賜過書籍名目數量清單》
75	乾隆	上海蕊珠宮書院	棉紙錦套		滿文錄副奏摺《呈乾隆年間各處陳設並賞賜過書籍名目數量清單》
76	乾隆	上書房前垂天貺	竹紙布套		滿文錄副奏摺《呈乾隆年間各處陳設並賞賜過書籍名目數量清單》
77	乾隆	熱河	棉紙絹套		滿文錄副奏摺《呈乾隆年間各處陳設並賞賜過書籍名目數量清單》
78	乾隆	盛京	竹紙		滿文錄副奏摺《呈乾隆年間各處陳設並賞賜過書籍名目數量清單》
79	乾隆	履親王四阿哥永城	竹紙		滿文錄副奏摺《呈乾隆年間各處陳設並賞賜過書籍名目數量清單》
80	乾隆	親王五阿哥永琪	竹紙	未領去，現存武英殿書庫	滿文錄副奏摺《呈乾隆年間各處陳設並賞賜過書籍名目數量清單》
81	乾隆	親王六阿哥永瑢	竹紙		滿文錄副奏摺《呈乾隆年間各處陳設並賞賜過書籍名目數量清單》
82	乾隆	親王八阿哥永璇	竹紙		滿文錄副奏摺《呈乾隆年間各處陳設並賞賜過書籍名目數量清單》

　　乾隆帝此次將《集成》陳設三閣後，就很少看到嘉慶以後的帝王賞賜銅版《集成》的記載了。銅版《集成》有的深藏內府，有的流落民間，均不易輕得。同治三年（1864），樂亭人史夢蘭在「都門故家購得一部，幸無殘缺，以兼車載歸，鑿壁藏之，護以紗廚」。到了光緒朝，偶見私人收藏。康有爲跋《古今圖書集成》云：

> 《古今圖書集成》，爲清朝第一大書，將以軼宋之《冊府元龜》《太平御覽》《文苑英華》，而與明之《永樂大典》竟宏富者。浙、揚、蘇諸閣毀後，流傳日少，聞劉忠誠督兩江，將翻印時，查得只有湖南、廣東共三本，近經革亂，海內傳本益寥寥。京師經庚子破後，存本亦稀。此本自吾邑葉氏領運自京而來粵，費萬金，後歸吾邑孔氏。昔先師朱九江先生語我嘗假讀，館孔氏三月焉。今歸於我，一萬卷皆完好，誠中國之瑰寶也。願爲中國之文明保存之。自笑久爲亡人，流離異國之日多，絕少定居，安能以暇讀此秘笈，而藏此巨冊，抑亦思古幽情，不能自已者耶！〔註78〕

康有爲所藏銅版《集成》中華書局縮印版所用底本。晚清民國時期，銅版《集成》大都入藏公共機構，民間蹤影並不多見。民國八年（1919），張元濟致信傅增湘稱，上海「此間有原版圖書集成一部，缺去數十本，開價尚不甚貴。京中舊書店能補配否，尚望示及。」〔註79〕

　　總結雍乾間銅版《集成》印刷完成後的流通情況，其流通方式包括陳設殿宇、賞賜親王大臣和頒發翰林院等機構。如何流通取決於帝王的意願。除了宮內、行宮之外，相當一部分的銅版《集成》也通過自上而下的頒賞進入勳臣之家，在這一過程中，部分《集成》像許多典籍一樣流散出去。有的損毀了，如馬爾泰所得《集成》就全部被焚毀，有的憑空消失，如田文鏡、楊文乾、訥親所得《集成》早在乾隆年間已經不知所蹤了。但是，終歸有部分《集成》流播至翰林院、書院等處（如鄂爾泰將一部《集成》移交書院，范懋柱所得《集成》入藏天一閣，這兩部集成歷經風風雨雨，至今仍留存於世），使得宮中秘藏終能爲普通士子所用，實爲《集成》流通之濫觴。

　　關於《集成》的稿本和初印本，也頗有故事。據史料載，盧址所建抱經

〔註78〕康有爲撰、姜義華，張榮華編校：《康有爲全集》第十集，中國人民大學出版社，2007年版，第180頁。
〔註79〕張元濟：《張元濟書箚》，商務印書館，1981年版，第98頁。

樓收藏有《集成》稿本五千零十三冊。陳康琪記載此事「盧抱經先生性嗜古籍……嘗以未得內府《圖書集成》為憾，乃破產遣群從入都市購求。書到，衣冠迎於門，其結癖之深如此。」〔註80〕《抱經樓書目》也載有《古今圖書集成》稿本〔註81〕。據《故宮殿本現存目》：「是書原稿本內府久已散佚，天津李氏曾得殘稿數百冊（有水漬痕燼餘），內中以理學、經濟兩編占多數，每頁十八行，行二十格，確為銅版擺印之底本，今已贈天津南開大學。」但經裴芹先生查證及筆者調研，南開大學所藏《集成》並非稿本。此稿本是否損毀，藏於何處，則不得而知了。

關於《集成》的初印本，清宮檔案早已提及。乾隆四十一年四月十八日永瑢等奏《內務府奏清查武英殿修書處餘書請將監造司庫等官員議處摺》：「又有不全古今圖書集成一部，內每典缺欠不一，共少六百八十一本。查此一書於雍正六年刷印六十四部之後，並未重印，今已將各處陳設並頒賞，現存《古今圖書集成》數目按冊逐一詳查與原刷六十四部之數相符。是此一部或係當時初刷樣本，歷年久遠，遂至散佚不全。」〔註82〕初印本後來流向何方了呢？根據天一閣李開升的介紹，天一閣藏《集成》就是銅版校樣本和排印工的工作底本，「書中有二十一位編校人員的鈐印、題名和題記，以及五十餘條校記，一百七十餘名排印工的逾千條題署」〔註83〕。這一彌足珍貴初印本經歷數百年的風風雨雨，還能留存於天壤間，且得到妥善保管，令人欣喜。

鑒於銅版《集成》之珍貴和流傳日稀，光緒十年（1884）由英人美查創辦的點石齋設立圖書集成印書館，用三號扁體鉛字排印，費時四年，於光緒十四年（1888）印成。光緒十六年（1890），光緒皇帝下令石印《集成》，由上海同文書局承辦，於光緒二十年（1894）完成，照殿本原式印出 100 部。從此，《集成》才得以廣泛流傳海內外。

（二）近三百年銅版《集成》流傳海外史

銅版《集成》刻印後，享譽海內外，不僅引起了國內學人士子的高度關

〔註80〕陳康琪：《郎潛紀聞三筆》卷一。

〔註81〕邵懿辰：《增訂四庫簡明目錄標注》卷十四。

〔註82〕乾隆四十一年四月十八日永瑢等：《內務府奏清查武英殿修書處餘書請將監造司庫等官員議處摺》。

〔註83〕李開升：《〈古今圖書集成〉銅活字校樣本考述》，《中國典籍與文化》2014 年第 4 期。

注，鄰近國家如日本、朝鮮，也紛紛派人前來購買回國，加以利用。而英美等國也通過各種途徑收藏銅版《集成》，產生深遠影響。時人就曾評論說「蓋近來中國書籍，一脫梓手，雲輪商舶。東都西京之間，人文蔚起，愈往而愈興者，賴有此一路耳。」〔註84〕成為中外文化交流史上的一段美談。

日本。乾隆元年（1736），中國商人孫輔齋運去一百六十卷《集成》，經吉川幕府等人鑒閱，將軍有懷疑之處，令御書物奉行調查。輸入此書的中國商人孫輔齋回覆稱：「此書之編集始自康熙帝時代，至雍正時代圖繪全備而先行開版，只賜與高官，民間尚無。在中國亦為珍貴之書，故特意攜帶而來。另注書正在纂寫，尚未完成，完成後當圖文並印。此次持渡之書非全備之書，等全備之書完成後當持渡而來，但後年之內恐不能完成。」〔註85〕幕府認為不是《集成》全帙，只是繪圖部分，要求購買全書。到乾隆二十九年（1764）日本明和元年，運交全書《集成》一部，六百套，九千九百九十六本，總目四十本，共用銀二十五貫目。書納入御文庫。明治維新之後，《圖書集成》一起劃歸大正官文庫管理，後又經內閣記錄局收藏，在明治二十二年至二十四年間作為二萬冊「堪稱天下無二的珍書」之一被移交給宮內廳，後又奉明治天皇之名借給東京大學圖書館，不幸在大正十年的關東大地震中被大火焚毀。據李德懋《盎葉記》稱「中國富商購《圖書集成》三部，輸於日本長崎島，一部在長崎島官庫、二部入江戶。」〔註86〕抗日戰爭爆發後，日人又從中國大肆劫掠《集成》，今分藏日本各大圖書館（多為散本），應該說，日本是除中國外，所藏銅版《集成》最多者。根據日本所藏中文古籍數據庫〔註87〕檢索，日本所藏銅版《集成》現存情況如下：

（1）日本國立公文書館下屬的內閣文庫藏《集成》5006 冊，缺學行典卷241 至 260、文學典卷 65、66、卷 77～80，卷 221～222。

（2）靜嘉堂文庫藏《集成》2788 冊，具體卷目不詳。

（3）岡大資生研（大原漢籍文庫）藏《集成》1628 冊。

〔註84〕 李尚迪：《恩誦堂集》，《韓國文集叢刊》第 312 冊，景仁文化社，1999 年版，第 242 頁。

〔註85〕 立原引所：《見聞書目》，轉引自大庭脩《江戶時代中國典籍流播日本之研究》，杭州大學出版社，1998 年版，第 297 頁。

〔註86〕 參見佟桂芬：《朝鮮英正時期的文獻學家》，內蒙古師範大學，2008 年碩士論文。

〔註87〕 網址：http://kanji.zinbun.kyoto-u.ac.jp/kanseki?detail。

（4）法政大（多摩）藏《集成》1628 冊。

（5）一橋大藏《集成》1628 冊。

（6）九州大學藏《集成》656 冊，存 3955 卷。分別爲：曆法典存卷 98
～140、宮闈典 140 卷、歲功典存卷 56～116、樂律典 136 卷、食貨
典存卷 58～360、神異典 320 卷、邊裔典 140 卷、戎政典 300 卷、
乾象典 100 卷、禽蟲典 192 卷、禮儀典 348 卷、皇極典 300 卷、庶
徵典存卷 56～188、交誼典 120 卷、閨媛典 376 卷、選舉典 136 卷、
山川典 320 卷、考工典存卷 56～252、銓衡典 120 卷、祥刑典 180
卷。

（7）日本國立公文書館藏《古今圖書集成圖纂》40 冊。爲公文書館從豐
後佐伯藩主毛利高標本，編者特別著錄：「疑是初刻集成之前試印圖
版者彼此出入若干」。

（8）東京大學藏 23 冊 46 卷，存《方輿彙編・職方典》卷 1419 至 1422，
山川典卷 223、224，《明倫彙編・閨媛典》卷 11～14，官常典卷第
381、382、385 至 390、405 至 416，《理學彙編・字學典》卷 21、
22，4142、59、60，《經濟彙編・禮儀典》卷 241、242、245。

（9）東京大學東方研究所藏《集成》20 冊 40 卷，存乾象典卷 47、48、
官常典卷 753 至 758、775、776、779、780、797、798，藝術典卷
第 361 至 366、369 至 380、369 至 380，戎政典卷 29、30、121 至
124，祥刑典卷 71、72。

（10）關大（內藤文庫）藏《集成》7 冊 14 卷，存《方輿彙編・編職方典》
卷 565 至 578。

（11）東洋文庫藏《集成》3 冊 6 卷，存《經濟彙編・食貨典》卷 195、
196、213、214、249、250。

（12）高知大（小島）藏《集成》1 冊 2 卷，存皇極典卷 215、216。

（13）京大人文研東方，藏《集成》1 冊 2 卷，存山川典卷 23、考工典卷
53。

（14）東京都立藏《集成》1 冊 2 卷，存《經濟彙編・禮儀典》卷 285、
286。

（15）阪大外（石濱文庫）藏《集成》1 冊 2 卷，存卷 179、180。

朝鮮。乾隆四十一年（1776），朝鮮正祖令使臣徐浩修負責、柳璉從北京

琉璃廠書肆中用白銀 2150 兩，購買銅版《集成》一部，儲於奎章閣。《朝鮮李朝實錄中的中國史料》載「伏念《四庫全書》實就《圖書集成》廣其規模，則先購《圖書集成》，更待訖役，繼購全書，未爲不可。故問於序班等，覓出《古今圖書集成》，共五千二十卷，五百二匣，給價銀子二千一百五十兩，今方載運。」〔註88〕二十世紀初，將奎章閣藏書併入漢城大學，建立專門圖書館，仍用「奎章閣」之名，專門收藏這部分圖書。

美國。耶魯大學東亞藏書室共收藏東亞藏書 35 萬餘冊，其中就有完整的銅版《集成》一部。光緒四年（1878），畢業於美國耶魯大學的容閎重回美國，擔任清政府駐美副公使。容閎是近代赴美留學並學成歸國的第一人，出於對母校的感謝之情，他將自己 1000 餘冊珍貴藏書，連同特攜的銅版《集成》一同捐贈給母校，成爲耶魯大學圖書館漢籍收藏之濫觴。此外，據沈津《美國所見中國善本書》，哈佛燕京圖書館藏有銅版《集成》一部，鈐有「重華宮寶」、「五福五代堂古稀天子寶」、「八徵耄念之寶」三璽。除哈佛外，普林斯頓大學葛思德東方圖書館收藏有一套完整的銅活字版《古今圖書集成》5020冊，係美國人義理壽在中國所購得。經筆者在普林斯頓大學訪學期間目驗，該套《集成》原函套裝，裝潢考究，其中有配補，存在文字挖改現象。每冊首頁均有「寧邸珍藏圖書」朱文方印（寧郡王弘皎藏書印）、「恩福堂藏書印」白文方印（英和藏書印）及「葛思德東方文庫」朱文方印，知原爲雍正賞賜給怡親王允祥之書，其後歷經允祥四子寧郡王弘皎、英和遞藏，最後入藏葛思德東方書庫，流傳有緒。美國哥倫比亞大學東亞圖書館也有《集成》一冊，爲第二百四十九卷，屬皇極典。

英國。1878 年 8 月 29 日的《紐約時報》轉引 8 月 13 日的《倫敦環球報》報導了大英博物館以 1500 英鎊收購銅版《集成》經過，報導以「5020 卷《古今圖書集成被大英博物館收藏》」爲題，認爲「這部囊括 5020 卷的宏篇巨著是整個華夏文化的彙集」，報導中提到「最近爲大英博物館圖書館購買的清國《古今圖書集成》，理應是一項我們佔便宜的交易。無論是從篇幅和重量上講，麥考雷爲某名人私人藏書所做的事都無法與我們爲大英博物館所做的這件事相提並論。不管怎樣，用 1500 英鎊換來包括 5020 卷的一部大百科全書，一聽就是划算的事。如果不是我們在購買這套書時的情況比較特殊，這件作品毫無疑問可要貴多了。看起來，我們駐北京公使館的秘書麥爾斯先生在同

〔註88〕吳晗：《朝鮮李朝實錄中的中國史料》，中華書局，1980 年版，第 4647 頁。

清國人談判時，不但極其謹慎守密，同時，也絕不能洩露這套百科全書是賣給外國人這個事實，甚至連賣主本人也不能讓他知道。」〔註89〕這部銅版《集成》現在仍然收藏在大英圖書館東方書稿圖書部。

德國和法國。1898 年 5 月 15 日上海《集成報》轉引《巴黎辯論報》報導稱，「德京柏林大博物院以千五百佛郎購中國《古今圖書集成》一部。是書者，不止拍賣一部，巴黎大書院去歲自上海得是書，裝訂運費共八百五十佛郎。」〔註90〕知光緒末年德國、法國曾先後於 1887、1897 年購買兩部銅版《集成》，所費不菲。今法國國家圖書館網站開放閱覽資源中，有多冊《集成》草木典、食貨典，從書影看是銅版竹紙《集成》，而是否有完整的一套，細節並不清楚，只能以俟將來。

其它國家。據說，德國柏林圖書館、前蘇聯圖書館均藏有銅版《集成》，關於其書具體收藏地和存佚情況有待進一步考證。另外，隨著圖書館資源的愈加開放，不排除再發現的可能性。

（三）銅版《集成》現存情況及收藏地考

關於銅版《集成》現今留存情況，學界研究頗多，說法不一，主要有以下諸家之說：

1、楊玉良《古今圖書集成考證拾零》認為留存 12 部，分別是：北京故宮圖書館（原藏盤山行宮靜寄山莊）、臺灣故宮三部（原藏文淵閣、乾清宮、皇極殿）、北京圖書館（原藏文津閣）、上海圖書館、杭州圖書館、天一閣、嘉業堂、倫敦、巴黎、柏林〔註91〕。

2、沈津《美國所見中國善本書》認為共有 13 部：北京圖書館（全帙）、中國科學院圖書館（全帙）、甘肅省圖書館（全帙）、徐州市圖書館（全帙）、臺灣中央圖書館（全帙）〔註92〕、臺灣故宮三部（全帙）、哈佛大學燕京圖書館（全）、普林斯頓大學葛思德東方圖書館、英國不列顛圖書館、法國巴黎國家圖書館、西柏林圖書館，此外還有不全的版本：天一閣（八千五百二十卷）、哥倫比亞大學圖書館（皇極典第二百四十九卷）、上海圖書館（缺十二

〔註89〕轉引鄭曦原等編譯：《帝國的回憶：〈紐約時報〉晚清觀察記》，三聯書店，2001 年版，第 107 頁。

〔註90〕1898 年《集成報·海外琅嬛》轉引《巴黎辯論報》。

〔註91〕楊玉良：《古今圖書集成考證拾零》，《故宮博物院院刊》1985 年第 1 期。

〔註92〕經筆者查考，臺灣中央圖書館（後改為臺灣「國家」圖書館）並沒有收藏銅版《集成》）。

冊）、遼寧省圖書館（殘）、故宮博物院（殘）〔註93〕。

3、裴芹《今存雍正版〈古今圖書集成〉知多少》綜合各家之說，重新發掘資料，統計爲 24 部〔註94〕，此統計包括殘缺者及傳聞之書。

實際上，以上諸家統計仍有缺漏，筆者就所閱見，重新梳理銅版《集成》的留存相關信息，期於對學界統計有所補充。

就完帙銅版《集成》而言，1933 年，陶湘所編《故宮殿本書庫現存目》載，清查故宮所藏《集成》情況爲：文淵閣藏一部（太史連紙）完全無闕，乾清宮藏一部（開花紙）內缺一冊，有夾籤（光緒二十六年八月初四日洋人拿去一本，即聯軍入京時事）、皇極殿藏一部（開花紙內有鈔配數十篇，亦完全者），又一部（太史連紙，鈐靜寄山莊璽，缺職方典卷八百二十一至二十二兩卷計一冊）。今皆移貯本庫〔註95〕。可見，除了運往臺灣三部（文淵閣、乾清宮、皇極殿）外，鈐靜寄山莊璽之《集成》今存北京故宮博物院圖書館。

1936 年，張崟所作《古今圖書集成再考》一文，附錄《古今圖書集成佚存表》，詳細梳理當時銅版《集成》存藏情況。據該文，故宮博物院殿本書庫藏 4 部：太史連紙（即竹紙）一部（原藏文淵閣，完全無缺），太史連紙又一部（舊藏皇極殿，鈐有靜寄山莊，內缺職方典卷八百二十一二函一冊），開化紙一部（舊藏乾清宮，內缺一冊），開化紙又一部（舊藏皇極殿，內有缺，配數十篇）。國立北平圖書館藏開化紙一部（舊藏京師圖書館）。浙江省立圖書館藏兩部：開化紙一部（舊藏鮑氏知不足齋，內有抄配二百三十八冊，另兩冊抄補，半冊又一冊鈔數頁）。太史連紙一部（文瀾閣舊藏本，殘存三百三十冊）。山東省立圖書館一部（見該館書目）。雲南省立圖書館〔註96〕（前清部頒，見民國四年該館書目初編），歙縣某氏（御賜，據夏君樸山稱聞之於杭州書賈）。僞滿洲國立圖書館一部（舊爲張學良所藏，見浙江省立圖書館館刊二卷第四期）。上海中華書局藏開化紙一部（舊藏南海孔氏，內有抄配六十二冊，爲該局近來影印本之底本）。南潯劉氏嘉業藏書樓藏開化紙一部。上海商務印書館藏黃紙一部（購北平富晉書店，據丁輔之先生說內缺三百餘冊）。杭

〔註93〕沈津：《美國所見中國善本書 5》，《圖書館雜誌》1989 年第 1 期。

〔註94〕裴芹：《今存雍正版〈古今圖書集成〉知多少》，載《書品》2004 年，第 4 期。

〔註95〕陶湘：《故宮殿本書庫現存目》，故宮博物院，1933 年鉛印本，第 349～351 頁。

〔註96〕筆者注：疑此部《集成》爲同文書局版而非銅版。

州鄧氏可園藏開化紙一部（據林同莊先生說）。北平富晉書社藏太史連紙一部（據丁輔之先生云內缺二十餘冊）〔註97〕。

陶湘和張崟兩人的統計時間在上世紀三十年代。經過近百年的流播，今天留存的銅版《集成》情況又如何了呢？

根據《第一批國家珍貴古籍名錄圖錄》〔註98〕，國內共 9 家單位藏《集成》各一部，具體爲：甘肅省圖書館 1 部（有「文溯閣寶」等印）；故宮博物院 1 部（存九千九百九十八卷目錄四十卷，有「重華宮寶」等印）〔註99〕；南京博物院 1 部（有「文津閣寶」等印）；陝西省圖書館 1 部（有補配，存九千二百六十四卷）；寧波天一閣 1 部（毛裝，存八千二百四十三卷目錄二十二卷）；徐州市圖書館 1 部（有「冀縣王富晉印」等印，配光緒七年抄本）；中國中醫科學院圖書館 1 部；山東省圖書館 1 部〔註100〕（太史連紙，存八千九百十三卷，目錄三十二卷）〔註101〕。《第二批國家珍貴古籍名錄圖錄》載，遼寧省圖書館藏《集成》1 部〔註102〕。

國家珍貴古籍名錄圖錄所收錄的銅版《集成》其實並不全面，經筆者耙梳，尚未爲國家珍貴古籍名錄圖錄所收錄的銅版《集成》仍有兩部，長期以來不爲學界所知。

一部即藏於國家圖書館古籍館，《北京圖書館古籍善本書目》所著錄的銅版《集成》只有一部，即文津閣原藏。對於此書的來源，1913 年 9 月 12 日，國家圖書館前身京師圖書館有關檔案顯示，《教育部總務廳通知京師圖書館定期派員到部領取〈古今圖書集成〉函》：「貴館請將本部所藏《古今圖書集成》撥給一部。昨是書共裝六十六箱，外帶箱架十二個。已由部指令照撥，希即

〔註97〕張崟：《〈古今圖書集成〉再考》，《新中華》1936 年第 4 卷第 4 期，附錄，第23～24 頁。

〔註98〕中國國家圖書館、中國國家古籍保護中心編：《第一批國家珍貴古籍名錄圖錄》，國家圖書館出版社，2008 年版。

〔註99〕根據故宮圖書館的介紹和名錄著錄的圖錄看，該部《集成》有「靜寄山莊」印。

〔註100〕根據《山東省圖書館館藏珍品圖錄》，該部《集成》爲太史連紙，有山東省圖書館珍藏印，見山東省圖書館編：《山東省圖書館館藏珍品圖錄》，齊魯書社，2009 年版，第 67 頁。

〔註101〕中國國家圖書館、中國國家古籍保護中心編：《第一批國家珍貴古籍名錄圖錄》，北京：國家圖書館出版社，2008 年版，第 131 頁。

〔註102〕中國國家圖書館、中國國家古籍保護中心編：《第二批國家珍貴古籍名錄圖錄》，北京：國家圖書館出版社，2009 年版，第 240 頁。

訂期派員來部領取。」〔註103〕事實上，國圖除了收藏有原文津閣所藏銅版《集成》外，尚有 5018 冊的銅版《集成》〔註104〕（缺四卷：職方典卷四百八十五至四百八十六、皇極典卷二百四十一至二百四十二），且明確著錄爲銅活字本，但長期以來不爲學界所知。經筆者調閱，此部《集成》最後一函的末端鈐有「虞陽鮑叔衡過眼」。叔衡爲江蘇常熟人鮑廷爵之字，可知該部《集成》原爲鮑廷爵所藏。

鮑廷爵曾任浙江候補知縣，喜好藏書，建有「後知不足齋」藏書樓，著有《輿地形勢論》《古今碑帖考》《金石訂例》等書。藏書印有「海虞鮑氏珍藏金石書畫之章」「海虞鮑氏珍藏印」「虞陽鮑叔衡過眼」。值得注意的是，鮑廷爵與曾御賜得到銅版《集成》的鮑廷博爲同族，鮑廷爵景慕鮑廷博，遵照鮑廷博《知不足齋叢書》舊例刻《後知不足齋叢書》。因此可以推斷，他所藏銅版《集成》很有可能來源於鮑廷博原藏。據有關資料，文瀾閣 1861 年遭太平軍焚毀後，光緒年間曾購入鮑廷博所得銅版《集成》入藏文瀾閣，1937 年還與文瀾閣《四庫全書》一起轉運至龍泉，不知爲何後流散至北海圖書館，最後入藏中國國家圖書館。經筆者檢視，該部《集成》多處存在挖補鈐蓋，手法與鄭振鐸藏《集成》一致。

另外一部《集成》今藏軍事科學院圖書館〔註105〕，該部具體來源無法查知。此外，湘潭大學圖書館網站稱該館藏有完整的銅版《集成》522 函 6117 冊，係北京大學所贈，不知是否確實。如果排除此部，就目前而言，較爲完整的銅版《集成》大陸有 15 部，臺灣 3 部〔註106〕，海外 7 部，總計 25 部（參見表七）。

〔註103〕此檔案轉引自裴芹：《銅活字版〈古今圖書集成〉流存玉屑》，網址：http://blog.sina.com.cn/s/blog_446e04120100y3ra.html。

〔註104〕據國家圖書館古籍館謝東榮副館長介紹，此部《集成》爲從北海圖書館移交。

〔註105〕根據軍事科學院圖書館網站介紹，亦見中國古籍保護網，網址：http://www.nlc.gov.cn/newgjbh2011/gjpc/view.action@id=10179.html。

〔註106〕關於此三部《集成》的著錄，參見《參見國立故宮博物院善本舊籍總目》，「國立」故宮博物院，第 872～872 頁。

表七：海內外現存銅版《集成》部數一覽表

地　區	部數	收　藏　情　況	備　註
中國大陸	15 部	國家圖書館（2 部） 故宮博物院、南京博物院 甘肅省圖書館、陝西省圖書館 徐州市圖書館、山東省圖書館 遼寧省圖書館、軍事學院圖書館 中國中醫科學院圖書館、天一閣 上海圖書館、杭州圖書館、嘉業堂	湘潭大學圖書館所藏有待進一步查考，暫時未列入。 嘉業堂所藏殘缺較爲嚴重，只剩 3680 冊，缺卷 2818 卷。
臺　灣	3 部	臺北故宮博物院（3 部）	
海　外	7 部	哈佛燕京圖書館、普林斯頓大學東亞圖書館、耶魯大學圖書館 大英圖書館、法國國家圖書館 德國柏林圖書館	前蘇聯所藏有待進一步查考，暫時未列入
總　計	25 部		

　　就銅版《集成》零本而言，雖是隻鱗片語，亦足珍貴。《山東大學圖書館古籍善本目錄》載該館藏有《集成》二冊一函，爲《經濟彙編・祥刑典》卷九至十二〔註107〕。《浙江省博物館藏古籍書目》載，藏有《忠烈傳》三冊十九卷、《文學典》一百二十三卷、《經濟彙編・戎政典》一冊（黃賓虹捐書），卷七至卷十一〔註108〕。《中國歷史博物館藏普通古籍目錄》載，藏有《博物彙編・草木典》二冊，卷一百一十一至卷一百二十；《理學彙編・字學典》卷二十七、卷二十八、卷一百一十九、卷一百二十；《明倫彙編・氏族典》卷三百零五至三百零六〔註109〕。除此之外，歷史博物館還收藏有《古今圖書集成圖》110 冊。《清防閣・蝸寄廬・樵齋藏書目錄》之《蝸寄廬藏書目錄》載，藏有《集成》四冊八卷，分別是《理學彙編・經籍典》卷五百五十九至卷五百六十、《理學彙編・字學典》卷一百零七至卷一百零八、卷一百五十七至卷一百六十〔註110〕。爲孫定觀捐獻給寧波天一閣博物館，多係天一閣、盧氏抱經樓

〔註107〕山東大學圖書館編：《山東大學圖書館古籍善本目錄》，齊魯書社，2007 年版，第 247 頁。

〔註108〕浙江省博物館編：《浙江省博物館藏古籍書目》，上海辭書出版社，2006 年版，第 76 頁。

〔註109〕中國歷史博物館圖書資料信息中心編：《中國歷史博物館藏普通古籍目錄》，北京圖書館出版社，2002 年版，第 307 頁。

〔註110〕《清防閣・蝸寄廬・樵齋藏書目錄》，上海辭書出版社，2010 年版，第 113 頁。

等舊藏。《西諦藏書善本圖錄》有《古今圖書集成圖》十六冊，應是鄭振鐸原藏，後捐贈給北京圖書館（今國家圖書館）〔註111〕。

通過高校古籍資源數據庫檢索，河南大學藏有《集成》3 冊，分別爲《方輿彙編·職方典》卷 387～388、《博物彙編·藝術典》卷 627、628、671 卷。中山大學 1 冊、南開大學 10 冊（一函），爲《博物彙編·藝術典》卷 541 至卷 560〔註112〕。北京師範大學圖書館藏《集成》1 冊。根據上海圖書館古籍書目數據庫，該館藏有不全《集成》一部，開化紙 5008 冊，缺 24 卷，內 73 卷半抄配〔註113〕。江西農業職業學院圖書館網站介紹，珍藏有清代銅版本《古今圖書集成》1581 冊〔註114〕。首都圖書館網站，藏有《集成》1 冊考工典第二百二十五卷〔註115〕。南京圖書館書目數據庫檢索，有銅版《集成》二冊，又一冊，存二卷 163 至 164。《古今圖書集成圖錄》35 冊〔註116〕。

關於存留於世的幾部《集成》遞藏史，我們還能尋找到些許蛛絲馬蹟。徐州市圖書館所藏銅版《集成》原爲冀縣王富晉收藏，《集成》上留有富晉書社的印章。「富晉書社」開設在北京琉璃廠，由書商王富晉經營。書法家張伯英與王富晉彼此熟悉，從他那裏洽購了一批古籍，其中就包括一部銅版《集成》，後入藏徐州市圖書館，個別冊數缺失，補配光緒七年抄本。王富晉曾出版《欽定古今圖書集成提要》一書，是爲售賣銅版集成的介紹。按該《提要》，「富晉書社」藏有銅版《集成》一部，內有二十五本爲補抄，售價二萬五千元。據此可知，此部《集成》就是徐州市圖書館所藏之本。

陝西省圖書館所藏銅版《集成》也有曲折的故事。根據楊居讓《陝西省圖書館收藏的〈古今圖書集成〉》〔註117〕一文介紹，乾隆帝賜給軍機大臣王杰，王杰告老還鄉後，贈送給同州府的豐登書院，後劃歸同州府中學堂。1931年，同州中學堂成立第二師範學堂，保管《集成》。最後收藏於陝西省圖書

〔註111〕國家圖書館古籍館編：《西諦藏書善本圖錄》，中華書局，2008 年版，第 51頁。

〔註112〕高校古籍資源數據庫網址：http://rbsc.calis.edu.cn/aopac/controler/main。

〔註113〕網址：http://search.library.sh.cn/guji/。

〔註114〕網址：http://www.jxaevc.gov.cn/library/ShowArticle.asp?ArticleID=80。

〔註115〕http://query.clcn.net.cn/PubQueryCls.ASP?WCI=GJShowDetail&WCE=%202%22327190。

〔註116〕網址：http://www.jslib.org.cn/。

〔註117〕楊居讓：《陝西省圖書館收藏的〈古今圖書集成〉》，《圖書與情報》2005 年第4 期。

館。該部《集成》有部分殘缺，總目卷一至二、方輿彙編・職方典卷八百九十七至八百九十八、博物彙編・藝術典卷五百八十五至六百二十、博物彙編・草木典卷二百三十三至二百三十四、二百六十一至二百六十二配清光緒十年抄本。根據資料，山東省圖書館存有殘本《集成》兩部，殘缺嚴重，雍正帝曾先後賜予山東書院和衍聖公銅版《集成》各一部，這可能是山東省圖書館所藏《集成》的來源。

　　甘肅省圖書館藏銅版《集成》與著名的《四庫全書》一起原藏於文溯閣，民國五年（1916），《集成》由奉天運入北京，貯存於故宮保和殿，交內務府管理。民國十四年（1925），又遷回奉天。「九一八」事變後，《集成》被日軍封存。抗戰勝利後，東北圖書館接管《集成》。1966 年，根據中央文化部辦公廳「文廳圖字 24 號」公函指示，《集成》與文溯閣《四庫全書》撥交甘肅省圖書館收藏。

　　除了公藏《集成》外，拍賣市場中所出現的銅版《集成》也值得我們重視。自 20 世紀 90 年代古籍拍賣開始後，銅版《集成》零本便屢見不鮮，其中不少是從宮中、名家中流散而出，對其進行總結和梳理也十分必要。筆者挑選近二十年來拍賣市場所見的銅版《集成》，擇要列表如下，以明其遞藏源流：

表八：拍賣市場所見銅版《集成》重要零本（1994～2015）〔註 118〕

序號	拍賣時間	拍賣會名稱	集成卷冊	鈐印裝潢	拍賣價	來　源
1	1994-04-21	中國書店	2 卷 1 冊，官常典卷 331～332	宮內原裝黃綾題簽	1500	宮中
2	1997-04-19	中國嘉德	8 冊	鈐印：恭親王章、正誼書屋珍藏圖書	估價 8000～10000	清宮賞賜奕訢之物
3	1997-06-08	上海朵雲軒拍賣有限公司99春季藝術品拍賣會	神異典 6 冊	鈐印：正誼書屋珍藏圖書（朱）、恭親王章（白）	12000～18000	清宮賞賜奕訢之物

〔註 118〕此表編製參考了裴芹先生《銅板〈集成〉耀千古，隻鱗片羽亦光輝——拍賣市場上的銅活字版《古今圖書集成》》一文，裴先生亦多次鼓勵編製此表，特此致謝。

3	1999-06-06	上海朵雲軒拍賣有限公司99春季藝術品拍賣會	神異典卷310	鈐印：正誼書屋珍藏圖書（朱）、恭親王章（白）	12000～18000	清宮賞賜奕訢之物
4	1998-10-29	中國書店	官常典兩冊四卷，卷333～336	宮內原裝黃綾題簽	8000	
5	1999-06-05	上海朵雲軒	四冊	鈐印：恭親王章、正誼書屋珍藏圖書	7700	清宮賞賜奕訢之物
6	2000-08-27	中國書店	一冊	鈐印：重華宮寶、五福五代堂古稀天子寶、八徵耄念之寶	46000	重華宮原藏
7	2001-11-04	中國嘉德國際拍賣有限公司2001秋季拍賣會	皇極典卷281	鈐印：朱師轍觀、飛雲閣藏書印		朱師轍原藏
8	2001-11-04	中國嘉德國際拍賣有限公司2001秋季拍賣會	一冊	鈐印：重華宮寶、五福五代堂古稀天子寶、八徵耄念之寶	5720	重華宮原藏
9	2002-04-22	中國書店	一冊	鈐印：重華宮寶、五福五代堂古稀天子寶、八徵耄念之寶	46000	重華宮原藏
10	2002-04-22	中國書店	一冊乾象典卷39～40	鈐印：克家藏書	4200	
11	2003-07-13	中國嘉德國際拍賣有限公司2003春季拍賣會	明倫彙編・官常典，4冊	鈐印：長樂鄭振鐸西諦藏書	估價5000～6000	鄭振鐸
12	2003-08-19	上海朵雲軒拍賣有限公司2003春季藝術品拍賣會	《明倫彙編・官常典》第499～500	鈐印：長樂鄭振鐸西諦藏書。太史連紙，一冊	估價6000～7000	鄭振鐸
13	2003-12-14	北京萬隆拍賣有限公司2003年冬季藝術品拍賣會	圖二冊，相宅之屬	光緒間同文書局石印本的母本－描潤本	估價18000～25000	清華大學原藏
14	2004-07-25	孔夫子舊書網	文學典卷87～88	鈐印：「永年經眼」白文朱印，	9100	黃永年舊藏

				宮內原裝黃綾題簽，太史連紙		
15	2004-11-07	中國書店	歲功典卷63～64	鈐印：香九藏書、古芬樓藏書章		
16	2006-09-11	中安太平（北京）國際拍賣有限公司2006秋季拍賣會	十冊，《理學彙編·文學典》卷1～20	開化紙	估價250000～300000	
17	2006-11-12	上海國際商品拍賣有限公司2006年秋季藝術品拍賣會	經濟彙編·食貨典卷83～84	鈐印：中央民族學院圖書館藏書	估價10000～15000	
18	2007-12-23	上海博古齋拍賣有限公司2007年秋季拍賣會	博物彙編·藝術典，卷67～68	鈐印：臣盧蔭溥恭藏		盧蔭溥（1760～1839），字南石，山東德州人
19	2011-07-18	西泠印社2011年春季藝術品拍賣會古籍善本專場	明倫彙編·閨媛典，存7冊29卷：卷333～336，卷341～348，卷361～376	「竹素園丁」（白文）、「樂亭史氏圖書之記」（朱文）、「早知窮達有命恨不十年讀書」（白文）		史夢蘭（字香崖，號硯農，又號竹素園丁），同治三年（1864）購自北京。
20	2012-04-21	北京德隆寶國際拍賣有限公司2012年春季藝術品拍賣會	明倫彙編·官常典，卷502	鈐印：陽湖陶氏涉園所有書籍之記，放慵樓		陶湘原藏
21	2013	北京美三山拍賣有限公司2013古籍精品拍賣會	明倫彙編·閨媛典存卷350	「竹素園丁」（白文）、「樂亭史氏圖書之記」（朱文）、「早知窮達有命恨不十年讀書」（白文）		史夢蘭（字香崖，號硯農，又號竹素園丁），同治三年（1864）購自北京。
22	2013-05-26	北京泰和嘉成拍賣有限公司2013年春季藝術品拍賣會	10冊，存博物彙編·草木典卷185～186，卷193～196；博物彙編·藝術典卷281～282，卷433～434；理學彙編·學行典卷101～102，卷105～108，卷201～202；理學彙編·字學典卷33～34。		估價80000～150000	

23	2013-11-24	北京德寶國際拍賣有限公司2013年秋季古籍文獻拍賣會	藝術典，十冊二十卷：存《經濟彙編・樂律典》卷13～16，卷21～22；《經濟彙編・食貨典》卷27～28，卷37～40；《經濟彙編・選舉典》卷49～52；《博物彙編・藝術典》卷527～528、533～544	封面書簽存，左下鐫有「喻義堂珍藏」字樣。開化紙	150000	
24	2013-12-15	北京卓德2013年秋季古籍拍賣會	理學彙編・經籍典第101～102一冊	存內府原簽，鈐印：「禮部官書」	8000	禮部
25	2015-12-24	天津瀚雅今古齋2015秋季古籍善本拍賣會	經濟彙編・考工典。一函七冊，存卷65～78	開化紙		

總結與思考

一、總結

通過以上論述，筆者希冀在前人基礎上，試圖在以下幾個方面進行新的探索：

1、重新辨析了陳夢雷所纂《彙編》相關問題。《彙編》是《集成》的雛形，當時從體例上就已經建立了三級類目體系，爲後來成書的《集成》所沿用。但從《彙編》到《集成》又有較大不同。《彙編》是在陳夢雷私修作品基礎上誠王府資助編輯的半官方成果，《集成》則是康熙皇帝下令成立集成館，完全由官方開館修書而成的成果，性質有所不同。文章還綜合進呈時機選擇、纂修人員履歷等方面，考析出《彙編》進呈的時間爲康熙五十五年三月間。

2、明確提出集成館的開館時間和開館地點。根據文獻記載和纂修人員履歷中最長在館時間爲九年六個月，可確定集成館開館於康熙五十五年。針對學界提出的「熙春園說」，通過分析黃任的《題集成館纂修圖》以及大量纂修人員在武英殿集成館修書的記載，可判定集成館開館地點在內府的武英殿而非熙春園，還《集成》以殿本的眞面目。

3、描述了康、雍兩朝集成館纂修《集成》的進度及其成效，並分別給予評價。雍正即位後，清洗原集成館部分纂修人員，集成館纂修工作曾有短暫中斷，而後二次開館。筆者據此明確劃分爲康熙朝和雍正朝集成館兩個階段。從纂修成效看，康熙朝集成館從康熙五十五年至康熙五十八年短短三年時間內已經基本完成《集成》全部的編纂工作，至康熙六十一年已刷印九千

六百二十一卷，已經完成了全書的 96.2%，平均每月至少印刷 267 卷以上。也就是說，再給陳夢雷一個月多一點的時間，全書的排版印刷工作就可全部結束。應該說，其纂修力度之大，速度之快，都是可圈可點的。相比較而言，雍正朝集成館主要負責對《集成》文字進行政治審查，對已刷印的部分進行校正，作一些技術性的處理，完成未刷印部分的刷印，折頁裝訂。《集成》中有一些挖補的痕跡，可能是蔣廷錫到館後所為，蔣廷錫在「《古今圖書集成》纂校已竣請旨照例議敘修書人員摺」中稱「補未纂三千餘卷，改編十六萬餘篇」，有誇大之嫌。但雍正朝集成館雖然是收尾工作，但對《集成》的校訂和刷印功不可沒，應該給予客觀評價。

4、全面揭示了集成館的管理機制和纂修人員分工情況。從集成館實際運作情況看，設立了監修、總裁、副總裁、領袖纂修等職。其餘纂修人員各有分工，《集成》各典部是由專人分修，也專人負責謄錄、校閱、繪圖和刷印工作。筆者首次發掘出集成館纂修人員的完整名單，並對他們的生平履歷、構成特點、學養進行深度分析。筆者發現，纂修人員是動態流動的，集成館中很多是總裁陳夢雷的親戚子侄、門生故吏，個人色彩濃厚，裙帶關係極為明顯，而且纂修人員基本是身份低微的舉、貢生員，這些特殊性都值得我們特別注意。

5、首次對銅活字的製作機構、數量、經費、去向給出了確切的回答。資料表明，銅字館是集成館別稱，康熙五十五年（1716），為編纂、刷印萬卷的《集成》，康熙帝應陳夢雷的請求在武英殿設立銅字館，製作了大小銅活字數量總計達 100 餘萬個。這批銅活字後收存於武英殿銅字庫，派人監管。乾隆九年（1744），乾隆帝准允和親王弘畫奏請將有字銅活字 1,015,433 個交鑄爐處，後全部熔化用以鑄佛。大小無字銅子 188,404 個送給和親王鑄造銅陳設。無字銅子的存在不僅證明了內府製作了大量的備用銅子即字釘，同時揭示了內府銅活字的製作工序似係先鑄造成銅子，再從銅子上刻字，先後用到了鑄造和鐫刻兩種工藝，這與朝鮮鑄造銅活字的方式很不一樣。

6、探討了康熙末年皇位繼承對集成館興廢的影響，開館於康熙，復開於雍正的集成館歷經兩朝，時間長達十餘年，前後參與纂修的人員多達 90 餘人。而其修書具體過程和細節卻因為政治與時代變遷的原因隱晦不彰，這個問題本身就值得我們反思。此外，文章還討論了從《集成》到《四庫》編纂與清代學術風氣轉向的關係。此外，還清晰梳理了近三百年《集成》留存情

況，發現六十餘部《集成》刻成後雍正即陸續頒發、恩賜，乾隆朝時繼續頒發，而又將雍正年間賞賜之《集成》陸續回繳。《集成》自乾隆時期已經陸續流傳到海外，促進了中外文化交流，現存銅版《集成》已經不多，分藏海內外各大圖書館和私人收藏。

二、思考

在拙文寫作過程中，限於資料和個人能力，尚有若干問題需要進一步探索和解答，這裏提出來，就教於方家。

1、關於《集成》的性質。許多學者認為，無論在《彙編》還是《集成》的編纂過程中陳夢雷都發揮了至關重要的作用，或發凡起例，或總裁集成館。雖然陳夢雷不及《集成》告成，已遭雍正帝二次流放，《集成》最後署名為蔣廷錫等人，抹去了陳氏的名字，但不能否認《集成》的成書與陳夢雷關係極大，私人色彩明顯，應該歸之為私纂，現在很多目錄書也將《集成》著錄為「陳夢雷纂」。而通過研究集成館在纂修《集成》所起的作用，筆者重新反思了《集成》的性質，認為《集成》的雛形《彙編》雖經陳夢雷獨立編纂，但集成館開館後，利用官方所特有的強大的政治、經濟和文化資源，《集成》迅速告成並得以最終銅活字刻印，其官方編纂的色彩極其濃重，官修乎？私修乎？或者二者兼而有之？總之，這一現象值得學界加以重視和研究。

2、傳教士是否參與了《集成》銅活字的製作？張秀民引法國漢學家儒連的說法，稱康熙帝正是聽從了歐洲傳教士的建議命刻造銅活字二十五萬餘個〔註 1〕。徐浣在《我國之紙及印刷》說，「康熙時為印《圖書集成》曾命傳教士加薩秀特鑄造二十五萬枚銅活字」。〔註 2〕經筆者查閱，加薩秀特即是德國來華傳教士戴進賢（Ignatius Kgler）的音譯。戴進賢（1680～1746）字嘉賓，原名 Ignatius Kgler，德國耶穌會來華傳教士，16 歲進耶穌會初修院，來華前在因戈爾施塔特大學教授數學與東方語言。康熙五十四年（1716）到中國，應康熙之召，康熙五十五年（1717）一月抵達北京，佐理曆政。根據檔案，

〔註 1〕 儒連的說法參見英國翟斯理：《欽定古今圖集成索引》，1911 年倫敦出版，轉引自張秀民：《清代的銅活字》，《張秀民印刷史論文集》，印刷工業出版社，1988 年版，第 252 頁。

〔註 2〕 徐浣：《我國之紙及印刷》，《報學季刊》1935 年第 2 期。

戴進賢與允祉多有來往，戴進賢來華時，正值清廷對耶穌會士由寬容轉爲嚴厲之際，雍正元年的禁教令把大多數耶穌會士趕到了澳門，他憑藉天文學的特長，得以留用清廷。先後參與或主持編纂《曆象考成》《曆象考成後編》《黃道總星圖》與《儀象考成》等天文類內府書籍。雍正三年（1725）授欽天監監正，加禮部侍郎銜，任職欽天監達29年之久。應該說，戴進賢來華時間及經歷，都使得他具備參與銅活字製作及刻印工作的條件。1878年8月29日的《紐約時報》轉引8月13日的《倫敦環球報》報導了大英博物館入藏銅活字本《古今圖書集成》經過並介紹了清廷編纂這部書的情況，其中提到「一個專門由學者組成的委員會被任命負責所有清國文獻著作的審閱和校對工作。於此同時，基督教會的傳教士們被雇請來進行大量銅版印刷工作。……雍正是康熙皇位的繼承人，他即位之初，最引人注目的事就是遣散了參與該書編纂工作的外國傳教士，他認爲這些傳教士是危險和不忠誠的一夥人。但他並沒有遣散所有的傳教士，而是留下了幾位在繼續編纂中必不可少的人。諸如印刷等工作必須由他們來完成。」〔註3〕這些看法都沒有指出有何依據，只能有待材料的進一步發掘。

3、關於集成館各典分纂人員。筆者在考察集成館運作機制過程中，挖掘出了《集成》部分典、部分纂人員，如金門詔分纂《理學彙編·經籍典》五百卷，楊瑄分纂《經濟彙編·樂律典》一百三十六卷和《理學彙編·字學典》一百六十卷，馬璞分纂《明倫彙編·閨媛典》三百七十六卷，王穎梁分纂《經濟彙編·戎政典·兵制部》八十卷，但其餘各典由誰負責，由於文獻闕如，則不得而知。

〔註 3〕轉引鄭曦原等編譯：《帝國的回憶：〈紐約時報〉晚清觀察記》，三聯書店，2001年版，第107頁。

附錄一　清宮康雍朝銅活字印本述論

　　排印過《集成》的內府銅活字還印刷過什麼書？陶湘的《故宮殿本書庫現存目》是一部記錄 1926 年到 1931 年前後整理故宮殿本書的目錄，詳記書名、卷數、冊數等，其對內府書籍有較爲詳細的著錄。其中，《故宮殿本書庫現存目》中著錄爲銅活字印本的內府書籍有四種，分別是「《律呂正義》五卷，康熙年銅活字本，五冊」，「《數理精蘊》，康熙年銅活字本，五十三冊」，「《星曆考原》六卷，康熙五十二年敕纂，銅活字印，二冊」以及「《古今圖書集成》一萬卷，目錄四十卷，康熙敕纂，雍正四年告成，世宗有序，蔣廷錫有進表，銅活字印，五千二十冊。」〔註1〕值得注意的是，陶氏所指四種銅活字印本中的《律呂正義》和《數理精蘊》曾和《曆象考成》一起合編爲《御製律曆淵源》，造成合編本和單行本極容易混同，含糊地定爲銅活字印本。如苗日新先生就認爲：「可以毫不猶豫的說，刷印《欽定古今圖書集成》和《御製律曆淵源》以及《御定星曆考原》用了同一套銅活字」〔註2〕，也就是說，他認爲除了《欽定古今圖書集成》、《御定星曆考原》之外，合編本《御製律曆淵源》也是銅活字印成。實際上，《御製律曆淵源》的成書過程和版本流傳較爲複雜，不可輕易下結論。乾隆六年（1741）十一月二十九日莊親王允祿給乾隆帝上了道奏摺，作爲當事人詳細奏明了《御製律曆淵源》的辦理經過：

〔註1〕　陶湘：《故宮殿本書庫現存目》，民國二十二年故宮圖書館排印本，國家圖書館藏。

〔註2〕　苗日新：《熙春園・清華園考——清華園三百年記憶》，清華大學出版社，2010年版，第441頁。

恭查康熙五十二年纂修《律呂正義》，重造中和韶樂。……《律呂正義》一書專爲發明樂律而設，何以闕如。及觀御製序文，則係雍正三年皇考所撰。意此書在皇祖時尚屬未完之本，至雍正三年刻成，未暇補足。……恭查康熙五十二年十月內，奉聖祖仁皇帝諭旨命臣允祿等率同臣何國宗等恭編御製律呂、算法等書。康熙五十三年十一月內，臣允祿等以《律呂正義》進呈。奉旨：律呂、曆法、算法三書著共爲一部，名曰《律曆淵源》。欽此。維時御製序文已具大意，臣何國宗等充御前校對，蒙恩賜觀。康熙六十一年六月內《數理精蘊》告成，《曆象考成》亦發刊刻。……《御製律曆淵源》一書刻成於雍正三年，而修成於康熙六十一年。《律呂正義》則又先成於康熙五十三年也。〔註3〕

又，《清史稿》卷四五：

（康熙）六十年，御製算法書成，賜名《數理精蘊》。諭：「此書賜梅文鼎一部，命悉心校對。」遺其孫梅瑴成齎書賜之。六十一年六月，曆書稿成，並律呂、算法，共爲《律曆淵源》一百卷：一曰《曆象考成》上、下編，一曰《律呂正義》上、下編，續編，一曰《數理精蘊》上、下編。雍正元年，頒《曆象考成》于欽天監，是爲康熙甲子元法。〔註4〕

結合《清史稿》的記載和允祿奏議可知，單行本《律呂正義》修成於康熙五十三年（1714），刻成於康熙六十一年（1722）；《數理精蘊》修成於康熙六十年（1721），刻成於康熙六十一年（1722）六月；《曆象考成》（原名《欽若曆書》）修成於康熙六十一年（1722）六月，刻成於雍正元年（1723）；而合編本《御製律曆淵源》「刻成於雍正三年（1725），而修成於康熙六十一年（1722）」。可見，《律曆淵源》合編本和其中的三種單行本各自的成書時間和刊刻時間、印刷方法也有所不同，需作具體區分，不能一概而論。陶湘就十分小心地將其著錄爲「欽定《律曆淵源》一百卷，康熙敕纂，雍正二年刊，世宗有序，七十四冊，右書第一種《曆象考成》。上編十六卷，下編十卷，表十六卷（原名《欽若曆書》），第二種《律呂正義》……第三種《數理精蘊》。以上二種另有銅活字版單行。三書合纂爲一編，誠親王允祉進呈，定名《律

〔註3〕《欽定四庫全書》，《御製律呂正義後編》卷首。
〔註4〕《清史稿》卷四五，志第二〇。

曆淵源》。」〔註5〕陶湘在這裏並沒有把合編本《律曆淵源》以及單行本《曆象考成》著錄爲銅活字印本。那麼實際情形如何呢？雍正三年（1725）莊親王允祿、何國宗等人上摺奏陳頒行《御製律曆淵源》、《曆象考成》事宜，提了十條建議，其中提到：

> 《御製律曆淵源》一百卷，卓越古今……《律曆淵源》內分《曆象考成》、《律呂正義》、《數理精蘊》三種。……恭查《曆象考成》係木板刷印，《律呂正義》、《數理精蘊》俱係銅字刷印。今若仍用銅字，所費工價較之刊刻木板所差無多，究不能垂諸永久。請交與武英殿將《律呂正義》《數理精蘊》一例刊刻木板刷印。〔註6〕

莊親王允祿、何國宗是《御製律曆淵源》的辦理人員，所言當確。雍正對此奏摺的朱批是：「八條所議甚悉，著照奏行。該部知道。」得到雍正的首肯，允祿的奏議應均得以施行。奏摺提到「今若仍用銅字，所費工價較之刊刻木板所差無多，究不能垂諸永久。請交與武英殿將《律呂正義》、《數理精蘊》一例刊刻木板刷印。」爲什麼這麼說呢？筆者認爲其原因可能是，當時一百多萬個銅活字已經製作完成，可以隨時擺印，免去了製作銅活字的費用，只需刻印的費用，所以與雕版印刷的費用差距不大。而銅活字需要擺印，適合一次性印刷，若重複印刷，得多次擺印，十分麻煩。而整塊雕版刻成後可以重複印刷，不要另外擺印，可以一勞永逸。誠如上述檔案所揭示出的，單行本《律呂正義》、《數理精蘊》都是「銅字刷印」，而《曆象考成》雖然也是合編本《御製律曆淵源》的組成部分，卻係「木板刷印」。考慮到「今若仍用銅字，所費工價較之刊刻木板所差無多，究不能垂諸永久」，照《曆象考成》之例，雍正准允交與武英殿將《律呂正義》、《數理精蘊》「木板刷印」，《大清會典則例》所載的：「雍正三年，聖祖仁皇帝《御製律曆淵源》百卷刊刻告成。

〔註5〕 陶湘：《故宮殿本書庫現存目》，民國二十二年故宮圖書館排印本，國家圖書館藏。案：陶湘著錄《律曆淵源》爲雍正二年（1724）刊，後來學者加以引用這一說法。根據前引《御製律呂正義後編》載允祿奏摺，《律曆淵源》實係刊刻於雍正三年（1725）。陶湘可能誤將奉旨開載纂修編校諸臣職名的時間即雍正二年（1724）五月十七日當做《律曆淵源》的刊刻時間。

〔註6〕 中國第一歷史檔案館編：《雍正朝漢文朱批奏摺》第31冊，第490頁。原摺並無年月，根據此條奏摺中雍正帝在允祿奏「戴進賢應如何改授職銜」處朱批「戴進賢改授監正，署加禮部侍郎銜」，而雍正三年三月二十日上諭：戴進賢治理曆法，著補授監正，加禮部侍郎銜。（見《正教奉褒》雍正三年條。轉引自李儼、錢寶琮：《科學史全集》第7卷，遼寧教育出版社，1998年12月第1版，第71頁。）

內《曆象考成》四十二卷、《律呂正義》五卷、《數理精蘊》五十三卷，世宗憲皇帝御製序文頒行天下。」〔註7〕合編本《御製律曆淵源》也應是木板刊刻，屬於傳統的雕版印刷，不是活字印刷本，更談不是銅活字印本。有人認為《欽若曆書》也是銅活字印本。事實上，編纂於康熙末年的《欽若曆書》為《曆象考成》最初的書名，二者同為一版。雍正時，將其與《律呂正義》《數理精蘊》合刊為《律曆淵源》時，始更此書名為《曆象考成》。羅振玉為《欽若曆書》作跋，認為《曆象考成》乃係將《欽若曆書》書題剜改而成，其它行寬字數等內容不變：

> 此書上編十六卷，下編十卷，鐫刻至精，為內府刊本無疑。而前無序文及臣工姓名，嗣以內府所刊《曆象考成》校之，則與此書悉合，惟考成有表十六卷而此無之耳。……此編即曆象考成之初名，世廟時乃改名考成，爰取考成內刻本與此相校，知實係一版，惟書題《欽若曆書》挖改為《曆象考成》，知此書在康熙已刻成，及世廟時改名加序，始頒行天下耳。予初得此書，訊宮史及皇朝文獻通考均不載，甚以為疑，嗣乃知即考成，但考成有表而此無之，或原有而此本佚之。〔註8〕

核諸檔案，羅氏之說確是事實。《清內府刻書檔案史料彙編》收錄了一條康熙六十一年（1722）何國宗等人奏請頒發《御製律曆淵源》序文事宜的奏摺：

> 臣何國宗、梅瑴成、王蘭生等謹奏，為恭請頒發《御製律曆淵源》序文事。
> 竊康熙五十二年十月誠親王、十五阿哥、十六阿哥恭承聖訓，率臣等校錄御製樂律、曆算諸書，編成全部。臣等充御前校對，時蒙皇上賜看御製序文，意義弘深，詞章炳煥，起名《律曆淵源》。數年以來，陸續編次，凡書中奧旨精義縷析條分，悉稟皇上筆授，每成一卷，皇上復字字斟酌，使無遺蘊。至今九年，共成書一百卷，內《律呂正義》上編二卷、下編二卷、續編一卷；《數理精蘊》上編五卷、下編四十卷、表八卷，已經陸續裝潢進呈御覽。《欽若曆書》上編十六卷、下編十卷、表十六卷。現在繕寫校算，付武英殿刊刻，約計

〔註7〕《大清會典則例》卷一百五十八，文淵閣四庫全書本。
〔註8〕羅振玉：《羅雪堂先生全集》初編七，臺北文華出版公司、臺北大通書局，1968年影印本，第2941～2942頁。

明春告成。〔註9〕

如奏摺所揭示的，可以確定，直至康熙六十一年（1722）辦理人員仍稱「《欽若曆書》」〔註10〕，其書包括了「表十六卷」，與《曆象考成》實係一書。羅氏所見之《欽若曆書》無「表十六卷」應是脫佚，不是完整本。弄清了《欽若曆書》與《曆象考成》的關係，進而就可以判定《曆象考成》實為雕版印刷而成，不是通常所認為的銅活字印書。

圖1：芝加哥大學圖書館藏　　圖2：京都大學人文科學研究所藏
　　《御製欽若曆書》　　　　　　《御製欽若曆書表》

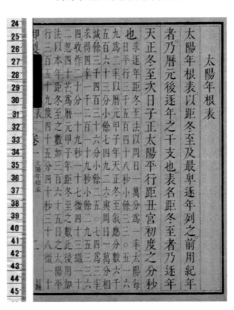

那麼，陶湘的《故宮殿本書庫現存目》所著錄的銅活字印本是否為同一套內府銅活字印成的呢？根據筆者發現的內務府檔案所載，武英殿銅字館移交給銅字庫的百餘萬大小銅活字只有一套，而製作出的銅活字可以反覆使用。揆諸情理，清廷除了刷印《古今圖書集成》，還可以利用這一套銅活字印刷其它部頭不大且又重要的內府書籍，康熙帝晚年極其看重的《數理精蘊》、

〔註9〕 翁連溪編：《清內府刻書檔案史料彙編》，廣陵書社，2007年版，第85～86頁。
〔註10〕 《律曆淵源》的辦理人員之一王蘭生，在年譜中自記其在康熙六十年、康熙六十一年「校對《欽若曆書》」。見王蘭生：《恩榮並載》，清道光《交河集》本，國家圖書館藏。

《律呂正義》〔註11〕就成爲極好的選擇。范景中在《銅活字套印本〈御製數理精蘊〉》一文中稱，他曾經把康熙版的《數理精蘊》《星曆考原》《律呂正義》等內府其它銅活字本逐一與《古今圖書集成》進行比較，結果發現「不僅在字體、大小、風格上與《古今圖書集成》完全相同，而且行格、字數、書口、魚尾、邊框也全然一致，均爲半頁9行，行加字，四周雙欄，白口，線魚尾，連書框的高廣都如出一轍。我們可以毫不猶豫地說，內府的銅活字在印刷《古今圖書集成》這部巨著之前，還排印過《星曆考原》《欽若曆書》《律呂正義》和《數理精蘊》。尤其是《數理精蘊》，它不僅如朱家溍先生所言，是康熙年間內府銅活字擺印冊數最多的一部書，而且由於它的八卷數學圖表是鐫銅爲版。」〔註12〕

許多學者認爲《御定星曆考原》是康熙五十二年（1713）的銅活字印本。如果此說成立，武英殿「銅字館」康熙五十五年（1716）開館後始製作內府銅活字，那麼刻印於康熙五十二年（1713）的《御定星曆考原》所用銅活字與刻印《古今圖書集成》的銅活字肯定不是一套。筆者認爲，這一說法是站不住腳的。首先，目前尚無檔案等文獻資料確證《御定星曆考原》爲銅活字印本。追溯起來，其銅活字印本之說很可能始於陶湘的《故宮殿本書庫現存目》的著錄，但陶湘並未指出做出此說的判定依據，也沒有做任何說明。《御定星曆考原》並無序跋牌記題識以及其它版本特徵說明其爲銅活字本，徑稱其爲「銅活字印本」，於理爲安。筆者認爲，在找不到確鑿文獻證據的情況下，目前尚不能徹底地證實《御定星曆考原》爲銅活字印本之說，姑且存疑於此，有待高明。其次，即便《御定星曆考原》是銅活字印本，但其「印於康熙五十二年（1713年）」的說法不確。筆者管見所及，此說較早的提出者應是張秀民先生，他在《中國活字印刷史》中提到「《星曆考原》印於康熙五十二年（1713年）」，在注釋中還特別注明其說引自陶湘的《故宮殿本書庫現存目》〔註13〕。但筆者查閱發現，陶湘《故宮殿本書庫現存目》對此書的著錄原是：「《星曆考原》六卷，康熙五十二年敕纂，銅活字印，二冊。」

〔註11〕 據曾經充《律曆淵源》校對的魏廷珍所言，《律曆淵源》一書「聖祖仁皇帝乙夜披閱不輟寒暑，一字一句裁定悉出聖心，數十年來始能彙輯成書。」見《世宗朱批諭旨》卷一百四十九，文淵閣四庫全書本。

〔註12〕 范景中：《銅活字套印本〈御製數理精蘊〉》，《故宮博物院院刊》1999年第2期，亦載上海圖書館歷史文獻研究所編：《歷史文獻》第二輯。

〔註13〕 張秀民、韓琦：《中國活字印刷史》，中國書籍出版社，1998年版，第84頁。

〔註 14〕《故宮所藏殿版書目》在《御定星曆考原》的條目也僅寫「清康熙五十二年李光地等奉敕撰，銅活字本，二冊」。〔註 15〕並非如張氏所說「印於康熙五十二年」。「奉敕撰」與「印成」實際上是兩回事，撰成與刻成兩者之間可能存在時間差。《四庫全書總目》說明了其成書經過：「《御定星曆考原》，六卷，康熙五十二年聖祖仁皇帝御定。初，康熙二十二年命廷臣會議修輯選擇通書與萬年書一體頒行，而二書未能畫一，餘相沿舊說，亦多未能改正。是年，因簡命諸臣明於數學音學者在內廷蒙養齋纂輯算法樂律諸書，乃並取曹振圭《曆事明原》，詔大學士李光地等重爲考定以成是編。」〔註 16〕只言「康熙五十二年聖祖仁皇帝御定」，鈔本《欽天監則例》時憲科下「推步之法」條記載「康熙五十四年，《御定星曆考原》告成。」〔註 17〕而《皇朝文獻通考》說明得更爲清楚：「（康熙）五十六年二月《御定星曆考原》告成。……五十二年十月命大學士李光地將曹振圭所著書重加考訂賜名《星曆考原》。至是刊刻告成頒發。」〔註 18〕可見，《御定星曆考原》始撰於康熙五十二年（1713）十月，撰成於康熙五十四年（1715），刻成於康熙五十六年（1717）二月。設若《御定星曆考原》爲銅活字本，也應是與《古今圖書集成》所用銅活字同爲一副。此時內府已經設立「銅字館」，《御定星曆考原》只有六卷，易於操作，所用銅活字不多，用同一套內府銅活字刷印合乎情理。

張秀民先生認爲內府的銅活字不止一副，理由是康熙五十二年（1713）陳夢雷在北京誠親王邸，借用內府銅活字印行了他的《松鶴山房詩集》九卷、《松鶴山房文集》二十卷，詩文集雖爲宋體字，而略近顏體，筆劃較粗，與印《古今圖書集成》的橫輕豎重的標準方體不同，可見武英殿中銅活字不止一副。〔註 19〕范景中先生推測張先生所謂陳夢雷借用活字印書一說的原始出

〔註 14〕陶湘：《故宮殿本書庫現存目》卷上，1933 年故宮圖書館排印本，國家圖書館藏。

〔註 15〕《故宮所藏殿版書目》，1933 年故宮圖書館排印本，國家圖書館藏。

〔註 16〕《四庫全書總目》卷一百〇九，部十九，北京中華書局，1965 年版。

〔註 17〕《欽天監則例》時憲科條，乾隆內府抄本，國家圖書館藏。轉引自李儼、錢寶琮：《科學史全集》第 7 卷《明清之際內算輸入中國年表》八，遼寧教育出版社，1998 年版，第 71 頁。亦見阮葵生《茶餘客話》卷四：「康熙五十四年，《御定星曆考原》告成。」

〔註 18〕《皇朝文獻通考》卷二百五十六，文淵閣四庫全書本。

〔註 19〕張秀民：《清代的銅活字》，載《張秀民印刷史論文集》，印刷工業出版社，1988 年版，第 251 頁。

處是來自於傅增湘，傅氏在爲《故宮殿本書庫現存目》所撰寫的題辭中云：
「陳夢雷《松鶴山房文集》亦即此銅活字（按：指《古今圖書集成》銅活
字）排印，當是在誠王邸中時所印也。〔註 20〕如果這就是張先生借字說的來
源，此說值得商榷。一則，時間有誤。陳夢雷《松鶴山房詩集》有康熙五十
二年（1713）秋寫完的詩作，康熙五十六年（1717）的識語；《松鶴山房文集》
中有康熙五十六年（1717 年）的文章，這表明《松鶴山房詩集》、《松鶴山房
文集》印完的時間不會早於康熙五十六年（1717）。二則，迄今爲止，還沒有
發現任何一部銅活字本與《松鶴山房詩集》《松鶴山房文集》用的是同一副活
字。如果這副活字確爲內府所製，不可能只印一部小部頭的詩文集就棄置不
用了。所以，范景中先生認爲「陳夢雷的《松鶴山房詩集》所用的銅活字則
另是一副，與《古今圖書集成》的活字根本無關，其字體筆劃粗放，排版亦
欠規整，不像《古今圖書集成》的活字那樣雅致明湛。並且我也頗爲懷疑它
是借自內府活字的說法。在我的推斷中，內府的活字很可能只有一副。所印
的書有據可查的也僅有上述的五部，即《星曆考原》、《欽若曆書》、《律呂正
義》、《數理精蘊》和《古今圖書集成》。」〔註 21〕不少學者推測陳夢雷排印
《松鶴山房詩集》《松鶴山房文集》在正式印刷《古今圖書集成》之前，這很
可能是陳夢雷爲用銅活字排印《古今圖書集成》所做的一個試驗，如裴芹先
生舉的理由是「畢竟用銅活字排印上萬卷的巨著是史無前例的事。此前的銅
活字只在民間出現，從未進入宮廷，任何一個主事者都不可能不愼重考慮。
用自己的詩集做試驗對象，正反映了陳夢雷的小心之處。《詩集》《文集》的
文字量不大，因此所需活字也不需要太多，正是一個理想的試驗對象。這同
時也是《詩集》《文集》的活字較粗糙，排版欠規整，遠不如《古今圖書集成》
的活字雅致精湛的原因。在正規的內府銅活字出來後，這套試驗品也就完成
使命了。」〔註 22〕是否如此，只能以待將來的研究者了，但至少可以說明內
府的銅活字只有一副。

　　綜上，筆者認爲，文獻明確記載爲銅活字印刷的清代內府書籍只有三

〔註 20〕陶湘：《故宮殿本書庫現存目》，1933 年故宮博物院鉛印本，書首題辭。
〔註 21〕范景中：《銅活字套印本〈御製數理精蘊〉》，《故宮博物院院刊》1999 年第 2
　　　　期，亦載上海圖書館歷史文獻研究所編：《歷史文獻》第二輯。
〔註 22〕裴芹：《咨詢，請教──關於〈松鶴山房詩文集〉銅活字》，載國學網，網址：
　　　　http://www.guoxue.com/lwtj/content/peiqin_gyshsfswjthz.htm。

種，分別爲：

一、《欽定古今圖書集成》一萬卷，清陳夢雷等編，內府銅活字印本，全書每半葉 9 行，行 20 字，小字雙行同。四周雙邊，白口，單魚尾，魚尾上記書名，下標卷數，頁次和卷名。版框高 21.3 釐米，寬 14.8 釐米。

二、《律呂正義》四卷，清允祉、允祿等編，康熙年內府銅活字印本。是書分上下編，二編各分上下，頁碼各自起迄，故視爲四卷。全書每半葉 9 行，行 20 字，小字雙行同。四周雙邊，白口，單魚尾，魚尾上記書名，下標卷數，頁次和卷名。版框高 21.3 釐米，寬 14.8 釐米。書口鐫有「律呂正義」四字；又有六卷本《律呂正義》，是書在四卷本的基礎上又增續編「協均度曲」，亦分上下。康熙末年用銅活字重新排印，版式同四卷本。此外，尚有《律呂正義》五卷，清康熙年內府銅活字印本。是書內容與康熙六卷本同，因續編篇幅較少，不再分上下，故爲五卷本。版式同四、六卷本。

三、《數理精蘊》五十三卷，清允祉、允祿、梅毅成等編，康熙年內府銅活字印本。是書分上下兩篇，附表四種八卷，正文、插圖墨印，句讀朱色。全書每半葉 9 行，行 20 字，小字雙行同。四周雙邊，白口，單魚尾，魚尾上記書名，下標卷數，頁次和卷名，無序跋。版框高 21.3 釐米，寬 14.8 釐米。〔註 23〕故宮博物院圖書館和遼寧省圖書館藏有全秩，均爲內府遺物。南京圖書館藏有殘本 13 卷，北京圖書館和上海圖書館皆未見著錄。

許多學者認爲《御定星曆考原》也是內府銅活字印本，但目前爲止尚未找到其爲銅活字印書的明確文獻記載，只能存疑。有學者提出，《妙圓正修智覺永明壽禪師心賦選注》《御選寶筏精華》《金屑一撮》均係內府銅活字印刷的書籍〔註 24〕，其根據是靠分析裝潢形式、紙墨、版式、印刷等特徵綜合判斷。實際上，判定銅活字本不是容易的事情，單憑版式特徵判斷往往容易出錯。鑒別一般活字本與刻本相對容易。活字本一般而言，明顯區別於雕版印刷，其係活字排列而成，常見有字行不齊、行距不均的狀況，印刷時也常有因字面不平整導致墨色深淺不一的情況。但清代內府銅活字所印書籍，製作精良、字面平整，與雕版刻本極難分辨。許多版本專家對銅活字本的鑒別都極其審慎。如黃永年先生在其《古籍版本學》中說：「除非有文字標明其爲銅

〔註 23〕上述三種書籍的版式數據參考了苗日新的測量數據表格，見苗日新：《熙春園・清華園考——清華園三百年記憶》，清華大學出版社，2010 年版，第 442 頁。

〔註 24〕翁連溪：《談清代內府的銅活字印書》，《故宮博物院院刊》2003 年第 3 期。

活字印本，否則是銅活字抑用木活字極難區別。有人說，銅活字印起來墨色淡，木活字濃，這仍怕是想當然。」〔註25〕張秀民先生的《中國印刷史》也謹慎地認爲：「活字中再細分木字與銅字，自然更困難。銅版書有不少標明爲銅字，而木活字本則本身很少有標明爲木字的。因此同一印本甲以爲木字，乙以爲銅字，丙甚至以爲整版，異說紛紜，莫衷一是。現在爲研究便利起見，只好把活字本中除確實注明爲活字銅版，或一般公認的幾種銅版外，其餘的一律算作木活字本。」〔註26〕再如錢存訓先生認爲：「銅活字的書法風格一般與同時期的雕版印本並無區別，因此某書被鑒定爲活字本，或爲雕版印本難以確定。至於某書之爲銅活字本抑或爲木活字本，其鑒別更爲困難，有時這種區辨幾乎不可能。」〔註27〕因此，我們在鑒定銅活字本時應持審愼的態度，沒有明確的文獻依據，僅憑望氣而定，不是嚴謹的學術研究。對於那些本身並未署名銅活字本，又無檔案資料佐證的疑似銅活字本書籍加以存疑，以待先進的技術檢測手段以及進一步發掘出的新材料的證明。到現在爲止，內府銅活字所印過書籍尚無法給出一個正確數字，隨著研究和實物考證上的進一步深入，這個數字還可能刷新。

〔註25〕黃永年：《古籍版本學》，江蘇教育出版社，2005年版，第186～187頁。
〔註26〕張秀民：《中國印刷史》，上海人民出版社，1984年版，第678頁。
〔註27〕錢存訓：《中國紙和印刷文化史》，廣西師範大學出版社，2000年版，第203頁。

附錄二 從美查版到縮印版：晚清民國時期的《集成》出版

　　鑒於銅版《集成》之珍貴和流傳日稀，光緒十年（1884）由英人美查創辦的點石齋設立圖書集成印書館，用三號扁體鉛字排印，費時四年，於光緒十四年（1888）印成。該版採用 3 號扁體鉛活字，繪圖部分用石印，以連史紙印成。該版細黑口，單框，只有上魚尾，魚尾下小字印出彙編、典、卷、部、項目、頁數。每部 1620 冊，目錄 8 冊，共印 1500 部。這是《集成》的第二次印刷，稱爲「美查本」。

　　光緒十六年（1890），光緒帝下令石印《集成》，由上海同文書局承辦，於光緒二十年（1894）完成，對銅版字跡修飾描潤，照相石印 101 部，每部 5044 冊。此版本第一次新增了《考證》二十四卷，是爲《集成》第三次印刷，該版稱爲「同文本」或「描潤本」。

　　1934 年，中華書局又以銅版《集成》爲底本，膠版縮小影印，將原書 5000 冊縮訂爲 800 冊。爲《集成》的第四次印刷，此小字本又稱爲「縮印本」。

　　這樣晚清民國時期就先後有《集成》的三個版本，《集成》得以廣泛流傳海內外，爲普通大眾所利用。梳理這一時期的《集成》出版、銷售發行情況，甚有必要。

1、美查版《集成》的出版發行

　　上海《申報》爲英國人美查兄弟所創辦。光緒二年（1876）開設點石齋石印局，印刷書籍。光緒四年（1878）8 月 23 日，《申報》頭版刊登了《訪購圖書集成》的一則告白，爲出版《集成》尋找底本：

> 本館今欲購取《圖書集成》一部，如海內藏家有願出售者望即信致
> 示明價銀若干，惟書須完好不可有缺卷頁、黴爛等弊。設或之則乞
> 先行從市示明何卷殘缺，何頁黴爛，以憑酌奪。緣是書卷帙浩繁，
> 免致輾轉往返空費川資耳〔註1〕。

五年後，《申報》頭版刊登啓事，稱購得「紙色光潔，並無缺張脫卷」的銅版《集成》一部〔註2〕。光緒九年（1883）6月2日，《申報》正式發佈了點石齋主人的《招股縮印圖書集成啓》。啓文說明，自五月初一起，擬募 1500 股，每股 150 兩，3 年繳清。啓文還提到，將採用「照相石印之法」縮印《集成》，預計三年售完。

一開始《集成》的招股工作由點石齋負責，後又成立專門的「圖書集成局」負責出版發行，購買房屋、進口機器，籌備刷印工作〔註3〕。

從《申報》刊載的啓文看，「圖書集成局」原定出版大、小字本兩種樣式。後於光緒十年（1884），決定以大字出版。〔註4〕同年 9 月，「圖書集成局」正式開印《集成》，發行 1500 部，用三號扁體鉛字，連史紙十開規格（繪圖部分石印）。有意思的是，「圖書集成局」最後改變前期石印的計劃，而代之以鉛印。針對部分讀者反映樣張上的鉛字點畫「稍未勻稱」，只能重新雇傭刻工以黃楊木製模，不得不延遲出版時間。〔註5〕

從出版進度看，印刷工人每日可排印八本。至光緒十一年（1885）4月，已印成未裝訂的《集成》百餘部。光緒十二年（1886）1 月，「圖書集成局」發布告白，將分為六期出版《集成》，擬於光緒十二年四月前出版第一期，六月末出版第二期，年終全部出版〔註6〕。訂購價格六月前為 200 兩，六月後為 350 兩，訂購者需先押 100 兩，出版後再交付 250 兩〔註7〕。

鉛印本《集成》每部共計 1620 本，另加目錄 8 本，共需刷印 1500 部，其工作量是相當大的。根據相關統計，光緒十二年（1886）一年內「圖書集

〔註1〕 本館告白：《訪購〈圖書集成〉》，申報，1878 年 8 月 23 日。
〔註2〕 點石齋主人啓：《購到〈古今圖書集成〉》，申報，1883 年 6 月 24 日。
〔註3〕 點石齋主人啓：《本齋告白》，申報，1883 年 9 月 16 日。
〔註4〕 申報館點石齋主人啓：《致股印〈古今圖書集成〉諸君啓》，申報，1884 年 1 月 10 日。
〔註5〕 申報館主人啓：《開印〈古今圖書集成〉告白》，申報，1884 年 9 月 4 日。
〔註6〕 申報館點石齋北局啓：《〈古今圖書集成〉告白》，申報，1886 年 10 月 10 日。
〔註7〕 申報館點石齋主人啓：《〈古今圖書集成〉出售告白》，申報，1886 年 1 月 8 日。

成局」已刷印《集成》3359 本，未刷印者 1661 本〔註8〕，至次年七月底，已刷印《集成》4812 本，未印者僅剩 188 本〔註9〕。光緒十三年（1887）十一月，「圖書集成局」在《申報》刊登《古今圖書集成成書告白》〔註10〕，宣佈已經完成全部印刷工作。此後，鉛印版《集成》分裝三箱發行，第一箱內裝明倫彙編和目錄 408 本，於光緒十三年（1887）四月發行〔註11〕。第二箱內裝博物彙編、經濟彙編 600 本，於光緒十四年（1888）五月發行〔註12〕。第三箱內裝剩餘冊數 620 本，於光緒十四年（1888）臘月發行〔註13〕。

　　從發行情況上看，鉛印版《集成》的銷售並不理想。「圖書集成局」原計劃發行 1500 股，後減爲 1400 股，多印 100 部用於額外售賣，最後只是募得 1150 股〔註14〕，與計劃仍有不小差距。鑒於此種情況，「圖書集成局」決定減價銷售，未售出的 200 部中的前 50 部，以每部 250 兩出售〔註15〕，同時還發佈公告稱，「本局除招股外尚印存若幹部，如有欲購者請臨申報館帳房面議可也」〔註16〕。自光緒十八年（1892）4 月至光緒二十七年（1901）9 月，「圖書集成局」在《申報》連續刊登《古今圖書集成減價》啓文，宣佈《集成》再次降價爲二百兩一套〔註17〕。

　　值得一提的是，據裴芹先生的研究，點石齋招股印刷《集成》過程發生了與同文書局的一場商戰。光緒九年（1883）6 月 2 日點石齋宣佈公開招股後，6 月 26 日，同文書局隨後宣佈在京師寶文齋購得銅版《集成》一部，「建廠購機，搜羅書籍，以爲樣本」，以石印方式招股印刷《集成》，每股 360 兩，兩年內出版。雖然同文書局版《集成》最後不了了之〔註18〕，但足以說明

〔註 8〕　圖書集成排印局主人啓：《〈古今圖書集成〉告白》，申報，1887 年 2 月 2 日。
〔註 9〕　圖書集成印書局啓：《〈古今圖書集成〉告白》，申報，1887 年 9 月 18 日。
〔註 10〕　圖書集成印書局主人啓：《〈古今圖書集成〉告白》，申報，1887 年 12 月 21 日。
〔註 11〕　圖書集成印書局主人美查啓：《〈古今圖書集成〉第一批出書告白》，申報，1887 年 5 月 1 日。
〔註 12〕　圖書集成印書局啓：《第二批〈古今圖書集成〉出書》，申報，1888 年 6 月 20 日。
〔註 13〕　本局主人啓：《第三批〈古今圖書集成〉出書告白》，申報，1889 年 3 月 26 日。
〔註 14〕　圖書集成印書局主人啓：《〈古今圖書集成〉告白》，申報，1887 年 6 月 5 日。
〔註 15〕　圖書集成印書局主人啓：《〈古今圖書集成〉告白》，申報，1887 年 6 月 6 日。
〔註 16〕　《圖書集成局告白》，申報，1890 年 1 月 2 日。
〔註 17〕　圖書集成局謹啓：《〈古今圖書集成〉減價》，申報，1892 年 4 月 5 日。
〔註 18〕　裴芹：《古今圖書集成研究》，北京圖書館出版社，2001 年版，第 199 頁。

《集成》的再版，爲文化上一件大事，吸引了眾多人的目光。

2、描潤版《集成》的出版發行

美查版《集成》出版兩年後，清廷又開議再次石印《集成》，所不同的是，此次出版非有民間而是曾經在雍乾朝出版銅版《集成》的清廷主導倡議的。具體爲清廷總理各國事務衙門擬議辦法，議妥後，由上海道與上海同文書局商定出版事宜。此次印刷所用底本爲銅版《集成》，對原版字跡修飾描潤，是著名的「描潤本」。描潤底本部分至今尚存，《故宮殿本書庫現有存目》：「描潤之底本，民國初年由外交部贈清華大學，今詳察之，確係銅版開花紙印，染磯磨蠟，紙色因而黃、厚，蟲蝕圓腸則黏補平復，銅版墨色深淺不勻，均用墨筆描潤，開花紙年久即有黃色斑點，以粉筆飾之，字畫不清之處，以粉筆鉤之，既非裱褙，亦非鈔寫，確爲石印攝影之底本，非影石印模寫之新也。」〔註19〕那麼，此次石印又有怎樣的歷史源流呢？

檔案所見，石印《集成》是由清廷直接下旨，從上而下實施的。光緒十六年（1890）六月，光緒帝「諭旨著照殿板式樣石印《圖書集成》」。慶親王奕劻於十月十四日上奏朝廷，詳細說明了石印《集成》的費用、操作辦法及相關事宜：

> 臣等查石印書籍以上海商人辦理最爲熟悉，當即電知上海道轟緝槊，就近飭商估計，詳細聲覆，以憑辦理。迭據電覆，價值之增減，以印書之多寡、紙張之大小爲斷。現與同文書局核實估計，議用料半開三紙，殿板原式刷印一百部，每部計價規平銀三千五百餘兩。惟料半紙出於安徽，常年製造爲數無多。此書卷軼浩繁，必須添造，約計須以三年爲期，方能供用。議即立限三年，令其印齊。先行購買殿版原書一部，以爲描潤照印底本，另給價銀一萬三千兩，事竣仍將原書呈繳。並於一百部之外報效黃綾本一部，不給價值。
>
> 旨飭下兩江總督督飭該道照議辦理，並由該督遴派正途出身、精細勤慎之員前往駐局逐篇詳校以臻完善。所需印書百部價銀共計規平三十五萬一千兩，贊由出使經費內提用。書成之後，由臣等奏明請旨留用若幹部，令其運京。此外若幹部令該道暫行存儲，由兩江總督知照京外各衙門，如有學官書院擬購此書者，即由該處按照

〔註19〕 《故宮殿本書庫現存目》，故宮博物院圖書館，1933年版。

　　每部三千五百餘兩備價承領。其官紳中有願備，亦聽其便。臣衙門
　　存案如此辦理成書，不至過遲用款，亦不致多費，較之木刻擺印，
　　實屬事半功倍。〔註20〕

由該奏摺可知，具體實施負責石印的是上海同文書局，所用底本爲價銀一萬
三千兩購得的銅版《集成》。至於印刷的數量，奕劻也作了說明，考慮到費用
問題，認爲印刷 100 部較爲合適：「若用料半開三紙，照原式樣刷印六十部，
每部計規平銀五千一百六十九兩零。刷印一百部，每部規平銀三千五百十三
兩零。臣等公同商酌，如刷印六十部，價值較貴，恐將來備價呈領者無多。
是以擬請刷印一百部較爲合宜。」〔註21〕實際上，「一百部之外報效黃綾本一
部」援例作爲進呈本，獻給清帝，也就是說總共石印了 101 部。

　　石印本《集成》有一些不同於銅版、鉛印版的特徵。首先，石印本首次
增加了龍繼棟所作《考證》24 卷，冊數由原來的 522 函 5020 冊，增加爲 528
函 5044 冊〔註22〕。龍繼棟受聘爲圖書集成書局總纂，他詳細核查原書，旁徵
博引，訂正原書引文錯脫衍倒等錯誤之處達二萬餘條；其次，首次採用了描
潤的方法石印。對於此法，通過殘存的清華大學所藏描潤本《集成》可以窺
見一二。據宋建昃的介紹，「書中不僅將每頁不清晰的框線（欄線重新勾畫，
而且對不清晰的字，如字形尚好就即直接用墨筆描黑，字形不好的字則先用
白粉塗白，然後再用墨筆重新寫好。」〔註23〕

　　另外，每部石印本《集成》首冊卷底副頁鈐「江南江西總督關防」滿漢
雙文長方朱文印，正如陶湘所言「由兩江總督驗收解進，首冊後面副頁有兩
江總督關防。」〔註24〕

　　光緒十八年（1892）八月二十七日，石印版《集成》校對完成〔註25〕。
至光緒二十年（1894）十一月，石印本《集成》印刷告竣。九月二十日，光
緒帝下旨除了解送進呈本一部外，同時「留用十部」解京。同年十二月初三

〔註20〕 奕劻等：《奏爲遵旨酌擬石印圖書集成辦法事》，朱批奏摺，檔號：04-01-38-
　　　　 0027-023。
〔註21〕 《奏爲牽勻核算石印圖書集成工本費用擬請增定刷印數量事》，朱批奏摺，檔
　　　　 號：04-01-38-0029-057。
〔註22〕 李善強：《〈古今圖書集成〉石印本與銅活字本考異》，《圖書館界》2014 年第
　　　　 1 期。
〔註23〕 宋建昃：《描潤本〈古今圖書集成〉述介》，《文獻》1997 年第 3 期。
〔註24〕 陶湘：《故宮殿本書庫現存目》卷中，故宮博物院圖書館，1933 年版。
〔註25〕 電報檔，劉坤一《爲電覆圖書集成校對完成情形事》，檔號：2-02-12-018-0553。

日，11 部《集成》從上海運到北京，交由懋勤殿首領太監接收〔註 26〕。應當注意的是，由於朝廷允許「願備價承領，亦聽其便」，上海海關所藏石印部分《集成》已爲各部各省購買，「該書局報傚之黃綾本一部進呈御覽，另提十部咨送總理衙門，餘書存儲滬棧。四川、安徽、陝西、貴州、福建、廣東、新疆等省各備價銀購領一部，直隸省購領二部，臣衙門購取二部，出師日本大臣那桐提取一部，係朝廷贈送日本國禮物，此外他省迭次咨電催詢，均以無力購辦，迄未領取。」〔註 27〕因此，上海留存的《集成》此時已經至少有 12 部被購走。

光緒二十七年（1901）十月，劉坤一等進奏稱上海所藏石印《集成》所餘尚多，光緒帝下旨解京 20 部，賞給各省學堂一部，所餘《集成》存放在外務部〔註 28〕。

不幸的是，留存上海的數十部《集成》之後遭火災焚毀。陸費逵 1934 年記載此事：「光緒十六年，總理各國事務衙門（後改外務部）委託同文書局，照原文大小，影印一百部……若幹部運京，若幹部留滬。留滬之書，不久即遭火厄，故流傳甚少。」〔註 29〕關於燒毀的部數，陸費逵也不了解實情，只說「若干」。而恰恰此點學界有較大爭議。裴芹先生認爲，「印成後 50 部運達京師，其餘在棧房遭火災」〔註 30〕，被火者 50 部。而又有學者據劉坤一光緒二十七年（1901）《請將圖書集成頒發各省片》，認爲當時「僅取走 23 部，其餘 78 部並沒有立即完全運至北京」〔註 31〕，也就是說損毀了 78 部。如前文所述，石印《集成》兩次解京已達 31 部，之後陸續又有所增加。據光緒二十八年（1902）正月十二日電報檔《爲進呈圖書集成事》：

> 發南洋大臣電。上年十月抄奉旨石印圖書集成著進呈二十部，發給各省學堂各一部，餘交外務部收存等因。欽此。前經電達，尚未見覆。除發給各省學堂各一部應由尊處迅發外，餘俟開河後迅速解京。先電覆外務部文。〔註 32〕

〔註 26〕奕訢等：《奏爲石印圖書集成解京請進呈事》，錄副奏摺，檔號：03-7174-005。
〔註 27〕光緒朝朱批奏摺，光緒十六年十月十四日。
〔註 28〕電報檔《爲進呈圖書集成事》，檔號：2-03-12-028-0021。
〔註 29〕陸費逵：《影印古今圖書集成緣起》，《新中華》1934 年第 7 期，第 240～241 頁。
〔註 30〕裴芹：《〈古今圖書集成〉研究》，北京圖書館出版社，2001 年版，第 199 頁。
〔註 31〕李善強：《光緒石印本〈古今圖書集成〉諸說辨誤》，《湖北廣播電視大學學報》2014 年第 7 期。
〔註 32〕電報檔《爲進呈圖書集成事》，檔號：2-03-12-028-0021。

劉坤一光緒二十八年上奏後，朝廷下旨解京 20 部，發給各省學堂各一部，而據此電報，發放者爲南洋大臣負責的上海，而非從北京外務部直接發放。石印《集成》有兩次解京，分別爲光緒二十年十一月解京 11 部，光緒二十八年正月解京 20 部，共計解京部數 31 部，則當時留存於上海的部數爲 58 部左右（先前已被購走 12 部），扣除發放各省學堂 18 部（清代有十八行省，如果均已發放出去），則剩餘 40 部左右。而據檔案，之後實際解京至外務部的部數還有增加。光緒二十九年（1903）七月十九日，順天府尹陳璧奏摺中稱「查是書（集成）現存外務部有四十餘部」〔註 33〕。因此我們不難推知，留存上海棧房且被焚毀部數低於 40 部。

至於外務部所存《集成》的流向。光緒二十八年（1902），從外務部所存的《集成》中賞給慶親王奕劻、大學士榮祿、王文韶，戶部尚書鹿傳霖，外務部尚書瞿鴻禨共五部〔註 34〕。

根據相關檔案，石印本《集成》發放至各省學堂，供學子觀覽。從光緒二十八年至光緒三十四年，有頒發檔案記錄的就包括江西省，山西省，順天中學堂，京師工藝局，五城學堂，大學堂，商務部實業學堂，檳榔嶼中華學校，京師法律學堂，高等巡警學堂，憲政編查館，中國研究會，外務部及儲才館，大理院等。

石印《集成》頒發各地後，流播甚遠。光緒三十年（1904）四月，學務大臣孫家鼐奏請「將外務部收存之石印圖書集成，辦法大學堂等處各一部，以備稽考」〔註 35〕，光緒三十年十月，載振奏請「（實業學堂）在學諸生除每日正課外，要在先使廣見博聞方足以援古證今，藉資考鏡……查《古今圖書集成》一書薈萃群籍，博引繁徵，有此一編，於古今來名物象數均可賅括，靡遺寶於考證舊聞，研求新理，兩有裨益」〔註 36〕。光緒三十三年（1907）九月初五日，憲政編查館大臣奏請頒發石印本《集成》「請飭下外務部檢發圖書集成一部，交臣館儲藏以光典策而供參考」〔註 37〕。

除此之外，《集成》還頒發至海外，檳榔嶼中華學校和英紳設立的中國學

〔註33〕 陳璧等：《奏爲順天中學堂所儲書籍有說無圖請賞給石印圖書集成事》，錄副奏摺，檔號：03-7175-032。

〔註34〕 軍機處上諭檔，光緒二十八年五月十四日第 6 條，盒號 1466，冊號 2。

〔註35〕 《德宗實錄》卷五百二十九，光緒三十年四月條。

〔註36〕 中國第一歷史檔案館館藏錄副奏摺，檔號：03-7175-042。

〔註37〕 錄副奏摺，檔號：03-9291-002。

會（光緒三十四年二月十二日）也獲得了頒賞：「蒙恩賞給匾額一方，《圖書集成》一部，規模爲各校冠。從前商人子弟肄業英校者，僅以律師、醫士起，今則講求政學。研究中文，商智行發達。」〔註38〕

3、縮印版《集成》的出版發行

中華書局負責人陸費逵先生對《集成》甚爲欣賞，曾說「兒時知有《古今圖書集成》，壯而編書撰文常利用之，時思尋求雍正銅活字本影印之。」〔註39〕後鑒於鉛印版、石印版《集成》「都已成爲珍貴古籍，除少數圖書館有藏外，外間早已絕跡」〔註40〕，中華書局早在民國十五年（1926）就有影印《集成》的計劃，但因底本始終未得，拖延許久。中華書局後來從曾任傅作義參謀長的陳炳謙處購得康有爲原藏銅版《集成》一部，解決了底本問題。1934年，在陸費逵先生的直接推動下，中華書局決定採用橡皮機影印技術印刷《集成》。

康有爲所藏《集成》有62本100餘卷是抄配的。爲了解決這一問題，中華書局費了不少苦心，請丁輔之先生在上海圖書館、富晉書社等商借精印本或影印大字本，無法配齊時，則向北京圖書館、南京圖書館和浙江省立圖書館借得石印本校勘。「配補抄本部分，按製版需要拍成小樣；而缺頁部分則按原書大小拍照，翻成正樣，裱進底稿，然後再拍照製版。」〔註41〕可謂大費周章。

作爲發起者，陸費逵先生全程參與了影印本出版的全過程。他曾撰文自述印書緣起：

> 蓋我國圖籍浩如煙海，研究一問題，檢查多種圖書，不惟費時費力，抑且無從下手……此書則每一事項，將關係之書，分條列入，一檢即得。古人云：事半功倍，此眞可謂事一功萬也。

根據陸費逵此文介紹，參與縮印本前期編輯有高野侯，舒新城、張獻之、金子敦先生，受邀校印的有丁輔之、吳志抱先生，至於具體分工，當時的參與人孫犖人先生回憶：

〔註38〕《清續文獻通考》卷三百九十一。

〔註39〕陸費逵：《陸費逵自述》，安徽文藝出版社，2013年版。

〔註40〕孫犖人：《古今圖書集成影印經過》，《陸費逵與中華書局》，中華書局，2002年版，第59頁。

〔註41〕孫犖人：《古今圖書集成影印經過》，《陸費逵與中華書局》，中華書局，2002年版，第60頁。

編輯部門的工作，由舒新城所長領導，指派古書部主任丁輔之主持，
負責全書編稿及對底稿的校對以及向外邊商借精印本或影印本配補
抄本缺頁（康藏本有 100 多卷是抄本，須借書配全）等任務，屬於
出版部門的工作由陸費叔辰部長領導，派我調度印製部分工作，依
據編稿校對正文內容，和底稿發付照相，閱看鉛皮反樣等，直至付
印爲止。這樣各有職責，分工明確。與此同時，向江南造紙廠簽訂
定製紙張合同，所有正書、封面和割裱底稿三項用紙，均按特定尺
幅重磅加工定制，適合膠版的照相製版。〔註42〕

中華書局採取預約發售的方式發行《集成》，印製樣張、樣本，刊登廣告。每
部《集成》售價 800 元，預約優惠，分期交書，兩年完成。但實施過程中，
受到時局影響，印刷工作斷斷續續。1934 年 10 月第一期交書 62 冊，至 1940
年 2 月，用了 6 年時間，全部《集成》才印製完工。

　　中華書局縮印的《集成》用江南造紙廠的加重連史紙印製，每部線裝裝
訂 808 冊（第 1～6 冊目錄，第 7～800 冊正文），附《考證》8 冊，按目索檢，
較爲方便，成爲學界常用的一種版本。

〔註42〕 孫犖人：《古今圖書集成影印經過》，《陸費逵與中華書局》，中華書局，2002
　　　　年版，第 60 頁。

附錄三　相關圖錄

圖1：古今圖書集成館及銅活字刻印所在地：武英殿平面圖

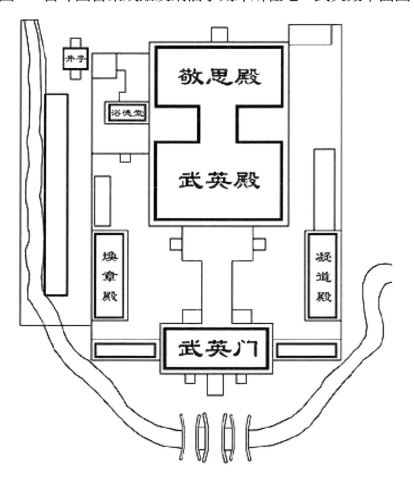

圖2：武英殿寶璽及璽文

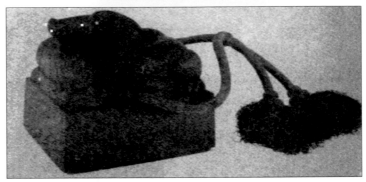

圖3：文淵閣《古今圖書集成》排架圖

圖 4：文溯閣《古今圖書集成》排架圖

圖 5：杭州文瀾閣藏《古今圖書集成》排架圖
（取自 1922 年《1906 CHINA》）

圖6：北京故宮博物院藏銅版《集成》及函套，有「靜寄山莊」鈐印

圖7：美國哈佛燕京圖書館藏原重華宮陳設本銅版《集成》書影

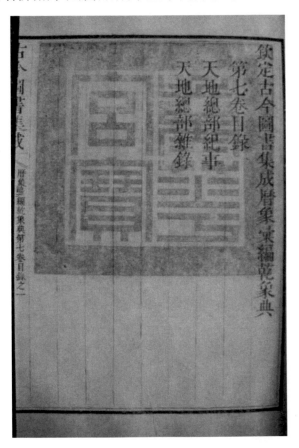

圖 8：臺灣故宮博物院藏原文淵閣陳設本《古今圖書集成》書影

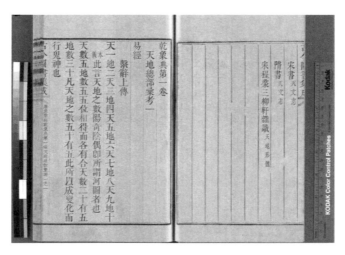

圖 9：普林斯頓大學圖書館藏銅版《集成》目錄典封面書影

圖 10：普林斯頓大學圖書館藏銅版《古今圖書集成》目錄內頁書影

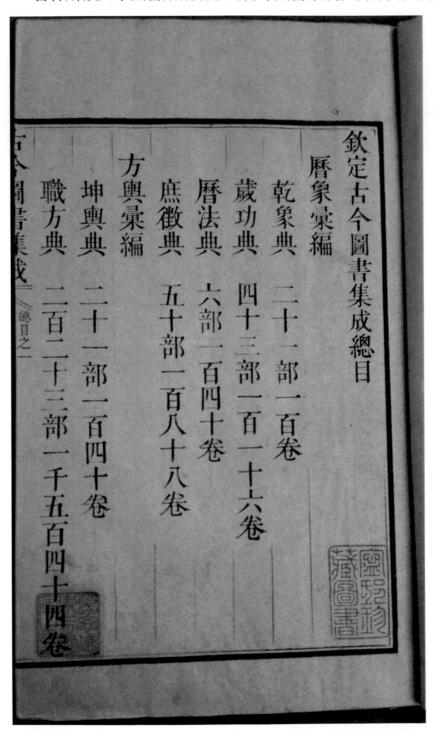

圖 11：普林斯頓大學圖書館藏銅版《集成》平周緯度圖書影

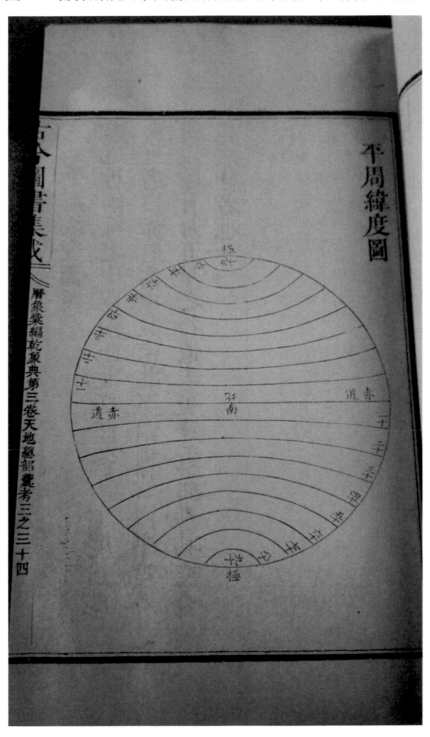

圖 12：普林斯頓大學圖書館藏銅版《集成》黃道圖書影

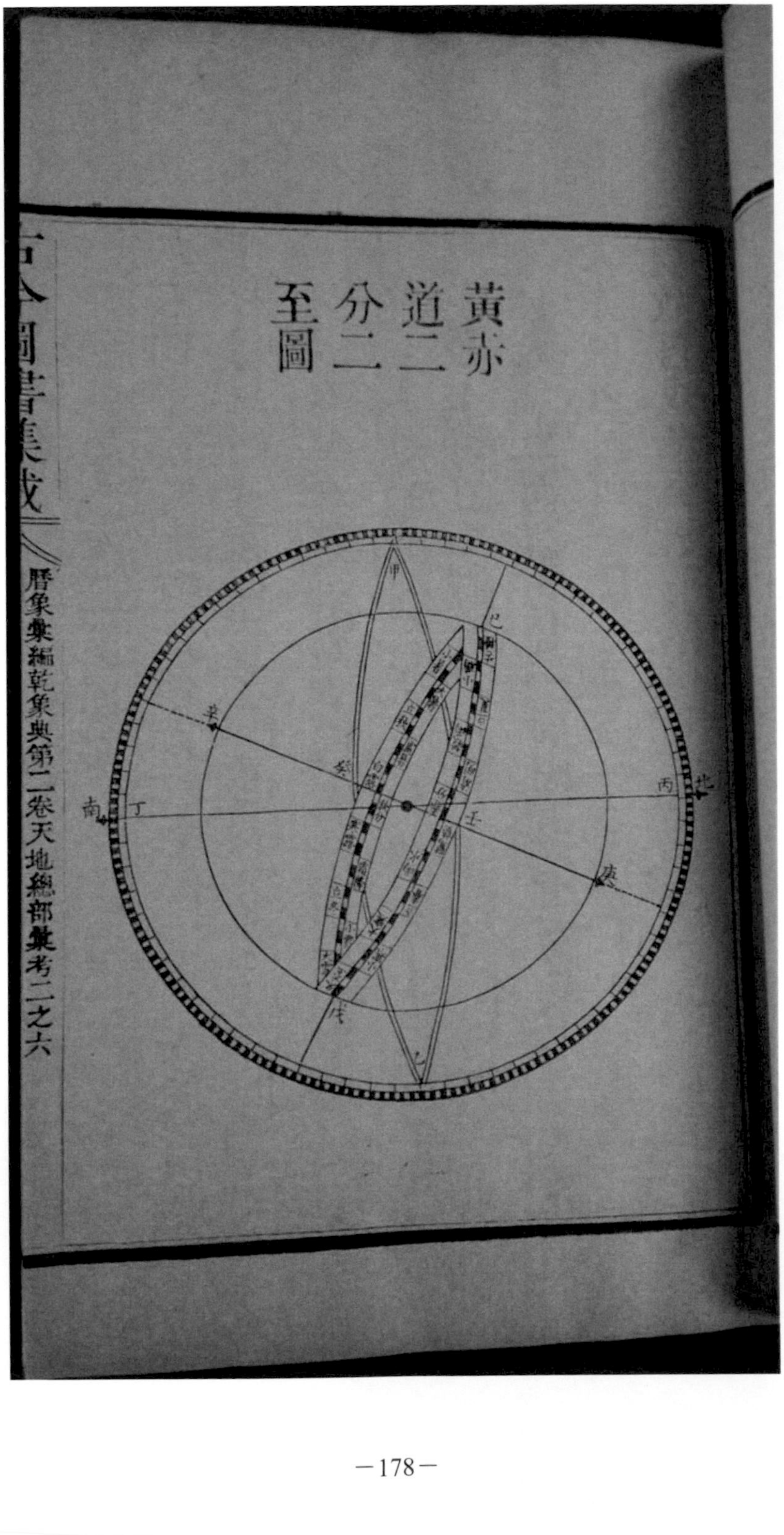

圖 13：普林斯頓大學圖書館藏銅版《集成》「論五行」被挖補書影

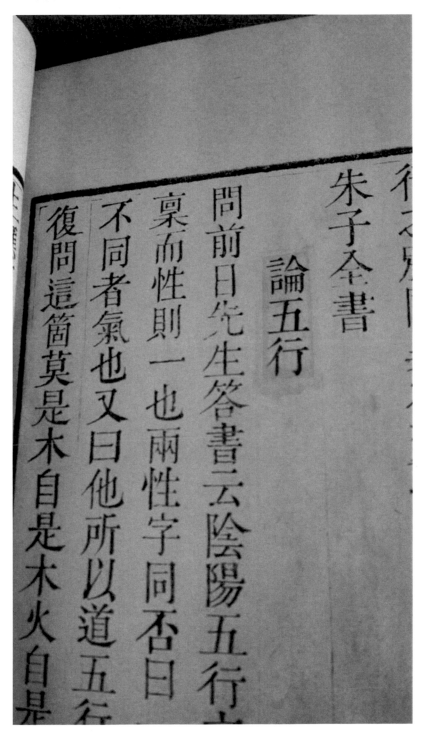

圖 14：陳夢雷著《松鶴山房詩文集》目錄書影

續修四庫全書　集部　別集類

松鶴山房詩集卷之一目錄

四言古

題寧海將軍底定全閩圖

五言古

乙卯擬古十九首有序

西郊雜咏二十首

寄答李厚菴百韻

戊午春入都請罪施介平又韓追送江干詩以
謝之

松鶴山房詩集　卷之一　一

華嚴嶺

鄭鼐修先生移居適以箋頭命書因賦短章寫
其高致

贈燕臺張翁有引

黃叔威以古詩八首見贈擬古妾薄命以答之

治蔬即事

送孫嘯夫和爾別原韻

題畫

爲顧宗伯題畫三首

有所聞

贈李銘原

辛卯春抱病銘原親治羹以餉余令兒子往拜
謝此後不敢當因賦此示之

半圃八玩詩

四望車

續繩轡

删煩搨

不動几

松鶴山房詩集　卷之一　二

讓領冠

蟹目韈

九罭被

支足盆

五四〇

圖15：陳夢雷著康熙刻本《閒止書堂集鈔》目錄書影

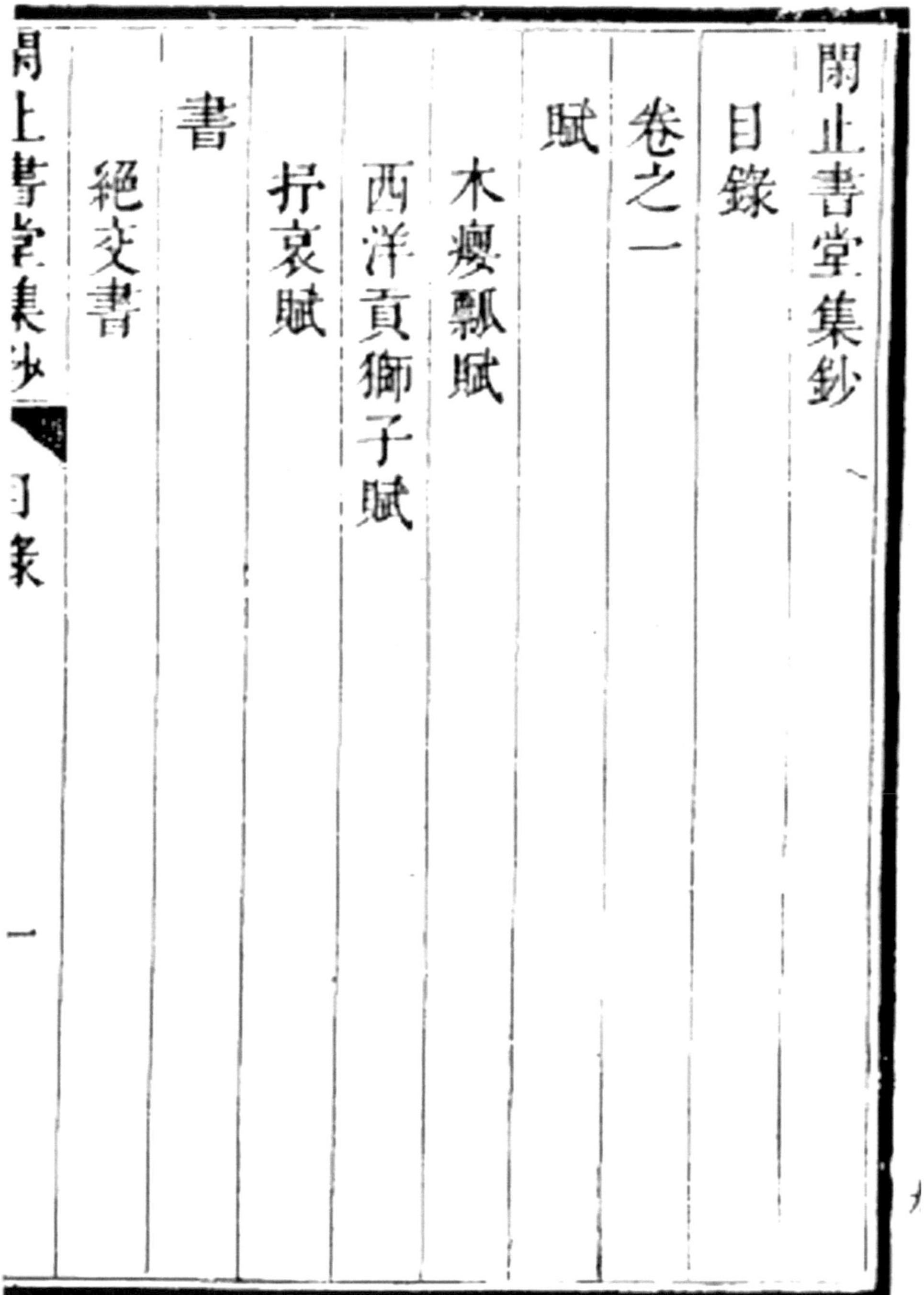

閒止書堂集鈔

目錄

卷之一

賦

　木癭瓢賦

　西洋貢獅子賦

　抒哀賦

書

　絕交書

閒止書堂集鈔　目錄

一

圖 16：臺灣國圖藏《欽定古今圖書集成引用書目》

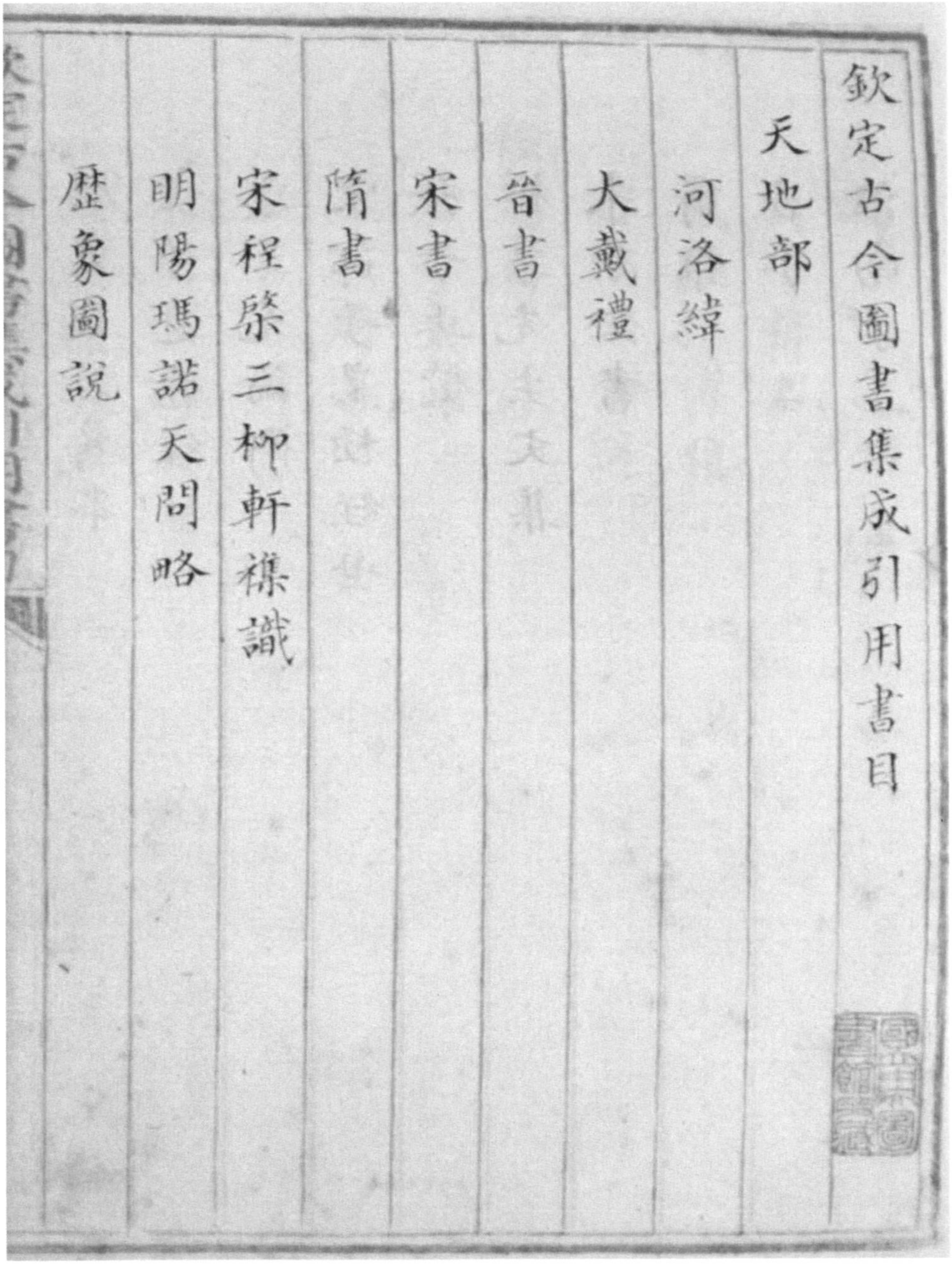

圖 17：北平富晉書社售賣銅版《集成》撰寫的提要書影

欽定古今圖書集成一萬卷目錄四十卷　實洋二萬
康熙四十一年勅纂雍正四年告成有世宗御製序　蔣廷錫有進書表清初雍
正六年刷印殿版銅活字版初印太史連紙
共五百零八匣此匣係楠木成做　計五千本　目錄
我國圖籍，浩如淵海，研究一問題，檢查多種圖書，不惟費時費力，抑
且無從下手，例如研究田賦，雖將周禮論孟管子二十四史通典通考，以
及各政論家專集，盡行檢閱，尚不免遺漏，此書則每一事項，將關係之
書，分條列入，一檢即得，古人云，事半功倍，此眞可謂事一功萬也，
考此書爲陳夢雷纂輯，彼自稱讀書五十載，涉獵萬餘卷，就所藏書及誠
親王允祉協一堂書約計一萬五千餘卷·輯爲是書，爲彙編者六，爲典
三十二，爲部六千一百九部，共一萬卷，目錄四十卷，凡在六合之內，
鉅細畢舉，其在十三經二十四史者，隻字不遺，其在稗史子集者，十亦
只删一二，較之前代太平御覽，册府元龜）精詳何止十倍，雍正初年，

北平富晉書社

圖 18：中華書局影印出版銅版《古今圖書集成》預約樣本圖

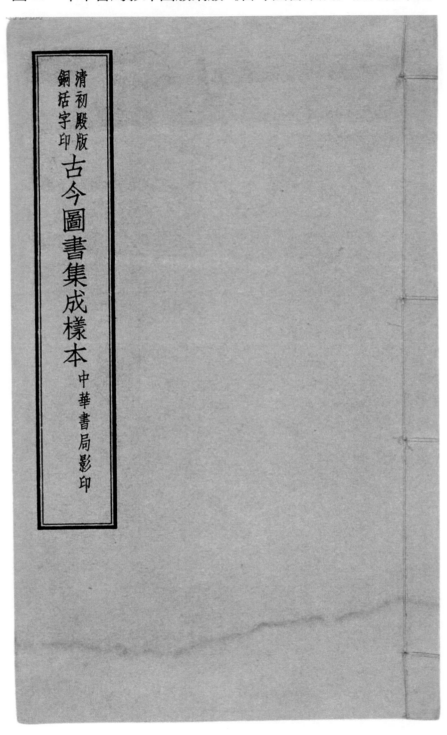

參考文獻

一、檔案

1. 故宮博物院明清檔案部編：《清代檔案史料叢編》，北京：中華書局，1978年版。

2. 中國第一歷史檔案館編：《康熙朝漢文朱批奏摺彙編》，北京：檔案出版社，1985年版。

3. 中國第一歷史檔案館編：《雍正朝漢文朱批奏摺彙編》，南京：江蘇古籍出版社，1991年版。

4. 中國第一歷史檔案館編：《雍正朝起居注冊》，北京：中華書局，1993年版。

5. 中國第一歷史檔案館編：《康熙朝滿文朱批奏摺全譯》，北京：中國社會科學出版社，1996年版。

6. 秦國經主編：《清代官員履歷檔案全編》，中國第一歷史檔案館藏，上海：華東師範大學出版社，1997年版。

7. 中國第一歷史檔案館編：《纂修四庫全書檔案》，上海：上海古籍出版社，1997年版。

8. 中國第一歷史檔案館編：《雍正朝滿文朱批奏摺全譯》，合肥：黃山書社，1998年版。

9. 中國第一歷史檔案館編：《乾隆帝起居注》，南寧：廣西師範大學出版社，2002年版。

10. 中國第一歷史檔案館、雍和宮管理處編：《清代雍和宮檔案史料》，北京：中國民族攝影藝術出版社，2004年版。

11. 本社編：《清代吏治史料》，北京：線裝書局，2004年版。

12. 翁連溪編：《清內府刻書檔案史料彙編》，揚州：廣陵書社，2007 年版。
13. 編委會：《雍正朝漢文諭旨彙編》，南寧：廣西師範大學出版社，2009 年版。
14. 中國第一歷史檔案館、香港中文大學編：《清宮內務府造辦處檔案總匯》，北京：人民出版社，2009 年版。
15. 趙嫄編：《大連圖書館藏清代內務府檔案》，北京：國家圖書館出版社，2010 年版。
16. （清）佚名：《武英殿刻書處報銷檔案》，清道光二十年（1840）武英殿修書處抄本，國家圖書館古籍館藏。
17. 中國第一歷史檔案館藏：《內務府奏銷檔案》。
18. 中國第一歷史檔案館藏：《雍、乾朝錄副奏摺》。
19. 中國第一歷史檔案館藏：《軍機處上諭檔》（雍正、乾隆朝）。
20. 中國第一歷史檔案館藏：乾隆朝《內務府銀庫用項月摺檔》。
21. 故宮博物院圖書館藏：《盤山行宮收存書籍清冊》，咸豐內府抄本。
22. 故宮博物院圖書館藏：《懋勤殿書目》，清光緒年抄本。
23. 故宮博物院圖書館藏：《安毓慶宮宛委別藏書目》，清內府抄本。

二、官書典籍

1. （清）蕭奭：《永憲錄》，北京：中華書局，1959 年版。
2. （清）陳夢雷：《閒止書堂集鈔》（清人別集叢刊），上海：上海古籍出版社，1979 年版。
3. （清）吳長元：《宸垣識略》，北京：北京古籍出版社，1981 年版。
4. （清）鄂爾泰、張廷玉等編：《國朝宮史》，北京：北京古籍出版社，1994 年版。
5. （清）慶桂等：《國朝宮史續編》，北京：北京古籍出版社，1994 年版。
6. （清）郭則澐：《十朝詩乘》，卞孝萱、姚松點校，福州：福建人民出版社，2000 年版。
7. （清）陳夢雷：《松鶴山房文集》，收入續修四庫全書編委會：《續修四庫全書》第 1415 冊，上海：上海古籍出版社，2002 年版。
8. （清）陳夢雷：《松鶴山房詩集》，收入續修四庫全書編委會：《續修四庫全書》第 1416 冊，上海：上海古籍出版社，2002 年版。
9. （清）龔顯曾：《亦園脞牘》，光緒四年（1878）誦芬堂木活字本。
10. （清）包世臣：《安吳論書》，咫進齋叢書第二集，光緒九年（1883）刻本。

11. （清）光緒朝：《大清會典事例》，清光緒二十五年（1889）石印本。

12. （清）屈復：《弱水集》，清乾隆七年（1742）刻本，國家圖書館古籍館藏。

13. （清）程可式：《來山堂文鈔》，清乾隆十二年（1747）刻本，國家圖書館古籍館藏。

14. （清）黃子雲：《長吟閣詩集》，清乾隆刻本，國家圖書館古籍館藏。

15. （清）金門詔：《金東山文集》，清乾隆刻本，國家圖書館古籍館藏。

16. （清）金門詔：《全韻詩》，清乾隆刻本，國家圖書館古籍館藏。

17. （清）黃任：《香草齋詩集》，清乾隆刻本，國家圖書館古籍館藏。

三、方志、年譜、家譜

1. 《中國方志叢書》，臺北：臺北成文出版社，1966～1985 年版。

2. 《中國地方志集成》，江蘇古籍出版社、上海書店、巴蜀書社，2005 年版。

3. （清）吳鰲：乾隆《博野縣志》，清乾隆三十一年（1766）刻本。

4. （清）何慶朝：同治《武寧縣志》，清同治九年（1870）刻本。

5. （清）許瑤光：光緒《嘉興府志》，清光緒五年（1879）刻本。

6. （清）鄂容安等：《襄勤伯鄂文端公年譜》，載中國社會科學院歷史研究所清史研究室編：《清史資料》第二輯，北京：中華書局，1981 年版。

7. （清）金門詔：《休寧金氏族譜》，清乾隆十一年（1746）刻本，國家圖書館古籍館藏。

四、參考著作

1. 謝國楨：《明清筆記談叢》，北京：中華書局，1960 年版。

2. 張秀民：《中國印刷史》，上海：上海人民出版社，1984 年版。

3. 黃愛平：《〈四庫全書〉纂修研究》，北京：中國人民大學出版社，1989 年版。

4. 李致忠：《歷代刻書考述》，成都：巴蜀書社，1990 年版。

5. 章乃煒、王藹人編：《清宮述聞》（初、續編合編本），北京：紫禁城出版社，1990 年版。

6. 北京故宮博物院圖書館、遼寧省圖書館編：《清代內府刻書目錄解題》，北京：紫禁城出版社，1995 年版。

7. 齊秀梅、韓錫鐸：《亙古盛舉：〈古今圖書集成〉與〈四庫全書〉》，瀋陽：遼海出版社，1997 年版。

8. 張秀民、韓琦：《中國活字印刷史》，北京：中國書籍出版社，1998 年版。

9. 錢存訓：《中國紙和印刷文化史》，南寧：廣西師範大學出版社，2000 年版。

10. 裴芹：《古今圖書集成研究》，北京：北京圖書館出版社，2001 年版。

11. 鄭曦原等編譯：《帝國的回憶：〈紐約時報〉晚清觀察記》，北京：三聯書店，2001 年版。

12. 潘吉星：《中國金屬活字印刷技術史》，瀋陽：遼寧科學技術出版社，2001 年。

13. 楊珍：《清朝皇位繼承制度》，北京：學苑出版社，2001 年版。

14. 徐憶農：《活字本》，南京：江蘇古籍出版社，2002 年版。

15. 翁連溪：《清代內府刻書圖錄》，北京：北京出版社，2004 年版。

16. 黃永年：《古籍版本學》，南京：江蘇教育出版社，2005 年版。

17. 詹惠媛：《〈古今圖書集成·經籍典〉體制研究》，收入潘美月、杜潔祥主編：《古典文獻研究輯刊》八編，臺北：花木蘭文化出版社，2009 年版。

18. 苗日新：《熙春園·清華園考——清華園三百年記憶》，北京：清華大學出版社，2010 年版。

19. 張昇：《四庫全書館研究》，北京師範大學出版社，2012 年版。

五、參考論文

已刊

1. 萬國鼎：《〈古今圖書集成〉考略》，《圖書館學季刊》第 2 卷，1928 年第 2 期。

2. 袁同禮：《關於〈古今圖書集成〉文獻》，《圖書館學季刊》第 6 卷，1932 年第 3 期。

3. 張鋆：《〈古今圖書集成〉再考》，《新中華》第 4 卷，1936 年第 4 期。

4. 胡道靜：《〈古今圖書集成〉的情況、特點及其作用》，《圖書館》1962 年第 1 期。

5. 張秀民：《清代的銅活字》，原刊《文物》1962 年第 1 期，亦載《張秀民印刷史論文集》，印刷工業出版社，1988 年版。

6. 楊玉良：《〈古今圖書集成〉考證拾零》，《故宮博物院院刊》1985 年第 1 期。

7. 徐金法：《〈古今圖書集成〉編者考》，《文獻情報學刊》1989 年第 3 期。

8. 裴芹：《〈古今圖書集成〉康熙敕命開局編纂說質辨》，《文獻情報學刊》

1990 年第 4 期。

9. 劉安琴：《銅活字與〈古今圖書集成〉》，《陝西圖書館》1990 年第 3 期。

10. 裴芹：《〈古今圖書集成〉與〈四庫全書〉》，《內蒙民族師院學報》1990 年第 1 期。

11. 盧秀菊：《清代盛世之皇室印刷事業》，載《中國圖書文史論集》，現代出版社，1992 年版。

12. 王繼祥：《珍貴的銅活字印刷文獻〈銅板敘〉》，《文獻》1992 年第 2 期。

13. 裴芹：《〈古今圖書集成〉研究論著目錄》，《文教資料》1994 年第 1 期。

14. 崔文印：《說古今圖書集成及其編者》，《史學史研究》1998 年第 2 期。

15. 范景中：《銅活字套印本〈御製數理精蘊〉》，《故宮博物院院刊》1999 年第 2 期，亦載上海圖書館歷史文獻研究所編：《歷史文獻》第二輯。

16. 裴芹：《今存雍正版〈古今圖書集成〉知多少》，《書品》2000 年第 4 期。

17. 袁逸：《雍正與〈古今圖書集成〉之委曲》，《光明日報》2000 年 1 月 27 日。

18. 王鍾翰：《陳夢雷與〈古今圖書集成〉及助編者》，《燕京學報》2000 年第 8 期，亦載入氏著《清史餘考》，遼寧大學出版社，2001 年版。

19. 聶家昱：《古今圖書集成及其編纂者陳夢雷》，《圖書與情報》2003 年第 3 期。

20. 翁連溪：《談清代內府的銅活字印書》，《故宮博物院院刊》2003 年第 3 期。

21. 曹紅軍：《〈古今圖書集成〉版本研究》，《故宮博物院院刊》2007 年第 3 期。

22. 辛德勇：《重論明代的銅活字印書與金屬活字印本問題》，《燕京學報》2007 年第 2 期（新 23 期）。

23. 詹惠媛：《〈古今圖書集成〉研究回顧（1911～2006）》，《漢學研究通訊》第 27 卷，2008 年第 3 期。

24. 裴芹：《陳夢雷「校正銅版」釋考》，《文獻》季刊，2009 年第 4 期。

未刊（學位論文）

1. 劉鳳強：《四庫全書館研究》，西北大學，2006 年碩士論文。

2. 宋淑潔：《清代武英殿刻書研究》，北京師範大學，2006 年碩士論文。

3. 曹紅軍：《康雍乾三朝中央機構刻印書研究》，南京師範大學，2006 年博士論文。

後　記

　　呈現在讀者面前的這部書作是以我的碩士學位論文爲基礎，修訂增補而成的。之所以選擇「古今圖書集成館」這樣一個題目，說來也有點機緣巧合。2013 年 9 月，我從北京師範大學歷史學院保送到中國人民大學清史研究所做碩士研究生，導師是黃愛平教授。黃先生是新中國第一位歷史學女博士，國內著名的古文獻學家。黃先生循循善誘，在論文選題方面給我們很大的空間，鼓勵從自己的興趣出發。黃先生是「四庫學」研究權威，受先生影響，我的同門師兄師姐的碩博論文曾以「四庫禁燬圖書」、「大清一統志」、「國史儒林傳」等爲題。在這種氛圍之下，躋身黃門的我選擇一部清代典籍作爲學位論文題目應該說是自然而然的。

　　碩士二年級時，我協助學院老師在中國第一歷史檔案館搜集相關檔案。一檔館是蜚聲中外的明清檔案寶庫，豐富的館藏讓我大開眼界。閒暇之時，我順便調閱了一些感興趣的書籍纂修檔案，其中的古今圖書集成館纂修人員履歷檔引起了我的注意。回到學校後查閱了關於《古今圖書集成》的已有研究，發現學界在此領域取得了一定的成果，但對於是否成立集成館以及如何運作尚存諸多疑點，對於集成館纂修人員構成更是所知不多。我感到至少可以做一篇釐清相關問題的文章。隨後，我一方面繼續查閱相關研究論著，一方面繼續從一檔館搜集相關檔案。積累的資料越來越多，比如新發現的乾隆朝銷毀《集成》銅活字檔案就讓我驚喜不已，銅活字竟達到 100 餘萬之多，與前人所推測的 20 餘萬多了好幾倍。歷史學首先是關於史料的學問，掌握豐富的史料是史學著述的前提。此時，我覺得所得資料已經足以支撐起一篇以《集成》爲主題的碩士論文。之後我把這一想法向導師黃先生作了彙報，她肯定了我的想法，並建議我縮小題目，以「集成館」爲題進行深入研究，重

點放在集成館運作及纂修人員考訂。確定選題後，奔波於京城各大圖書館、清史資料中心，自帶麵包充饑成為我的生活常態。期間還兩次赴臺灣中研院、臺北故宮查閱內閣大庫等檔案，充實資料。

從選題、構思到寫作，經過近兩年的努力，《古今圖書集成館研究》一文終告完成。2013 年 5 月舉行論文答辯會，評審專家給予不少謬贊。答辯後論文被評選為「中國人民大學 2013 年度優秀碩士學位論文」，對一個初涉史學研究的年輕學子來說無疑是一大鼓勵。

拙作得以寫就出版，首先要感謝我的導師黃愛平先生，先生在繁忙之餘，從論文的選題、框架結構乃至選詞造句都對我進行了細緻入微的指導。先生對學術的孜孜以求，嚴謹求實的態度，都讓我耳濡目染，受益終生。《古今圖書集成研究》一書的作者，內蒙古民族大學圖書館原館長裴芹先生對我十分抬愛，彼此往來書信數十封探討《集成》相關問題，大大開拓了我的思路，領略了前輩學者風範。此次書稿出版，裴先生還特意賜序一篇，銘感在心。論文開題及答辯過程中，得到張昇老師、張永江老師、李曉菊老師、闞紅柳老師、廖菊棟老師、曹剛華老師、皮慶生老師等諸位老師的指教與鼓勵。拙稿修訂之時，幸得南開大學馮爾康先生、北京大學辛德勇教授、故宮博物院圖書館朱賽虹研究員、美國加州大學周錫瑞教授、美國費正清研究中心吳秀良教授、中科院自然科學史研究所韓琦教授、故宮研究所所長章宏偉教授關心，他們不同程度的閱讀拙作全文或部分章節，提出了許多建設性意見。2015～2016 年我赴美國留學期間，普林斯頓大學東亞系艾爾曼教授盡可能的為我提供舒適自由的學習環境，能在這一所頂級學術殿堂遨遊實乃三生有幸，普大東亞圖書館豐富的館藏也為拙作的修訂提供了資料保障。

本書部分章節曾發表在《文史》《歷史檔案》《歷史文獻研究》《自然科學史研究》等刊物，藉此機會，對這些刊物和編輯老師表示衷心的感謝。此外，還要特別感謝臺灣花木蘭文化出版社總編輯杜潔祥先生及責編楊嘉樂、許郁翎先生對出版拙作所付出的辛勞。最後我要感謝一直無條件支持我的妻子湯麗雲和親愛的家人。

拙文得以面世，全賴學界之提攜、師友之期許。學無止境，未來的學術之路，還有待於筆者不斷的精進努力與讀者方家的批評與教正。故拙作中的不足之處，敬希讀者方家不吝賜正，以利今後修訂。

丙申年陽春三月寫於普林斯頓大學東亞圖書館